지능정보시대의

전자감시사회론

지능정보시대의
전자감시사회론

정충식 · 김동욱 지음

서울경제경영

머리말

우리 두 사람은 지난 6년 동안 스마트 지식정보사회의 여러 문제들을 함께 연구하여 왔다. 구체적으로는 2011년부터 한국연구재단에서 지원하는 한국사회과학(SSK) 연구지원사업이 계기가 되었다. 한국연구재단이 공모한 "위험사회의 도래와 지속가능성"의 연구 주제에 대하여 "스마트기술과 위험사회: 기술과 제도의 부조화"라는 제목으로 3년간 함께 연구를 진행하였다. 이어서 2014년부터 지금까지 "스마트지식사회의 기회와 도전: 기술발전, 위험확산, 그리고 정책대응"의 과제를 함께 연구하여 왔다. 이 책은 이처럼 한국연구재단의 한국사회과학(SSK) 연구지원사업의 일환으로 기획되고 집필되었다.

책의 출간 구상은 오래 되었으나, 본격적으로 집필에 착수한 것은 2016년 여름부터이다. 저자의 한 사람인 정충식교수가 연구년을 맞이해서 서울대학교 행정대학원에 객원교수로 부임하면서 실제적인 집필과 저자들 사이에 토론이 이어졌다. 이 과정에서 두 사람은 연구 주제 및 내용 그리고 기술 범위와 관련하여 다양한 의견을 주고 받았다.

이제 이 세상은 단순하게 정보통신기술(Information & Communication Technology: 이하 ICT)의 도입에 의한 스마트 정보사회를 넘어서, 모든 분야에서 인공지능이 활용되는 스마트 지능정보사회로 급속하게 진입하고 있다. 이러한 스마트 지능정보사회에서는 공공부문에서부터 민간의 산업

영역에 이르기까지 모든 분야에서 인공지능의 활용이 일상화될 것이다. 그런데 우리는 이러한 인공지능의 활용을 단순하게 일자리 감소의 측면에서만 조명하고 있다. 더 나아가 우리 정부는 "제4차 산업혁명의 도래"라는 이름하에 지능정보산업의 부흥 및 국가경쟁력 향상에 초점을 두어 정책을 추진하고 있다.

그러나 이러한 지능정보사회의 진전은 산업의 생산성 향상 및 정보통신기술(ICT) 이용의 편의성만으로는 해결되지 못하는 심각한 문제점을 내포하고 있다. 그것은 지능정보기술을 활용한 전자감시사회의 도래 가능성이 존재한다는 것이다. 이처럼 스마트 지능정보기술을 활용한 전자감시가 일상화될 경우에는 기존의 정보기술 활용의 편익을 상쇄하고도 남을 만큼의 부작용이 대두될 것이다.

이러한 지능정보기술을 활용한 전자감시사회의 도래 조짐은 여러 분야에서 이미 나타나고 있다. 세계적인 정보기술 기업들인 구글과 페이스북 그리고 애플과 아마존 등은 산업 영역의 확장 과정에서 엄청난 분량의 개인정보를 활용하고 있으며, 이러한 추세는 빅데이터와 클라우드 환경에서 더욱 가속화되고 있다. 따라서 이제부터라도 이러한 지능정보기술의 활용과 이에 따르는 전자감시의 대두 가능성에 대하여 대응방안을 마련하여야 한다.

이 책은 크게 4개의 장으로 구성되어 있다. 우선 제1장에서는 스마트 전자감시사회의 등장 가능성을 사회 변화 패러다임의 관점에서 조망해 보았다. 제1절에서는 농업사회에서 산업사회를 거쳐서 정보사회 그리고 이제 스마트 정보사회로 진입하는 과정을 살펴보았다. 이어서 첨단 ICT의 발전에 의한 스마트 인공지능 정보사회의 진입과 전자감시사회의 도래 가능성을 설명하였다. 제2절에서는 사물인터넷(IoT)을 중심으로 전자감시사회를 설명하였다. 이어서 제3절에서는 정부의 지능정보사회 종합대책을 정리하고 문제점을 분석하였다.

제2장에서는 전자감시의 기술들을 다루고 있다. 제1절에서는 전자감시 기술들을 체계적으로 이해할 필요가 있기 때문에, 감시 기술의 종류를 파악하고 이에 대한 분류 작업을 진행하였다. 제2절에서는 음향감시에서 시작하

여 영상감시, 위치감시, 생체정보 및 데이터 감시에 이르기까지의 다양한 감시 방식과 현황 등을 기술하였다. 제3절에서는 스마트 지능정보사회의 가장 대표적인 기술인 인공지능, 빅데이터 및 사물인터넷의 관점에서 새로운 감시 기술 현황을 살펴보았다.

제3장에서는 스마트 전자감시사회의 현황을 다루고 있다. 제1절에서는 정부에 의한 전자감시 현황을 기술하였다. 제2절에서는 기업에 의한 전자감시 현황을 기술하였다. 스마트 정보통신기기에 의한 노동감시의 변화는 앞으로도 지속적으로 사회적 이슈로 부각될 것이다. 제3절에서는 전자감시의 대표적인 국내 사례들을 모아 보았다. 이 과정에서 국가의 정보기관에 의한 전자감시의 문제점과 정부 신뢰의 중요성을 강조하였다.

제4장에서는 스마트 전자감시사회의 정책 방향을 다루고 있다. 제1절에서는 디지털 프라이버시의 중요성 및 최근에 부각되고 있는 잊힐 권리 등 대응 인식의 변화에 초점을 두었다. 제2절에서는 통신비밀보호법에서 일명 테러방지법에 이르기까지 관련법과 제도의 개선 방안을 살펴보았다. 제3절의 미래지향적 정책방안에서는 정보인권 및 정보프라이버시의 중요성 그리고 주민번호의 정비 등을 제시하였다.

이제 우리는 이러한 스마트 지능정보사회 역기능의 일환으로 수반되는 전자감시사회의 도래 가능성에 대하여 선제적으로 대응하여 정부신뢰를 확보해야 하는 과제을 지니고 있다. 따라서 이 책이 이러한 정부 정책을 수립하는 데에 반영되어, 보다 건전하고 건강한 지능정보사회가 구현될 수 있는 기반을 마련하는데 기여할 수 있기를 기대한다.

이 책을 준비하는 과정에서 많은 우여곡절을 겪었다. 우선 이 책은 서울대학교 스마트 지식사회연구단의 한국사회과학(SSK) 연구지원사업 총서로 기획되었다. 모두 10권의 총서가 대형 출판사에서 출간될 예정이었지만, 제1권과 제2권의 출간 이후에 판매량이 적다는 이유로 인하여 제3권부터는 다른 출판사를 찾아야 했다. 이 과정에서 서울경제경영에서 시장성이 없음을 잘 알면서도 우리나라 학술진흥의 지원 차원에서 흔쾌히 총서 제3권 출간을 맡아주었다. 이 자리를 빌려서 서울경제경영의 김은중사장께 감사의 마음을 전하고자 한다. 또한 수년전부터 이 책의 출간을 위하여 자료 수집을 맡아준 부산인재평생교육진흥원의 진영빈박사와 현재 미국 애리조나대학에서 박사수료생(ABD, All but Dissertation)과정을 진행 중인 서울대학교 행정대학원의 이민상님께도 고마운 마음을 전한다.

2017년 4월

정충식 · 김동욱

차례

제 1 장

전자감시사회의 등장

인류 역사는 농업사회에서 산업사회를 거쳐서 정보사회 그리고 이제 스마트 정보사회로 진입하였다. 산업혁명 이후에 과학기술의 발전에 가속도가 붙으면서 이제 세계는 지난 5,000년의 역사 보다 최근 20년 동안에 더욱 급격하게 변화하고 있다. 이러한 사회 변화의 동인(動因)에는 최근에 정보통신기술(Information & Communication Technology: 이하 ICT)의 급속한 발전이 자리 잡고 있다. 이제 이 세상은 첨단 ICT의 발전에 의해서 스마트 인공지능 정보사회에 진입하였다. 이러한 스마트 정보사회는 과거 지구촌(地球村)이라고 불리우던 글로벌 연결망에서 보다 진화하여 전 세계가 실시간으로 연결되고, 그 복잡성이 더욱 증대되었다. 따라서 이러한 ICT의 발전으로 그 변화의 폭과 속도 및 상호의존성이 커지면서 사회의 위험 요소 또한 증대하고 있다.

이제까지 기술의 발전과 사회변동의 관계에 대해서는 기술결정론과 사회구조론으로 구분하거나 낙관적인 유토피아와 비관적인 디스토피아로 나누는 것이 일반적이었다. 이제까지 많은 사람들이 미래 정보사회의 낙관적인 모습을 중심으로 풍요로운 세상의 도래를 이야기 하였다(김동욱 외, 2012). 그러나 미래 스마트 지능정보사회에서는 빛과 어둠이 공존할 수밖에 없다. 우리나라는 정보화와 전자정부 분야에서 선진국이지만, 이러한 정책들의 추진 과정에서 전자주민카드 및 교육학술정보시스템(NEIS)사업 등에서 프라이버시 침해의 가능성도 제기되었다. 따라서 앞으로 스마트 지능정보사회에서는 개인정보보호 이슈 및 전자감시사회 도래에 대한 위험 등 사회적 역기능이 크게 부각될 가능성이 존재한다.

특히 최근에 구글, 애플, 페이스북 등 거대 다국적 기업들의 정보수집 행태를 미루어 볼 때, 국가의 개인에 대한 감시뿐만이 아니라 기업에 의한 개인정보의 침해 범위가 급격하게 확산될 가능성이 존재한다. 이처럼 기업과 국가권력에 의한 개인의 감시가 스마트 정보사회에서의 급속한 정보기술의 발전 및 융합으로 인하여 가속화된다면 궁극적으로 정부 불신 및 국가 신뢰 위기에 직면할 수 있을 것이다. 따라서 이러한 상황에 선제적으로 대처하기 위하여 이 장에서는 스마트 전자감시사회의 등장 가능성을 사회변화 패러다임의 관점에서 조망해 보고자 한다.

제 1 절

스마트 지능정보사회로의 변화

오늘날 우리가 살고 있는 세상은 유비쿼터스와 사물 지능통신 기술을 기반으로 하여 스마트 지능정보사회라는 새로운 패러다임으로 진화를 준비하고 있다. 스마트 지능정보사회의 등장은 단순한 기술 분야의 발전과 이에 따르는 변화만이 아니라 모든 영역에서 혁명적인 결과를 가져올 것이다.

우선 정보기술이 고도화되면서 지식과 정보는 점차 지능화되고, 새로운 정보통신기술과 전통의 산업기술이 다양하게 융합하여 똑똑한 새로운 기술 즉 스마트 정보기술이 등장하고 있다. 이러한 스마트 정보기술은 사회변화를 가속화시키는 동인으로 작용하고 있다. 따라서 이제까지 사회 패러다임의 변화를 간략하게 살펴보고자 한다(정충식, 2015: 36-38).

1. 정보통신기술(ICT)의 발전에 의한 사회 변화

오늘날 사회는 기술변화의 소용돌이가 점차 빨라지면서 지난 5,000년의 역사보다 최근 20년 동안에 더욱 급변하는 모습을 보여주고 있다. 현재 정보통신 분야의 기술들은 발전할수록 그 발전에 가속도가 붙고 있다. 따라서 우리들은 속도의 시대에 살고 있다.

세계화에 따르는 국가 간 상호작용의 증대, 복잡성의 증가, 기술의 융합 및 서비스의 통합 등은 사회변화를 가속화시키는 요인으로 작용하고 있다

(김문조, 2013). 농업사회가 산업사회로 전환되는 기간은 6,000년에서 7,000년 정도가 소요되었다. 그러나 산업사회에서 정보사회로 전환되는 데에는 그것의 1/20도 안 되는 250년 정도밖에 걸리지 않았다. 또한 이러한 정보사회는 나노-바이오 사회를 넘어 정보통신기술(ICT)의 융합을 거쳐서 스마트 지능정보사회로 진화하고 있는 실정이다.

1) 인류 역사의 변화와 사회적 특징

인류의 역사는 기술의 발전, 사회적 가치의 변화 등과 같은 여러 핵심 동인들에 의해서 〈표 1-1〉과 같이 패러다임의 변화가 이루어지고 있다(이하 김성태, 2011: 17-19).

(1) 농업사회

역사적으로 볼 때, 농업사회는 부족 공동체를 중심으로 농작물을 경작하고 가축의 사육이 가능해지면서 본격적으로 시작되었다. 농업사회에서는 인간의 기초적 노동력을 바탕으로 자연재해를 극복하기 위한 다양한 방법들이 개

표 1-1 인류 역사의 변화와 사회적 특징

구분	농업사회	산업사회	정보사회	스마트 정보사회
기술	체력, 근면	제조기술	디지털기술	네트워크 개방적 협력 스마트 IT
일하는 방식	자급자족 육체적 근면	대량생산 노동집약	지식집약적 수평적 질서	스마트워크
경영전략	자연재해 극복	H/W 중심	S/W 중심	컨버전스 모바일, 1인기업
인재상	근면한 농부	근면한 공장노동자	지식역량보유 근로자	창의적, 개방적 인재
핵심가치	공동체 의식	폐쇄적, 정형화	지식, 공유, 개방	유연성, 창의성 인간중심

자료: 김성태(2011: 18).

발되고, 이러한 시대적 상황에 맞게 육체적 근면성이 가장 중요한 핵심 덕목으로 고려되었다.

(2) 산업사회

산업혁명은 인류의 역사를 농업사회에서 산업사회로 변화시켰다. 이 시대는 기계적 기술을 바탕으로 대량생산체계가 만들어지고 이를 통해 인류는 배고픔과 가난으로부터 벗어날 수 있게 되었다. 이 사회에서는 숙련된 공장 노동자들의 역할이 매우 중요했기 때문에 노동자들은 오랫동안 기술을 익히기 위해서 훈련을 받았으며, 근면과 성실한 태도가 주요 덕목이었다.

(3) 정보사회

산업사회는 컴퓨터의 등장, 정보통신 기술의 발전에 따라서 지식과 정보가 중요시되는 정보사회로 진화하였다. 정보사회는 지식과 정보가 사회의 가장 핵심적인 자원이며, 이를 공유하고 개방하는 것이 사회적 가치로서 중요하게 여겨졌다.

(4) 스마트 지능정보사회

정보기술은 유비쿼터스 기술과 융합되고, 사물조차도 지능을 갖게 되는 스마트 정보기술로 급속하게 변화하고 있다. 따라서 공유와 개방의 정보사회 가치를 기반으로 인간 중심의 창의성과 유연성의 가치가 더욱 중요시되고 있다. 스마트 정보기술과 사회적 핵심가치의 변화는 인류의 역사를 정보사회에서 스마트 지능정보사회로 진화시키고 있다. 스마트 지능정보사회의 등장에 따라서 이러한 기술과 가치를 바탕으로 모바일관련 산업, 1인 기업의 활성화 등 산업형태가 다양하게 변화하고, 시간과 장소에 구애받지 않고 근무할 수 있는 스마트워크가 일하는 방식으로 자리잡게 될 것이다.

2) 새로운 세상으로의 진입 –제4차 산업혁명–

2016년 1월 스위스에서 열린 다보스포럼 주제는 '4차 산업혁명의 이해(Mastering the Fourth Industrial Revolution)'였다. 4차 산업혁명은 정보통신기술(ICT) 융합이 만드는 산업혁명이다. 제4차 산업혁명의 시대에서는 〈표

표 1-2 제4차 산업혁명으로의 변화

제 1차 산업혁명	제 2차 산업혁명	제 3차 산업혁명 (제1차 정보혁명)	제 4차 산업혁명 (제2차 정보혁명)
18세기	19~20세기 초	20세기 후반	21세기 초반~
증기기관 기반의 기계화 혁명	전기에너지 기반의 대량생산 혁명	컴퓨터와 인터넷 기반의 지식정보 혁명	IoT / 첸 / 인공지능 기반의 지능정보 혁명
증기기관을 활용하여 영국의 섬유공업이 거대산업화	공장에 전력이 보급 되어 벨트 컨베이어를 사용한 대량생산보급	인터넷과 스마트혁명 으로 미국주도의 글로벌 IT기업 부상	사람, 사물, 공간을 초연결 / 지능화하여 산업구조 사회시스템 혁신

자료: http://www.aibaduk.kr/sub010301

1-2>와 같이 인공지능로봇, 사물인터넷(IoT), 모바일, 3D프린터, 무인자동차, 나노 · 바이오 기술 등을 응용한 새로운 제품이 사회발전의 원동력으로 작용한다. 이러한 기술혁신을 통하여 산업과 사회, 정부의 통치시스템은 물론이고 일반 시민들의 사는 방식까지 혁명적으로 달라질 수 있다. 이러한 제4차 산업혁명으로 이제까지 우리가 살아왔고 일하고 있던 삶의 방식을 근본적으로 바꿀 새로운 세상에 진입하고 있다. 이러한 변화 규모와 범위, 복잡성 등은 이전에 인류가 경험했던 것과는 완전히 다를 것이다.

4차 산업혁명은 기계의 지능화를 통해 생산성과 효율성이 고도로 향상되어 산업구조의 근본이 변하는 것을 말하며, 지능정보기술이 변화의 동인이다. 1차 산업혁명은 증기기관을 통한 노동력의 변화, 2차 산업혁명은 전기를 통한 대량생산, 3차 산업혁명은 컴퓨터와 IT의 디지털혁명이라면, 4차 산업혁명은 지능정보기술이 제조업과 서비스, 사회에 체화됨으로써 산업과 사회가 지능화되는 혁명이라고 할 수 있다.

4차 산업혁명 사회는 '모든 것이 연결되고 보다 지능적인 사회'다. 사물인터넷(IoT)과 인공지능(Artificial Intelligence: AI)을 기반으로 사이버와 현실세계가 네트워크로 연결된 통합 시스템으로, 지능형 CPS(Cyber-physical system)를 구축한다. 하드웨어는 스마트폰처럼 데이터를 축적해 해석하며 자동으로 갱신한다. 또한 로봇과 인공지능이 결합해 자동화가 일어난다. 이러한 인공지능은 빅데이터를 기반으로 언어와 이미지를 처리해 복잡한 의사결정까지 할 수 있게 되었다.

4차 산업혁명은 효율과 생산성을 비약적으로 높일 수 있지만 '일자리 쇼크'의 관점에서 크게 주목받았다. 다보스포럼에서는 로봇 · 인공지능 발전으로 일자리가 감소하고 부의 불평등 심화가 초래될 것이란 우려가 제기됐다.

클라우스 슈밥 세계경제포럼(WEF) 회장은 "4차 산업혁명은 자본과 재능, 최고 지식을 가진 이에게 유리하다. 그러나 하위 서비스 종사자는 불리하다. 장기적으로 중산층 붕괴로 이어질 수도 있다. 이는 민주주의에 매우 심각한 위협요소가 될 것"이라고 전망했다.

세계경제포럼(WEF)은 '미래고용 보고서'에서 4차 산업혁명으로 로봇과 인공지능이 보편화하면서 앞으로 5년간 선진국과 신흥시장을 포함한 15개국에서 일자리 710만개가 사라질 것으로 예상했다. 이 기간에 새로 생겨나는 직업은 210만개에 불과하다. 특히 반복적인 업무수행이 특징인 사무 · 행정 직종이 475만개로 가장 많이 줄어든다. 제조 · 생산(160만), 건설 · 채굴(49만), 예술 · 디자인 · 환경 · 스포츠 · 미디어(15만) 업종도 감소한다.

또 다른 한 편에서는 인공지능 및 로봇이 인간의 업무를 대체함으로 인하여 향후 10년 이내에 수십만의 실업자가 발생할 것이라는 보도를 쏟아내고 있다. 더 나아가 로봇에 적합한 업종을 선별하여 어느 분야의 어떤 직종이 위험하다는 언론 기사가 난무하고 있다. 물론 인공지능의 발전에 따라서 과거 업무 자동화 사례와 같이 인력 감축의 논의가 당연히 등장할 수 있다. 그러나 이보다 훨씬 중요하게 부각되어야 하는 측면이 정보통신기술(ICT) 발전에 의한 사회의 변화 패러다임을 제대로 인식하는 것이다.

더 나아가 이러한 인공지능(AI)에 기반을 둔 스마트 지능정보사회에서 전자감시가 보다 강화되어 사회 변화에 역기능으로 작용할 수 있다는 점을 인식하고 이에 선제적으로 대응하는 것이 보다 중요할 것이다.

2. 정보사회에서 스마트 지능정보사회로의 변화

정보사회에서 스마트 지능정보사회로의 변화는 정보통신기술(ICT)의 융합과 인공지능(AI)을 중심으로 급속하게 진전되고 있다. 인터넷의 경우, 전 세계적으로 스마트폰을 통한 모바일 인터넷의 활성화로 인하여 무선인터넷 사용자가 유선인터넷 이용자를 추월하고 있는 추세이다. 이러한 모바일 시대의 개막은 필연적으로 M2M(Machine to Machine) 등 지능형 맞춤서비스 기반의 구축을 가속화시켜서 사물인터넷(Internet of Things: IoT) 시대를 맞이하게 되었다.

이러한 사물인터넷 시대에는 인간이 인지하거나 노력하지 않아도 알아서 상황을 파악하고 맞춤형 서비스를 제공하기 위한 인공지능(AI) 기술이 필수적으로 접목되어야 한다. 또한 센싱 기술과 위치기반 서비스를 기반으로 하는 유비쿼터스 네트워크의 구축을 통하여 모든 사물이 하나의 정보 단위가 되어서 정보의 무한 폭증 현상이 나타나고 있다.

이러한 정보의 무한 폭증 현상으로 빅데이터 시대가 개막되었다. 빅데이터 환경에서는 정보의 양이 아니라 정보에 대한 이해와 해석이 보다 중요하게 부각되고 있다. 따라서 이제 정보의 양 보다는 지능형 검색, 소셜 서치, 상황인식 컴퓨팅 등에 기반하여 실시간으로 발생하는 '상황'에 따라서 정확하게 정보 및 서비스가 제공되어야 한다. 이러한 상황에서 시멘틱 웹, 패턴인식, 지능형 검색 등 정보의 맥락을 이해하고 맞춤형 서비스를 제공하는 인공지능(AI) 기술의 중요성이 부각되고 있다(황종성 · 오정연, 2010).

1) 인공지능의 등장

인공지능이라는 용어는 1956년 영국 다트머스회의에서 존 매커시(John Mc-Carthy)에 의해서 처음으로 사용되었다. 사전적 의미의 '인공지능(Artificial Intelligence: AI)'은 철학적 개념으로써 인간이나 지성을 갖춘 존재 또는 시스템에 의해 만들어진 인공적인 지능을 의미한다. 현재는 기호처리를 이용한 지능의 기술을 중심으로 정보처리 및 연구방법이라는 의미로도 사용되고 있다. 일반적으로는 컴퓨터에 인간과 같은 지능을 실현하기 위한 시도 및 일련의 기술을 의미한다.

인공지능은 초창기 컴퓨터의 등장으로 기계에 의한 계산이 가능해지자 철학, 수학, 논리학 및 심리학 분야의 학자들이 인간의 지적활동을 수행하는 기계에 대한 논의를 시작하면서 출발하였다. 이어서 인공지능을 이용한 전문가 시스템 구축에 대한 활발한 논의가 진행되었으나 대규모의 복잡한 현상이나 사회문제 해결에 도움이 되지 않는다고 판단되어 논리 판단 알고리즘 연구에 치중하였다. 그러나 1980년대 이후 상업적으로 대규모 데이터베이스가 개발되고 이어서 2000년대에 컴퓨터 연산기술이 비약적으로 발전하면서 직관이 아니라 이론과 실험을 통하여 현실 세계의 문제점을 해결할 수 있다는 확신이 서게 되자 (그림 1-1)과 같이 인공지능 분야가 비약적으로 발전하고 있다.

2) 인공지능 관련 기술들

현재 인공지능 분야에서의 관심 분야는 매우 광범위하며, 〈표 1-3〉과 같이 거의 모든 ICT 분야에서 인공지능적인 처리가 요구되고 있는 상황이다.

이처럼 많은 분야에서 인공지능(AI)과 관련한 연구가 진행되어 왔으나 대부분이 단편적인 기술적 측면이나 공학적인 관점에서 연구가 수행되었다. 그러나 이제 스마트 지능정보사회의 관점에서 인공지능의 기술적 측면만이 아니라 사회문화 및 법과 제도의 관점에서 인공지능의 활용 현황을 분석할 필요성이 있다.

그림 1-1 인공지능 기술의 성장

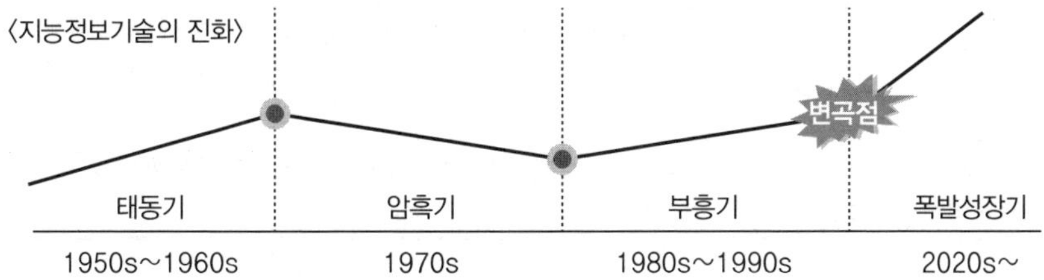

자료: http://www.aibaduk.kr/sub010302

표 1-3 인공지능 관련 기술 분야

관련 기술분야	주요내용
패턴인식 (Pattern recognition)	• 기계에 의하여 도형 · 문자 · 음성 등을 식별시키는 것 • 현재로서는 제한된 분야에서 실용화되고 있고, 본격적인 패턴 인식은 아직 연구단계
자연어처리 (Natural language processing)	• 인간이 보통 쓰는 언어를 컴퓨터에 인식시켜서 처리하는 일 • 정보검색 · 질의응답 시스템 · 자동번역 및 통역 등이 포함
자동제어 Automatic Control	• 제어 대상에 미리 설정한 목표 값과 검출된 되먹임(feedback) 신호를 비교하여 그 오차를 자동적으로 조정하는 제어
로봇틱스(Robotics) 인지로봇공학 (Automatic Control)	• 로봇에 관한 과학이자 기술학으로 로봇의 설계, 제조, 응용분야를 다룸 • 인지로봇공학은 제한된 계산자원을 사용해 복잡한 환경의 복잡한 목표를 달성하도록 하는 인식능력을 로봇에게 부여하는 기술
컴퓨터비전 (Computer vision)	• 컴퓨터 비전은 로봇의 눈을 만드는 연구분야로 컴퓨터가 실세계 정보를 취득하는 모든 과정을 다룸
가상현실 (Virtual Reality)	• 어떤 특정한 환경이나 상황을 컴퓨터로 만들어서, 그것을 사용하는 사람이 마치 실제 주변 상황 · 환경과 상호작용을 하고 있는 것처럼 만들어 주는 인간-컴퓨터 사이의 인터페이스
양자컴퓨터 Quantum computer	• 양자역학의 원리에 따라 작동되는 미래형 첨단 컴퓨터 • 양자역학의 특징을 살려 병렬처리가 가능해지면 기존의 방식으로 해결할 수 없었던 다양한 문제를 해결 가능
자동추론 (Automated Reasoning)	• 계산기과학의 한 분야로 추론의 다양한 측면을 이해함으로써 컴퓨터에 의한 완전한 자동추론을 가능하게 하는 소프트웨어 개발을 목표로 함 • 인공지능연구의 일부로 이론계산기과학 및 철학과도 깊은 관계가 있음
사이버네틱스 (Cybernetics)	• 생물 및 기계를 포함하는 계(系)에서 제어와 통신 문제를 종합적으로 연구 하는 학문
데이터마이닝 (Data mining)	• 많은 데이터 가운데 숨겨져 있는 유용한 상관관계를 발견하여, 미래에 실행 가능한 정보를 추출해 내고 의사 결정에 이용하는 과정
지능엔진 (Intelligent Agent)	• 인공지능적 기능을 가진 소프트웨어 엔진 • 사용자를 보조하고 반복된 컴퓨터 관련 업무를 인간을 대신하여 실시하는 엔진
시멘틱웹 (semantic web)	• 컴퓨터가 정보자원의 뜻을 이해하고, 논리적 추론까지 할 수 있는 차세대 지능형 웹

자료: (황종성 · 오정연, 2010).

3) 인공지능을 활용한 감시사례

우선 스마트 전자감시사회의 관점에서 인공지능의 활용 사례를 간략하게 살펴보면 다음과 같다. 다음의 내용들은 가장 일반적으로 널리 알려진 활용 사례들이다.

(1) 지능형 CCTV로의 진화

기존의 CCTV가 단순하게 상황을 녹화하는 수준이었다면, 인공지능이 장착된 스마트 CCTV의 경우에는 범죄자의 내면까지 파악할 수 있을 정도로 똑똑하게 진화하여 범죄해결사로 부상하고 있다. 현재 지능형 CCTV의 경우에 AI기능을 탑재하여 미심쩍은 부분을 지능적으로 분석, 감지, 통보하여 범죄를 예방하는데 기여하고 있다. 구체적으로 CCTV가 녹화 대상의 움직임, 방향 등을 자체 분석하여 이상이 있을 경우에 감시자에게 자동적으로 경보를 제공하고 있다.

이러한 스마트 지능형 CCTV의 작동원리는 다음과 같다.

- 스마트 CCTV는 분석기 시스템을 통해 어떤 것이 일반적인 화면이고, 어떤 것 이 반복적인 화면인지를 분석
- 현장에서 움직이는 물체들을 식별하여 운영자가 설정한 규칙과 패턴을 비교
- 물체가 실제적인 위협이고 규칙을 위반한 것이라고 판단되면 시스템은 화면을 운영자에게 재생하여 단서를 제공

이러한 스마트 CCTV는 미국과 영국 등에서 활발하게 도입하여 범죄 예방에 활용하고 있으며, 우리나라에서도 최근에 각 지방자치단체들이 도입하고 있다.

(2) 신호를 자동으로 조절하는 '스마트 신호등'

일본은 도심 교차로에서 스스로 교통량을 측정해 다음 교차로의 신호를 자동으로 조절하는 '생각하는 신호등'을 개발하였다. 일본 경찰청은 도심의 차량 소통을 원활히 하기 위해 신호기가 도로 상황에 맞춰 최적의 간격으로 진행 및 정지 신호를 자동 제어하는 시스템 도입하였다.

이 시스템은 도로에 설치된 감지기가 몇 초 단위로 차량 통행량과 속도 등을 측정한 뒤 관련 데이터를 앞의 신호기로 전송하면, 신호기는 이 정보를 토대로 교통 상황을 예측해 신호등 점멸 시간을 자동 조절하는 방식을 채택하고 있다. 따라서 중앙의 교통관제센터를 거치지 않고 도로상의 감지기와 신호기가 서로 정보를 교환해 실시간으로 대응하는 방식이어서 교통량 변화에 신속하게 대응할 수 있는 장점이 있다.

(3) 인공지능 기술을 이용한 '위치추적 서비스'

미국에서 수배 중인 사람의 이름이나 관련 키워드를 입력하면 그 사람의 소재위치를 정확하게 지도에 맵핑(Mapping)해주는 프로그램이 개발되었다. 미국 국방부, 중앙정보국, 국토안보부 등은 이러한 위치기반 정보 기술을 이용한 새로운 탐색작전으로 전환 중이다. 따라서 미래에는 범인 추적뿐 아니라 집이나 사무실에서도 누구나 찾고자하는 사람의 위치를 손쉽게 찾을 수 있게 될 것이다.

이 프로그램은 메타카타(MetaCarta, http://demo.metacarta.com)라 불리는데 수천 개의 서류를 분석하고 그 결과를 대규모 지리 데이터베이스를 이용하여 상호 체크 검증하도록 하여 위치를 정확히 제시하고 있다. 지금까지 이 'MetaCarta' 프로그램은 주로 중앙정보국 요원들이 테러전쟁과 같은 작전을 수행하기 위해 수집한 방대한 정보를 분석하는데 사용하고 있다. 이 프로그램은 자동적으로 이메일이나 웹 페이지 같은 텍스트 문서로부터 지리적 연관성을 추출하여 어느 곳의 웹페이지 문서인지 이메일이 어디서 발신되었는지를 추적할 수 있다. 따라서 원하는 사람의 이름을 검색하면 지도상에 찾고자 하는 사람의 위치가 나타나며, 범죄활동의 패턴을 추적하여 그 활동 패턴이 집중되는 위치도 찾아낼 수 있다.

3. 스마트 지능정보사회의 출현과 전자감시

스마트 지능정보사회에서는 모든 업무처리가 가상공간에서 디지털의 형태로 처리되기 때문에 감사증적(Audit Trails)을 남기게 된다. 따라서 스마트 지능정보사회에서는 앞에서 살펴본 지능정보를 활용한 전자감시가 일반화될 가능성이 상당히 높다고 할 수 있다.

1) 전자감시의 배경

정보사회에서의 감시, 즉 전자감시는 전자기기 등을 사용하여 감시대상을 감시하는 것을 말한다. 오래전에 미국의 기술평가처(OTA: Office of Technology Assessment)에서는 전자감시기기를 다음과 같은 다섯 가지 범주로 분류하였다(Lyon, 1994).

1. **청각감시:** 전화도청, 마이크로폰과 같은 소형 송수신기와 와이어시스템
2. **영상감시:** 사진, 도로와 슈퍼에 설치된 CCTV, 야간비전장치, 위성관측
3. **자료감시:** 자료처리배포, 컴퓨터 네트워크, 전문가시스템과 패턴인식을 인식하는데 사용되는 소프트웨어
4. **센서기술:** 마그네틱, 진동, 적외선, 전자 마그네틱
5. **그외:** 차량추적 시스템, 마그네틱 스트립, 음성분석기, 음성인식기, 레이저 차단, 셀룰러 라디오 등이 있다.

상식적으로 감시는 "단속을 하기 위하여 혹은 나쁜 의도를 지니고 은밀하게 숨어서 관찰한다"라고 하는 이미지를 가지고 있다. 이와 같은 정의에서 '단속'이 반드시 나쁜 의미를 가진 것은 아니지만, 우리들은 감시자가 되건 피감시자가 되건 간에 감시에 연루되는 자체에 대하여 좋은 느낌을 가지지는 않는다. 물론 정보사회에서의 감시를 반드시 은밀하고 부정적인 것으로만 해석할 필요는 없다. 교통의 흐름을 통제하기 위한 감시카메라나 차량의 과속을 방지하기 위한 감시카메라 등은 시민의 안전과 생명을 지켜주고 있는 것 또한 사실이다.

그러나 정보기술 혁명에 의한 지능정보사회의 도래는 필연적으로 사회적 감시 및 통제에 새로운 차원을 예고하고 있다. 디지털 인공지능의 정보처리기술은 다양한 방법으로 감시능력의 증대를 수반하고 있는 것이다.

구체적으로 기술적 측면에서 정보통신기술이나 생체인식기술, 생명공

학기술, 원격감시기술 등 감시기술이 비약적으로 발전하였고, 빅데이터(Big Data)를 포함하는 정보처리기술의 발전으로 정보의 수집, 처리, 저장의 비용이나, 속도, 정확성이 크게 향상되었다. 이러한 정보기술의 발전으로 저렴한 비용으로 고도의 정확성을 유지하면서 거의 무제한의 정보 수집과 처리 및 저장이 가능해졌다. 이로 인하여 수집 · 처리 · 저장되는 정보의 양과 질은 10여년 전보다 비교할 수 없을 만큼 많아지고 좋아졌다. 그리고 오늘날 빅데이터에 기반한 지능정보 시대를 맞이하면서 그 증가 추세는 가히 폭발적이다.

2) 전자감시의 특징

전자감시는 다음과 같은 특징을 갖는다(이은우, 2003).

① 은밀성

최근의 정보수집, 감시는 감시당하는 사람이 알지 못하는 사이에 은밀하게 이루어진다. 예컨대 전자우편이나 메신저, 인터넷 및 스마트폰 이용현황에 대한 감시나 컴퓨터 이용현황 감시는 감시당하는 사람이 알아채지 못하는 사이에 은밀하게 이루어질 수 있다. 최근에는 일반인들 사이에도 배우자 및 연인들을 대상으로 하여 스마트폰의 스파이앱 설치가 확산되는 추세에 있다.

② 원격성

정밀한 망원경이나 심지어는 인공위성을 이용한 원격감시가 가능해졌다. 그리고 위치추적장치의 활용이 일반화되었기 때문에 이를 이용할 경우에도 원격감시가 가능하다. 특히 인공위성을 이용한 원격감시는 상대 국가의 잠수함 경로 추적 등 군사적으로 활용되다가, 스마트폰의 보급으로 인하여 일반 민간 분야에서도 상업적으로 널리 활용되는 추세이다.

③ 대량성

감시가 매우 짧은 시간에 대량적으로 이루어지게 된 것도 최근의 감시기술의 발달에 따른 새로운 양상이다. 예를 들어, 과거에는 전 세계의 거의 모든 통신내용을 감청하는 것이 물리적으로 불가능했었는데, 이제는 가능해졌다. 또한 인공지능과 빅데이터의 결합으로 인하여 수많은 사회관계망 서비스에서 제공되는 문자 내용들도 실시간으로 감시되고 있는 실정이다.

④ 정밀성

과거에는 감시를 통해 얻을 수 있는 정보의 내용이 한정되어 있었는데, 최근에는 감시를 통해 얻을 수 있는 정보가 거의 무제한적으로 늘어나고 있다. 감시의 양과 질이 과거와는 비할 수 없을 정도로 월등하게 많아지고, 높아진 것이다. 최근 발달하고 있는 데이터마이닝(Data mining) 기법은 감시로 수집한 정보를 수집자의 필요에 따라 다양하게 가공해 준다. 마음만 먹으면 한 사람의 일거수 일투족은 물론 사상이나 성향까지도 알아낼 수 있게 된 것이다.

예컨대 한 사람에 대하여 인터넷의 로그기록, 인터넷 상에서 그가 행한 행위에 대한 분석, 위치정보의 파악에 의한 이동상황에 대한 분석, 신용카드 사용상황 분석을 할 경우 그 사람의 거의 모든 행위를 파악할 수 있다. 이와 같이 수집된 정보를 다양한 방법으로 분석하면 본인보다도 더 정확하게 본인의 생활습관이나 사고방식, 성향을 알아낼 수 있는 것이다.

⑤ 보편성

오늘날은 대상을 불문한 보편적인 감시가 가능해졌고, 실제로 보편적인 감시가 행해지고 있다. 이것은 우리 인류가 처음으로 경험하는 상황이다. 실제로 대학생들의 경우, 취업을 위한 면접시험장에서 면접관들에게 자신이 과거에 소셜네트워크서비스(SNS)에 게시했던 글들에 대하여 해명해야 하는 상황에 직면하고 있다.

3) 스마트 지능정보사회의 전자감시

스마트 지능정보사회는 기존의 정보사회가 갖고 있던 물리적제약(시 · 공간의 제약)에서 벗어나 항상 인터넷에 접속되어 있는 스마트 기기(always connected smart devices)를 통해 정보를 생산 · 공유 · 활용하는 사회로 정의할 수 있다(정준화 · 김동욱, 2013).

기술 측면에서 PC 기반의 고정형 서비스가 모바일 기반의 이동형 서비스로 전환되고, 활용 측면에서 다양한 융합기술을 통해 인간의 감성과 창의성이 강조되는 것이 스마트 지능정보사회의 특징이다. 그리고 스마트 지능정보사회에서 개인은 복잡하고 다양한 사회연결망에 참여하게 되고, ICT와 타 산업과의 융합은 새로운 기술과 서비스를 끊임없이 창출시킨다. 따라서 스마트 지능정보사회는 단순히 정보사회의 기술적 역량이 발전된 것이 아니라 삶의 전 영역에서 패러다임적 변화를 불러일으킨 것으로 볼 수 있다.

이처럼 이동성(mobility or ubiquitous)과 융합(convergence)을 특징으로 하는 스마트 지능정보사회는 실제 생활에서 스마트 기기, 위치정보, 빅데이터와 클라우드 컴퓨팅 서비스의 활용 등으로 나타난다. 개인은 스마트 기기와 클라우드 컴퓨팅을 통해 항상 인터넷에 접속하여 정보를 생산 · 활용할 수 있으며, 고정형 PC를 기반으로 하던 정보사회에서는 큰 의미가 없었던 위치정보가 이동형 스마트 지능정보사회에서는 새로운 서비스를 경험하기 위해 활발하게 이용된다. 또한 다양한 기기에서 생산되는 정보들은 빅데이터 형태로 실시간 수집 · 분석된다.

이와 같은 스마트 지능정보사회의 주요 특징은 다음 〈표 1-4〉와 같이 요약할 수 있다.

스마트 지능정보사회에서는 개인정보가 수집되는 양이 방대하고 실시간으로 정보가 누적되기 때문에 정보사회와는 다른 형태의 전자감시의 위험 가능성이 존재한다. 우선 개인이 스마트폰을 이용하여 위치기반서비스(LBS)와 SNS를 사용할 경우 서비스제공업체는 개인의 과거 위치정보와 SNS에 남아있는 기록들을 조합하여 라이프스타일에 맞는 상품과 업소를 추천해 준다. 그러나 이 정보가 유출될 경우 다른 누군가가 그의 행적을 꿰뚫어 볼 수 있어서 프라이버시 침해의 우려가 발생한다.

요즘 널리 활용되고 있는 클라우드 컴퓨팅의 경우에는 해킹이나 서비스 관리자의 실수로 수많은 개인정보가 유출될 우려가 있고, 기술적인 문제로 인한 시스템 사고의 위험도 안고 있다. 또한 한국의 기업과 국민들이 사용하고 있는 클라우드 서비스의 서버가 외국에 존재할 경우, 수많은 국내 개인정보가 해당 국가의 법률의 적용을 받아 외국 정부에 제공될 우려도 있다(박완규, 2012).

이 외에도 스마트 홈, 스마트 시티 및 스마트그리드(smart grid)의 경우, 거주자가 집에 머무르고 있는 시간, 외출하고 있는 시간, 전기자동차 사용 내

표 1-4 스마트 지능정보사회의 주요 특징

구분	개념	활용 사례
스마트 기기	항상 인터넷과 연결 가능하며 특정 기능의 기기 종속성(device-dependence)을 벗어난 휴대 장치	• 스마트폰은 전통적인 모바일 폰의 기능인 전화와 메시지 송수신뿐만 아니라 웹 브라우징, 콘텐츠 작성 및 공유, GPS 수신, 다른 기기와의 연결 등이 가능
위치정보	개인이 존재했던 위치(장소)와 시간이 결합된 정보가 전기통신설비 등을 통해 수집된 것	• 실시간 교통 정보와 경로탐색 서비스, 개인 위치정보를 바탕으로 추천 업소 정보 제공과 같은 위치기반서비스(LBS)로 활용
빅데이터	양(volume)이 크고, 형태가 다양하고(variety), 빠르게 생성되는(velocity) 디지털 데이터로, 종래의 방법으로는 분석 · 활용이 어려운 데이터	• 포털사이트의 추천 · 연관 검색어 서비스 • 아마존(Amazon.com)에서 고객의 도서 구매 데이터를 분석해 특정 책을 구매한 사람이 추가로 구매할 것으로 예상되는 도서를 추천하는 시스템
클라우드 컴퓨팅	ICT 활용을 '소유'에서 '임차'로 전환하는 방식 서버, 저장공간, 프로그램 등 실체적 컴퓨터 자원을 네트워크상에서 활용	• T클라우드(SKT), U클라우드(KT) 등 • 이용자는 개별적인 서버나 소프트웨어를 구입할 필요가 없기 때문에 다양한 측면에서 비용절감의 효과를 얻을 수 있음

자료: (정준화 · 김동욱, 2013)

역 등에 관한 정보를 포함하고 있기 때문에 이 정보가 유출될 경우에는 빈집털이와 같은 범죄에 악용될 소지가 있다(박휜일 · 윤넉찬, 2012).

따라서 이제까지 데이터베이스를 해킹하거나 개인 PC에 악성코드를 심어서 개인정보를 유출하던 기존의 전자감시 위험은 스마트 지능정보사회가 본격화됨에 따라 새로운 국면을 맞이하게 된다.

2009년 후반 도입된 애플사의 아이폰을 필두로 등장한 각종 스마트 기기, 소셜네트워크서비스(SNS), 클라우드 컴퓨팅 및 위치기반서비스와 같은 새로운 서비스, 스마트워크와 같은 작업환경 변화가 결합된 이른바 스마트 빅뱅(smart big bang) 등이 개인정보의 수집 · 저장 · 활용 방식을 변화시켰기 때문이다. 이제 이름 · 주민등록번호 같은 개인식별정보 뿐만 아니라 위치정보, 영상정보, 감성정보 등의 개인특성정보도 대량으로 수집 · 활용되고 있다.

스마트 빅뱅 전 · 후를 정보사회(information society)와 스마트 지능정보사회로 구분한다면, 스마트 지능정보사회가 도래함으로써 개인정보 수집 · 저장 · 활용의 경로가 다양해지고 그 규모도 확대되었다고 볼 수 있다. 따라서 이제 스마트 지능정보사회에서는 이전과 달리 전자감시의 대상과 내용에서 새로운 패러다임을 맞이하고 있다.

지능정보기술의 개념과 특징

1. 인공지능기술의 개념

지능정보기술은 (그림 1-2)과 같이 인간의 고차원적 정보처리를 ICT를 통해 구현하는 기술로 인공지능으로 구현되는 "지능"과 데이터 · 네트워크 기술(ICBM)에 기반한 "정보"가 결합된 형태이다.

인공지능 기술: 인간의 인지능력(언어 · 음성 · 시각 · 감성 등)과 학습, 추론 등 지능을 구현하는 기술로 인공지능 SW/HW, 기초기술(뇌과학 · 산업수학 등)을 포괄

- 현재는 특정 영역에서 인간의 인지능력 일부를 모사하는 약한 인공지능(Weak A.I.)을 의미하며 인간의 모든 지적 업무를 창조적으로 학습 · 수행하는 강한 인공지능(Strong A.I.)은 아님

데이터 · 네트워크 기술: 인공지능 기술의 빠른 성능 향상과 보급 · 확산을 위한 핵심 기반으로 데이터를 생성 · 수집 · 전달 · 저장 · 분석하는 필수적인 ICT 기술

- 모든 사물에서 데이터가 끊임없이 생성되고 네트워크를 통해 실시간으로 전달(IoT, Mobile)되며 수집된 데이터를 효율적으로 저장하고 그 의미를 분석(Cloud, Big Data)

그림 1-2 지능정보기술의 개념

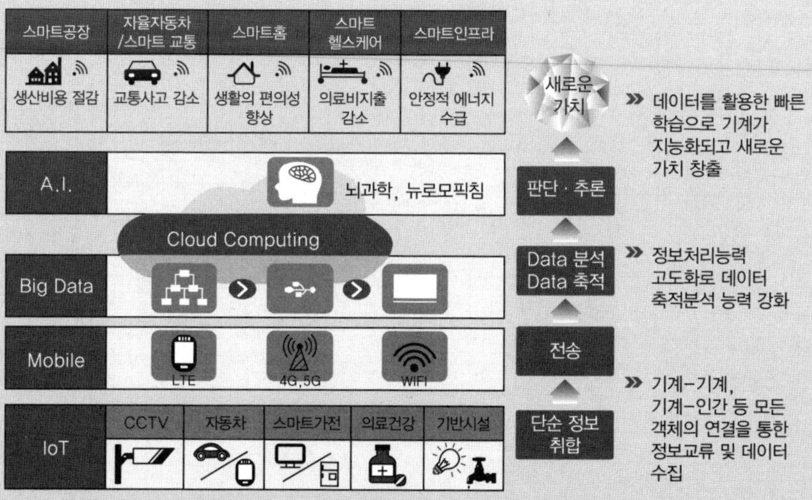

2. 지능정보기술의 특징

무인 의사결정: 기계가 인간의 고차원적 판단기능을 수행하여 독립된 주체로 활동함으로써 자동화 및 무인화가 확산

실시간 반응: 정보수집, 데이터 분석, 판단 · 추론 등 일련의 과정들이 ICT 기술(IoT, Cloud, Big Data, Mobile)을 통해 즉각 처리되어 기계가 실시간으로 응답 · 반응

자율 진화: 딥러닝 등 기계 학습을 통해 스스로 진화하여 기계의 성능이 기하급수적으로 향상

만물의 데이터화: 과거에는 보관 · 활용이 곤란했던 다양한 데이터(생체 · 행태정보, 비정형 정보 등)도 기계 학습 과정을 거쳐 의미 추출 가능

자료: (관계부처 합동, 2016: 6).

제2절

스마트 지능정보사회의 새로운 전자감시

오늘날의 전자감시가 과거와 완전히 달라지게 된 배경에는 최근 정보통신 기술의 급속한 발전이 자리 잡고 있다. 이처럼 스마트 지능정보사회에서 전자감시에 적용되는 정보통신 기술들은 다음과 같이 ICBMs(IoT - Cloud - Big Data - Mobile - Security)라고 하는 다섯 가지의 범위로 정리해 볼 수 있다. ICBMs이란 사물인터넷(IoT), 클라우드(Cloud), 빅데이터(Big Data), 모바일(Mobile) 및 보안(Security)을 의미한다.

이러한 ICBMs를 통한 전자감시는 이제 인공지능, 웨어러블 기기, 드론 및 로봇 등 다양한 초연결 기술을 기반으로 그 범위를 확장시켜 나가고 있다. 따라서 이러한 ICBMs의 적용에 따르는 전자감시의 시대적 변화 및 정부의 정책 대응 현황을 살펴보면 다음과 같다(오정연 · 정명선, 2010).

1. 사물인터넷(IoT)의 등장

1) 사물인터넷의 개념

모든 사물이 실시간 웹으로 연결되는 '사물인터넷' 시대가 도래하고 있다. 이러한 '사물인터넷'(Internet of Things)이란 모든 사물 · 기기들이 언제 어디서나 네트워크에 연결되어 상호 정보를 주고받으며 다양한 지능화된 서비스를 제공하는 개념이다. 미국 잡지 타임지는 2008년 최고의 발명품의 하나로 '사물인터넷'을 선정하였다. 이러한 사물인터넷 시대가 도래하면 정보의 수집과 활용이 '인간 對 인간'에서 '인간 對 사물', 그리고 '사물 對 사물'로 확장되면서 사물들 간에 상호 정보교환 및 제어를 통해서 더욱 지능화된 서비스가 가능할 것으로 예측하였다. 현재는 이러한 사물과 장소들이 센서와 무선 네트워크로 연결되어 비즈니스와 개인의 의사결정을 도와주는 실시간 웹(real world web)이 제공되는 수준에 이르고 있다.

유럽연합(EU) 역시도 2009년에 「Internet of Things in 2020: A Roadmap for the Future」라는 보고서를 통해 '미래의 인터넷은 점점 더 많은 사물들을 포함시키게 될 것'이라고 주장하였다. 국제전기통신연합(ITU) 보다 오래전인 2005년에 보고서를 통하여 '사물인터넷'을 사회, 환경, 사용자 컨텍스트(Context)를 연결하기 위해 필요한 똑똑한 사물들로 정의하고, 미래 인터넷의 새로운 트렌드가 될 것이라고 전망하였다.

이제 이러한 사물인터넷은 언제, 어디서나 원하는 서비스를 즉시에 받을 수 있는 스마트 지능정보사사회의 핵심기반이 되었다. 현재 사물인터넷은 스마트 지능사회를 위한 '인간중심의 개인화서비스'라는 새로운 기회를 창출하고 있다. 구체적으로는 재난 재해 예보, 환경 방범 시설물 모니터링 등 각종 사회문제 해결에 크게 기여하고 있으며, 또한 산업 자동화, 환경 감시, 재난 예방, u헬스, 에너지 절약 등의 ICT 인프라로서의 역할도 수행하고 있다.

2) 등장 배경 및 외국 동향

사물인터넷은 국가 산업 경쟁력 제고의 핵심 원동력으로 부상하고 있다. 선진국들은 〈표 1-5〉와 같이 미래 새로운 시장 및 기회창출의 새로운 원동력으로 사물인터넷을 인식하고 다양한 정책들을 제시하고 있다. 유럽연합(EU)은 2009년 6월 사물의 인터넷化의 발전을 촉진시키기 위한 14대 실행계획을 발표하였다. 중국 정부도 오래전부터 사물 인터넷을 국가에서 중점 육성하는 '5대 전략적 신흥 산업' 의 하나로 선정하였다. IBM을 포함하는 세계 유수기업들도 앞 다투어 사물인터넷에 투자를 확대하고 있다. 국제적인 시장조사 기관들은 전 세계 모바일 사물통신 네트워크 시장이 기하급수적으로 성장할 것으로 전망하고 있다.

표 1-5 주요 외국의 사물인터넷 정책 추진현황

미국	• 2025년까지 국가경쟁력에 영향을 미칠 수 있는 '대 혁신적인 파괴적 기술'중 하나로 사물인터넷을 선정하여 기술로드맵 수립('08년) • Reshoring Initiative(제조업 본국회귀)로 사물인터넷을 활용한 제조업 혁신 추진 중('10년)
유럽	• EU는 사물인터넷 액션플랜 수립('09년) • 영국는 사물인터넷 연구개발에 4,500만 파운드 투입 발표('14.3.9) • 독일은 Industry 4.0를 통해 사물인터넷을 활용한 제조업 생산성 30% 향상 추진
중국	• 12차 5개년(2011~2015) 계획에 '사물망 12-5 발전규획'을 발표('11년) • 감지(感知)중국의 전략으로 사물인터넷과 클라우드 등을 타겟으로 한 사물인터넷 시범단지(우한시 등 193개) 등 추진
일본	• u-Japan 전략('04년), i-Japan 2015 전략('09년), Active Japan ICT전략('12년) 등을 통해 사물인터넷 산업정책 추진 중

자료: (미래창조과학부, 2014a).

3) 국내 발전 과정

우리나라에서 사물인터넷 정책은 2009년 10월에 방송통신위원회에서 '사물지능통신 기반 구축 기본계획' 수립하면서 시작되었다. 2009년 방송통신위원회는 2012년까지 세계 최고의 사물통신기반 구축을 추진 목표로 하는 기본계획을 수립하였다. 당시의 사물지능통신은 사람-사물, 사물-사물 간 지능통신 서비스를 언제 어디서나 안전하고 편리하게 실시간으로 이용할 수 있는 미래 방송통신 융합 ICT 인프라로 정의되었다. 이어서 기반 구축, 서비스 활성화, 기술 개발, 확산환경 조성 등의 4대 과제별 12대 세부과제를 제시하고 2012년까지 216억 원을 투자하여 3단계에 걸쳐 추진하기로 하였다.

그러나 인프라망 구축 등 주요사업에 예산 배정이 제대로 이루어지지 못하면서 기대하던 추진 성과는 나타내지 못했던 것으로 평가할 수 있다. 특히 이 당시의 사물지능통신은 사물과 사물과의 통신 즉 Machine to Machine(M2M)으로 정의되어 현재의 스마트 지능사회의 접근 방식과는 약간 수준을 달리하고 있었다.

이어서 박근혜 정부 출범 이후에 2013년 6월에 미래창조과학부가 '인터넷 신산업 육성 방안'을 발표하면서 사물인터넷을 '인터넷 신산업'으로 분류

하고, 2017년까지 집중 육성하기 위한 중장기 발전계획을 수립하였다. 박근혜정부는 창조경제를 표방하면서 이러한 사물인터넷, 클라우드, 빅데이터를 창조엔진으로 간주하여 시장창출을 위한 선도사업, 기업의 기술경쟁력 강화 및 해외진출 지원, 원천기술의 연구개발 등을 진행할 계획이었다. 특히 사물인터넷과 관련하여 법과 제도 개선, 센서 등 IoT 관련 원천기술개발, 인력 양성, 소비자 접점형 사물인터넷 서비스 확산, 사물인터넷 서비스를 접목한 선도사업 추진, 기업 지원 등을 구체화하였다.

미래창조과학부는 2013년 7월에, 사물인터넷 국가 표준 개발과 글로벌 표준화 선도를 위해 사물인터넷 분야의 산 · 학 · 연 전문가로 구성된 '사물인터넷 표준화 협의회'를 발족하였다. 이어서 2015년부터는 인공지능의 부상과 대응하여 지능정보기술과 관련한 정책들이 나타나기 시작한다.

2016년 3월에는 지능정보산업 발전전략이 발표되고 이어서 4월에 중장기 종합대책의 수립계획이 발표된다. 이와 함께 2016년 9월에는 미래창조과학부에 지능정보사회추진단을 설치하고, 이어서 2016년 12월에 지능정보사회의 중장기 종합대책을 마련하였다. 이러한 지능정보사회 중장기 종합대책에는 '인간 중심의 지능정보사회'를 비전으로 제시하고 기술-산업-사회 각 분야별 정책방향과 전략과제(안)을 마련하였다. 이러한 기술과 산업 및 사회 각 분야별 정책 방향 가운데 사회 분야에서 고용 구조의 급격한 변화에 맞춰 교육 · 고용 · 복지 제도를 개편하고 사이버 위협, 인간소외 등 새로운 위협에 대응할 필요가 있다고 제시하고 있다.

그러나 이러한 지능정보사회 중장기 종합대책은 아직까지 전자감시와 관련한 내용들을 포함하고 있지 않다. 따라서 사물인터넷 정책을 중심으로 전자감시와 관련되는 정보보호 로드맵의 내용을 정리하면 다음과 같다(미래창조과학부, 2014a).

2. 사물인터넷(IoT)의 정책 동향

박근혜 정부는 2014년 5월에, 초연결 디지털 혁명의 선도국가 실현을 비전으로 미래창조과학부의 정보통신전략위원회에서 '사물인터넷 기본계획'을 확정하여 발표하였다.

1) 사물인터넷 기본계획 내용

현재 한국 사회는 산업혁명과 정보화혁명을 거쳐서, 모든 것이 인터넷과 연결 되는 사물인터넷(IoT, Internet of Things) 기반의 초연결 혁명이 진행 중이다. 이에 우리 정부는 사물인터넷 경쟁력은 주요 외국에 비해 아직 미흡하지만, 우수한 ICT 인프라 및 제조역량 등을 갖추고 있어 세계시장을 선도할 잠재력이 충분하다고 평가하여 사물인터넷 기본계획을 수립하게 되었다.

정부는 이러한 사물인터넷을 공공(대민서비스 혁신), 산업(생산성 · 효율성 및 부가가치 향상), 개인(안전, 편리 등 삶의 질 제고) 등 국가사회 현안해결의 수단으로 활용하고자 노력하고 있다. 이러한 사물인터넷 기본계획의 구체적인 내용을 간단하게 정리해 보면 다음과 같다.

(1) 비전과 전략

사물인터넷의 비전은 국민/기업/정부가 세계에서 가장 활발하게 IoT 서비스를 개발 및 이용하게 하여 초연결 디지털 혁명의 선도국가를 실현하는 것이다. 이를 위하여 정부는 4대 추진전략을 선정하였고 그 내용은 다음과 같다.

① 생태계(SPNDSe) 참여자 간 협업 강화

글로벌 · 대기업 · 통신사 등과 협력하여 개방형 플랫폼을 개발하고, 이를 기반으로 생태계 전반의 기업들이 참여하여 IoT 제품과 서비스 개발을 협력한다. IoT 서비스가 전 산업 및 전국에 확산될 수 있도록 각 부처 · 지자체 및 수요기업 등 범부처 · 민간 협력을 추진한다.

② 오픈 이노베이션 추진

(As-Is: 폐쇄형 생태계) 이용기관 · 기업별 개별적 · 폐쇄적으로 응용SW, 플랫폼, 서버 등을 각각 개발 · 구축 → 성과확산 저조

☞ (To-Be: 개방형 생태계) 개방형 플랫폼을 활용하여 누구나 서비스를 개발 · 제공할 수 있는 오픈 이노베이션 생태계로 전환 → 아이디어가 서비스로 실현되어 국민 개개인의 잠재력이 극대화될 수 있는 환경을

제공한다.

③ 글로벌 시장을 겨냥한 서비스 개발 · 확산

우리나라는 ICT 인프라, 인적자원, 응용기술 · 제조역량, 국민들의 ICT 활용 경험 및 역량 등의 강점을 보유하고 있다. 그러나 협소한 내수시장, 센서, 부품, SW 등 원천기술 취약, 국제표준 주도 경험 부족, 글로벌 마케팅 역량 부족 등의 약점도 존재한다. 따라서 글로벌 기업과 협력하여 공동으로 제품 · 서비스를 개발하고, 글로벌 시장에 동반진출하기 위한 파트너십을 강화한다. 또한 우수한 제조업 기반 새로운 SW서비스를 접목하여 제품의 부가가치 혁신, 생산성 · 효율성 향상 → 전통산업 및 SW서비스 신산업의 동반성장을 추구한다.

④ 대 · 중소기업 · 스타트업별 맞춤형 전략

사물인터넷 시장은 ①가전, 자동차, 웨어러블 등 글로벌 · 대기업 주도시장, ②소규모 응용분야로 중소기업 주도시장, ③아이디어를 가진 스타트업 등이 주도하는 시장으로 구분 가능하다. 따라서 글로벌 · 대기업들은: 플랫폼 경쟁력 확보를 위한 Alliance 강화, 대 · 중소기업 간 상생 · 협력의 개방형 파트너십을 유도한다. 이어서 중소기업들은 개발비용 · 기간 단축을 위한 공통 플랫폼 및 테스트베드 개발 · 보급, SW · 센서 · 디바이스 · 수요기업 등 異種 기업 간 협업을 지원한다. 마지막으로 스타트업들은 오픈소스 HW/SW, D.I.Y(Do It Yourself: 이용자가 직접 제품 개발) 등 아이디어의 제품 · 사업화 생태계 구축을 지원한다.

2) 사물인터넷 정보보호 로드맵 내용

사람과 사물, 데이터 등 모든 것이 연결되는 사물인터넷 환경에서는 기존 사이버공간의 위협이 현실세계로 전이 · 확대될 것으로 전망된다. 특히, 가전 · 의료기기 및 자동차 등 사물인터넷의 활용분야가 우리 실생활의 모든 사물에 직접 접목되기 때문에, 사물인터넷 보안위협은 〈표 1-6〉과 같이 오동작 · 정지 등 사람의 생명을 위협할 만큼 치명적이고, 이미 도입 후에는 사후 보안조치가 불가능하거나 高비용을 수반하는 등 우려와 함께 이에 대한 대책 마련 필요성이 제기되어 왔다.

이에 따라, 정부는 누구나 안전하게 사물인터넷의 편리함을 누리고 이를 창조경제 실현을 위한 미래 新성장동력으로 육성하기 위해서는 보안(Security)이 담보되어야 한다는 원칙하에, 산 · 학 · 연 전문가 및 IoT 제조사, 관계부처 등 각계 의견을 폭넓게 수렴하여 안전한 사물인터넷 이용환경 조성을 위한 「사물인터넷 정보보호 로드맵」을 수립하였다(미래창조과학부, 2015b).

이러한 위험에 대비하고자 미래창조과학부는 2014년 10월 31일 안전한 사물인터넷 이용 환경 조성을 위한 「사물인터넷 정보보호 로드맵」을 발표하였다. 미래창조과학부는 이러한 로드맵을 통해 ①보안이 내재화(內在化)된 기반 조성, ②글로벌 융합보안 시장을 선도하는 9대 보안 핵심기술 개발, ③ 사물인터넷 보안 산업경쟁력 강화 등을 2018년까지 단계적으로 추진하여, 세계최고의 스마트 안심국가를 실현할 계획이다. 이에 따르는 8대 세부 추진과제를 정리하면 다음과 같다.

① 7대 분야 IoT 제품 · 서비스 보안 내재화

IoT 제품 · 서비스 생산단계를 고려하고 스마트챌린지 사업에 시범적용 해 실효성 검증 및 개선하는 '공통 보안원칙'을 개발 및 보급하고, 보안가이드 개발을 위한 사전 작업으로써 IoT 보안 관련 산업 실태파악 및 '공통 보안 요구

표 1-6 IoT 환경 도래에 따른 정보보호 패러다임 변화

구 분	As-Is	To-Be
보호 대상	PC, 모바일 기기	가전, 자동차, 의료기기 등 우리 주변 모든 사물(Things)
대상의 특성	고성능, 고가용성을 가지는 운영환경	고성능, 고가용성 + 초경량, 저전력
보안 주체	ISP, 보안 전문업체, 이용자	ISP, 보안 전문업체, 이용자 + 제조사, 서비스제공자
보호 방법	별도의 보안장비, SW 구현 및 연동	별도의 보안장비, SW 구현 및 연동 + 설계단계부터 보안 내재화
피해 범위	정보유출, 금전피해	정보유출, 금전피해 + 시스템 정지, 생명위협

사항’을 2015년 도출한다.

또한 ‘공통 보안 요구사항’을 기초로 7대 IoT 분야에 공통적으로 활용 가능한 ‘공통보안 가이드’를 2016년부터 마련, 관계부처, 관련 제조업계 등과 협업해 ‘7대 IoT 분야별 보안가이드’를 개발할 수 있도록 2017년부터 기술지원에 들어간다.

② ‘IoT 보안 위협 종합 대응체계’ 구축

IoT 보안정책 수립 등을 위한 이슈 논의와 기술 · 정책 자문을 위해 올해부터 ‘IoT 보안 얼라이언스’라는 IoT 보안 협의체를 구성한다.

또한, 침해사고 발생시 국민생활 등에 큰 영향을 끼치는 IoT 인프라에 대해 ‘주요정보통신기반시설’을 2015년부터 신규 지정해 보호체계를 강화하고, 전체 주요정보통신기반시설 중 IoT 인프라를 보유한 시설에 대해 IoT 보안 관련 모의해킹 훈련 등 2017년부터 대응역량을 점검하도록 할 예정이다.

③ 안전한 IoT 제품 · 서비스를 위한 신뢰성 확보

IoT 제품 · 서비스의 설계단계부터 보안을 적용해 사후관리 등 전 단계에 걸쳐 책임성 확보를 위한 연구를 추진하고, IoT 제품 · 서비스 사업자의 책임성 확보방안을 2016년부터 마련할 예정이다.

이와 함께 7대 IoT 분야 디바이스에 공통 적용 가능한 기술적 · 관리적 보안 인증항목을 도출하고 2015년부터 인증제도 도입방안에 대한 사전연구를 수행한다. ‘IoT 보안 얼라이언스’에 ‘IoT 디바이스 보안인증 분과’를 설치해 글로벌 표준에 부합한 보안인증 항목을 공통 규격화하도록 2016년부터 추진할 계획이다.

④ IoT 보안 핵심 원천기술 개발

CPU 성능, 전력상태 등을 고려한 경량 · 저전력 암호기술, 보안 콘트롤러 칩 및 보안 운영체제를 개발하되, 특정 IoT 분야에 국한되지 않도록 개방형으로 개발하게 된다.

웨어러블 디바이스, 초소형 센서 등에 대한 위변조, 부채널 공격을 방지하는 보안 콘트롤러 칩을 올해 개발해 디바이스 핵심자원에 대한 비인가 접근을 차단하고 위 · 변조 방지 기능 등이 내재된 보안 운영체제를 개발을 지원한다는 계획이다.

또한, 이종 네트워크 간 안전한 통신을 위해 IoT 보안 게이트웨이, 침입 탐지 · 대응 기술과 원격 보안 관리 · 관제 기술을 개발하고, 각종 IoT 서비스 환경에 적합한 스마트 인증, IoT 프라이버시 보호기술 및 IoT 보안솔루션 기술을 개발할 예정이다.

⑤ IoT R&D 오픈 이노베이션 구축

IoT 기술 및 시장 요구사항에 유연하게 대응하기 위해 경쟁형 IoT R&D 오디션 프로그램을 올해부터 도입하고, 미국, 유럽 등 IoT 보안 선도기술 및 실용화 기술 보유기관 등과 국제협력을 통해 R&D IoT 보안분야의 글로벌 역량을 강화한다. 이와 함께 홈 · 가전, 교통, 의료 등 IoT 분야별 시장수요와 기술 경쟁력을 고려해 IoT 보안기술의 국제 표준화를 2016년부터 추진할 예정이다.

⑥ IoT 보안 우수기업 발굴 · 육성

기존에 추진중인 스타트업 프로그램 내에 IoT 보안분야를 추가해 기획 · 개발 · 테스트 · 투자유치 · 해외진출 등을 원스톱으로 지원하고, 스타트업 선정팀 대상으로 창의적인 보안기술 및 서비스 모델 발굴을 위한 'IoT Security Innovation Contest' 개최를 추진하게 된다.

또한, 보안 스타트업 육성, IoT 보안 실증사업에 대한 컨설팅, 기술지원 등 IoT 보안 관련 기업 지원업무를 위한 'IoT 시큐리티 센터'를 올해부터 구축해 IoT 제품에 공통 적용되는 보안사항의 검증, 시험 등을 위한 'IoT 보안 테스트베드'를 'IoT 시큐리티 센터' 내에 구축할 예정이다.

⑦ IoT 보안제품 · 서비스 수요 창출

취약점 신고포상제 대상 분야를 SW, Active X 이외에 IoT와 관련된 분야로 확대해 시범 운영토록 하고, IoT 보안취약점을 조기에 발굴 및 대응방안 마련을 위해 '글로벌 IoT 보안취약점 발굴 대회'를 2014년부터 개최할 예정이다.

또한, 정부는 국내외 IoT 제조사와 국내 보안업체간 기업매칭을 지원하고, 보안 적용사례를 공유하는 'IoT Security Networking Day'를 올해부터 개최해 IoT 보안 관련 전시회 참가 및 선진시장과의 교류를 통한 동향조사, 최신 기술파악 등을 추진한다.

⑧ 'IoT Security Brain' 양성

이번 로드맵에는 IoT 보안 등 융합보안 심화교육을 실시하고 업계 수요에 대응하는 인력양성을 위해 기업 및 민간교육기관 등 정보보호 관련 교육 운영단체를 대상으로 '교육 인증체계'를 2014년부터 구축한다.

최정예 사이버보안인력(K-Shield) 인증생 대상 IoT 보안교육을 실시해 임베디드 SW, 제어 프로토콜, 무선 프로토콜 관련 보안취약점 이론 등 'IoT 보안 기본교육'을 실시하고, 'IoT 보안 테스트베드'를 활용해 게이트웨이 · 무선 네트워크 분야 등에 대해 'IoT 보안취약점 분석교육'을 2015년부터 실시하며, '스마트홈 분야 보안취약점 분석교육'은 2017년부터 진행할 예정이다.

3. 사물인터넷(IoT) 기술 기반의 전자감시 동향

이러한 사물인터넷(IoT) 기반 기술을 활용한 전자감시는 현재 우리 일상생활의 다양한 분야에서 널리 활용되고 있다. 이러한 최근 동향들을 살펴보면 다음과 같다.

1) 클라우드(Cloud)의 등장과 전자감시 가능성

최근 몇 년간 정보통신업계에서 가장 큰 이슈는 '클라우드 컴퓨팅'이라고 할 수 있다. 클라우드 컴퓨팅이란 마치 구름처럼 인터넷상에 무형의 상태로 존재하는 HW, SW 등의 컴퓨팅 자원을 불러내 사용하는 서비스이며, 전기를 사용하듯이 ICT를 서비스 형태로 공급받는 환경을 의미한다.

보다 구체적으로는 표준화된 ICT 기반 기능들이 인터넷 제공 사업자를 통해 지원되며, 언제나 접근이 허용되고, 수요의 변화에 따라 가변적이며, 사용량이나 광고에 기반한 과금 모형을 제공하며, 웹 혹은 프로그램적인 인터페이스를 제공하는 컴퓨팅이라고 할 수 있다. 또 다른 정의는 웹 기반 애플리케이션을 활용하여 대용량 데이터베이스를 인터넷 가상공간에서 분산 처리하고, 이 데이터를 PC, 휴대전화, 노트북, PDA 등 다양한 단말기에서 불러오거나 가공할 수 있게 하는 환경을 의미한다.

국제적인 조사 기관에 따르면 클라우드 서비스에 대한 전 세계 투자규모와 클라우드 인프라에 대한 수요는 지속적으로 증가하고 있다. 따라서 세계 유수 기업들은 앞 다투어 클라우드 시장에 진입하고 있다. 2002년부터 아마존(Amazon.com)은 애플리케이션 컴포넌트와 플랫폼 및 가상인프라 서비스를 제공하고 있다. 구글 역시도 웹기반 서비스 시장에서 소프트웨어서비스 시장으로 진출 하였으며, 점차 ICT 인프라 시장으로 확장해 가는 중이다. IBM은 2008년 1월 중국 베이징에 아태지역 최초의 '비즈니스 클라우드 컴퓨팅 데이터센터' 설립하여 사업을 추진하고 있다.

이러한 클라우드 서비스 사용에 있어서 가장 민감하면서 까다로운 부분은 보안정책이 사용하는 클라우드 서비스에 귀속되어 버린다는 점이다. 클라우드 서비스를 사용하는 이상 네트워크 및 하드웨어에 관련한 사항들에 대해서는 일체의 권한이 서비스 제공자에게 종속되어 버린다. 물론 그만큼 편해질 수 있지만 방화벽과 같은 보안 장비도 클라우드 서비스의 일부로 의존하게 되는 만큼 위험성이 존재한나.

보다 중요한 것은 거대 다국적 기업들인 클라우드 서비스 제공 회사들이 거의 모두가 미국 회사들이라는 점이다. 즉 아마존, 마이크로소프트, 구글 등의 미국 국적 회사들은 기본적으로 애국자법(Patriot Act)이라 불리는 테러대책법(Anti-terrorism legislation)으로부터 자유로울 수 없다. 물리적으로 서버가 외국에 있거나 외국법인이라 할지라도 본사가 미국인 이상 모두 이 법의 적용을 받는다. 테러와 관련이 있다고 미국 정부가 판단하는 사안에 대해서는 클라우드 서비스 내에 들어 있는 데이터에 대해 무제한적인 억세스 권한을 지니며 통지의 의무도 없기 때문에 들여다봤는지 조차 사용자 입장에서는 알 방도가 없다.

물론 2015년에 애국자법이 연장되지 못하고 폐기되었지만 클라우드 서비스 제공 회사들에 대한 데이터 도감청에 의한 국가의 개입 가능성은 늘 존재하고 있는 실정이다.

2) 스마트 홈, 스마트 시티의 등장과 전자감시 가능성

사물인터넷 시대에 발맞추어 스마트 홈, 스마트 TV 및 IoT 캡스 등이 전자회사와 통신회사의 새로운 상품으로 등장하고 있다. 국내 대기업 전자회사들은 '홈 뷰(Home View)' 서비스를 이용하면 집 안 디지털 카메라나 가전제품에 내장된 카메라가 전송하는 집 안 환경을 집 밖에서도 스마트폰으로 한 눈에 살펴볼 수 있어 안심하고 외출할 수 있다"거나 "스마트폰으로 냉장고 내 식재료 유통 기한을 확인한다. 냉장고 안 식료품으로 조리 가능한 메뉴 뿐만 아니라 가족의 건강상태에 적합한 메뉴까지 추천한다."고 광고하고 있다.

스마트가전은 모바일 기술을 연동, '인간-가전' 뿐만 아니라 '가전-가전' 등 사물 간의 소통(IoT · 사물인터넷)을 촉발하고 있다. 이러한 스마트홈 기술에는 '원격' '통제' '추천' 등의 세 가지 키워드가 자주 등장한다. 집 바깥에서 집 안 사정을 스마트폰으로 훑어본다. 누가 집에 있는지, 침입자는 없는지 먼 거리에서 확인한다. 스마트폰으로 가정 문을 잠그거나 열고, 문제가 있다면 경찰에 신고할 수 있다. 맞벌이 부부들은 유아원에 보낸 아이들의 점심 식단은 물론 현재 상황까지 실시간으로 검색할 수 있다.

그 동안에 폐쇄회로 TV(CCTV)가 하던 일이 이제는 냉장고나 TV, 세탁기 등이 수행할 수 있게 되었다. 각종 센서와 렌즈를 장착한 가전 제품들이 '스마트'를 앞세워 '통제' 미션을 수행하는 셈이다. '당신이 무얼 먹고 사는지' 이제 냉장고는 안다. 센서는 어떤 음식이 보관 중인지, 유통기한은 얼마 남았는지 기록하고 또 보고한다. 더 나아가 홀로 사는 어머니가 냉장고를 3일 이상 열어보지 않았을 경우, 멀리 떨어져서 사는 아들과 딸들의 스마트폰으로 어머님의 안부를 묻도록 연락을 취하게 할 수도 있는 세상이다. 이러한 서비스는 고령화 사회의 독거노인 안심서비스 차원에서 많이 활용될 수 있는 분야이다. 가족의 안전과 건강까지를 고려해서 메뉴를 추천하고 가족을 연계시켜주는 냉장고가 등장한 시대다.

문제는 사용자가 스마트폰으로 원격 통제를 지시하고, 냉장고에 음식물을 채우고 TV로 특정 정보를 검색할 때마다 그 기록이 빠짐없이 서버에 '기록'된다는 사실이다. 소비자의 행동 하나 하나로만 보면 사소하고 의미없다. 하지만 반복되면 '패턴'이 된다. 패턴은 습관이자 취향이며, 미래 예측을 가능케하는 '경험'이다. 유통 기간을 넘기는 제품 비중이 오랜 기간 높다면 미래 냉장고는 당신이 '집에 자주 들어오지 않는 사람'이라고 판단할 수 있는 셈이다.

국내 전자회사들은 '스마트홈'의 가장 큰 특징으로 생활 가전과 스마트 TV, 스마트폰, 태블릿PC는 물론 웨어러블 기기인 '스마트 시계'까지 통합 플랫폼 애플리케이션과 전용 서버로 묶고 있다. 또한 '웹OS'를 스마트 가전에 적용, 통합 제어 서버에 사용자 정보를 저장 관리해 맞춤 추천하는 서비스를 강화하고 있다.

이것은 전자회사들이 스마트 TV를 통해 개인 이용정보를 무단 수집해 맞춤 광고 등에 활용할 가능성이 있다는 의혹을 받고 있다. 실제로 국내 대기업이 출시한 스마트 TV의 경우, 2015년 스마트 TV 사용자의 음성명령 내용이 제3자나 외부에 제공될 수 있다는 매뉴얼이 문제가 되었다. 즉 특정 음성명령을 문자 형태로 전환하거나 음성 인식 기능을 제공하기 위해 제3자 및 외부에 해당 내용이 전송될 수 있다고 적혀 있다. 더 나아가 "당신이 음성 인식에 말한 사적이거나 민감한 정보는 데이터로 저장된 뒤 제3자에게 전송될 수도 있음을 명심하라"에서 "사적이거나 민감한 정보(personal or other sensitive information)"라는 문구가 가장 큰 거부감을 불러왔다. 실제로 2017년 3월에 미국 CIA에서 유출된 자료에 의하면 미국 정보기관들은 이러한 스마트 TV를 통한 도청을 실험하고 있다고 보도되었다.

이처럼 스마트 TV는 스마트폰에 이어 제2의 개인정보 침해 논란 중심에 서고 있다. 스마트 TV가 스마트폰에 이은 스마트홈 핵심 제어 중추로 부상하면서다. 다양한 개인정보와 사생활 공간이 TV 속에 저정되고, 실시간 모니터링되는 탓이다. 특히 TV는 네트워크 연결성과 디스플레이를 동시에 보유한 기기로 모든 전자제품들을 하나로 연결하는 IoT 허브로 각광받고 있다. 따라서 스마트홈 정보 수집 주체 및 대상, 활용 범위 대한 사회적 논의를 시작해야할 때다.

이러한 스마트홈은 첨단 센서와 폐쇄회로 TV(CCTV), 사물인터넷(IoT) 등 첨단 ICT의 조합으로 지역을 확장하여 스마트 시티로 발전하고 있다. '스마트시티'는 도시 행정의 효율성을 높인다는 취지로 다양한 서비스를 첨단 기술을 토대로 제공하는 것이다. 지능형 교통관리 시스템, 스마트그리드(에너지), 상수도관리 및 빌딩관리 시스템 등이 이에 속한다.

현재 국내에는 부산 해운대, 김포시 등에서 다양한 형태로 스마트시티 프로젝트가 진행 중에 있다. 외국에서도 다양한 스마트시티 프로젝트가 진행 중이다. 네덜란드의 암스테르담시는 교통 트래픽을 관리하는 등 40개 이상의 개별 프로젝트를 진행 중이다. 중국도 스마트시티 사업을 추진하고 있는데, 베이징에선 실시간 인구정보 시스템으로 출산율을 조절한다. 미국 뉴욕은 경찰국에 '실시간 크라임 센터(RTCC)'를 구축했다. 주민정보, 체포 기록, 교통 법규 위반 기록 등 24개의 데이터베이스를 모아 놓은 것이다. 여기에선 특정 사건의 용의자로 추정되는 인물과 연관 인물들의 각종 자료들이 대형 모니터를 통해 지속적으로 표시된다. 또 CCTV를 통해 용의자 이동경로도 파악할 수 있다.

스마트시티는 그것이 어떤 상황이든 정보를 바탕으로 최적의 도시상태를 유지하므로, 스마트시티의 현실화는 전자감시사회의 가능성을 보다 확대시킨다. 도시 전체를 구동하는 SW를 정부나 기업이 어떻게 기획 · 설계하는가에 따라 취지와 전혀 다른 결과가 발생할 수 있기 때문이다.

3) 인공지능로봇(Robot)의 등장과 전자감시 가능성

최근 구글 알파고의 등장과 함께 인공지능로봇에 대한 사회적 관심이 증폭되고 있다(최계영, 2016). 많은 사람들이 알파고에 의해서 사라질 가능성이 있는 일자리에 관심을 갖게 되면서 인간을 대체할 수 있는 로봇에 대한 관심 역시 고조되고 있는 실정이다. 앞으로 로봇이 국방에서 헬스케어에 이르기까지 많은 산업에서 인간을 대체해 나갈 것이라고 전망되고 있다. 그 동안 인간의 힘을 대신할 로봇이 대세였다면, 이제는 인간과 함께할 로봇을 만드는 것에 대한 관심이 높아진 상태로 인간을 위한 서비스를 제공하고 인간과 함께 생활할 수 있는 로봇 개발에 초점이 모아지고 있다. 즉 이러한 '지능형 로봇'은 인간과 상호작용을 통하여 인간의 명령 및 감정을 이해하고 반응하며 인간에게 다양한 서비스를 제공하는 로봇을 의미한다. 이제까지 로봇은 전통적으로 〈표 1-7〉과 같이 산업용 로봇과 서비스 로봇(개인용, 전문용)으로 구분되어 왔다.

그러나 이제 '지능형 로봇'산업은 차세대 고부가 가치 신산업으로 급성장할 전망이다. 특히 21세기 들어 급격히 진행되고 있는 사회환경 변화와 소비자의 기대에 부응할 수 있는 기술 시현의 가시화로 지능형 서비스로봇 시장이 급성장할 전망이다. 현재 선진국을 중심으로 '지능형 로봇'의 산업화에 주력하고 있다. 미국은 인간대역 뿐 아니라 영화촬영용 동물로봇, 가사보조용 로봇, 우주탐사용 로봇에 이르기까지 다양한 로봇연구가 활발하게 진행되고 있다. 일본의 로봇 산업은 산업용 분야에서 점차적으로 비 산업용, 개인용 서비스 로봇 분야로 범위를 확장하고 있다.

따라서 앞으로는 기존의 산업용과 개인용 로봇의 구분에서 벗어나서 전자감시를 담당하는 지능형 로봇이 등장할 수 있다. 이러한 전자감시 로봇은 초기에는 시각, 촉각, 후각과 위치감지 센서 기술을 동원하여 대상의 위치와 움직임을 감시한다. 하지만 여기에 인공지능 기술이 결합된다면, 감성 및 오감 정보를 처리하고, 환경을 이해하는 인간의 요구에 대응하면서 감시 대상의 특성을 파악하여 자신이 의사결정을 내리는 수준으로 진화할 수 있을 것

표 1-7 로봇의 구분

구분	용도	대표적 직업
산업용 로봇	제조업 (공장 자동화)	용접, 조립, 반송, 도장 등
	비제조업 (현장 자동화)	과일수확, 수중작업 등
개인용 로봇	가사용	청소, 심부름, 경비, 조리, 제초 등
	생활 지원용	간병, 재활 등
	여가 지원용	음악연습, 게임, 스포츠 등
	공공 복지용	경비, 안내 의료 도우미 등
감시용 로봇	감시	감시 등

이다. 이러한 전자감시 로봇이 작업 현장에 투입될 경우에 기존에 부착형 CCTV와는 달리 이동형의 장점을 활용하여 대상의 움직임과 일체화시켜서 감시하는 상황이 전개될 것이다.

지능형 로봇

지능형 로봇(Intelligent Robots)은 외부환경을 인식(Perception)하고, 스스로 상황을 판단(Cognition)하여, 자율적으로 동작(Manipulation)하는 로봇을 의미한다. 기존의 로봇과 차별화되는 것은 상황판단 기능과 자율동작 기능이 추가 된 것이다. 상황판단 기능은 다시 환경인식 기능과 위치인식 기능으로 나뉘고, 자율동작 기능은 조작제어 기능과 자율이동 기능으로 나눌 수 있다. 따라서 이 4가지 기능을 가능하게 하는 기술을 지능형로봇의 4대 중점 돌파기술이라 한다. 지능형 로봇의 미래에 대해 부정적인 이미지로는 인간의 일자리를 빼앗고 로봇병기가 지배하는 암울함이고, 긍정적인 이미지로는 가까운 미래에 다양한 분야에서의 지능형 로봇 출현으로 인하여 많은 사람들에 새로운 일자리와 복지를 제공할 것으로 예상된다.

형태는 용도에 따라 다양하다. 전투용 로봇은 캐터필러형 이동 메커니즘을 갖는 탱크형 형태를 지니고, 집안에서 사용되는 가정용 로봇은 바퀴형 이동기능을 갖고 소형컴퓨터가 탑재된 이동 컴퓨터의 모습을 갖는다. 제니보와 같은 애완로봇은 강아지의 형태를 지니며, 아이들과 친숙해야 하는 교육용로봇은 반신형 인간적모습을 갖는다. 일본의 아시모와 대한민국의 휴보와 같은 인간형 로봇(Humanoid)은 두팔과 양다리의 2족 보행기능을 갖는 모습을 지녀, 앞으로 20년쯤이면, 영화 아이로봇이 그려낸 것처럼, 인간과 함께 생활하며, 인간의 보조자로서의 기능을 할 것으로 예상된다. 재질도 발전하여, 금속의 재질에서 실리콘형태의 인공피부를 갖는 안드로이드 로봇도 있으며, 대표적인 것이 한국의 '에버'이다. 장애인을 위한 인공눈, 인공팔, 인공다리와 같이 생체인터페이스형 로봇도 연구되고 있으며, 살아있는 인간과 로봇이 한 몸이 되는 사이보그(Cybog)의 출현도 예상된다.

과거의 로봇은 주로 산업용으로 주로 사용되었으나, IT기술과 인공지능, 센서 및 Actuator기술 등의 발달로, 그 범위는 가정, 복지, 교육, 오락, 의료, 국방, 사회안전, 해양, 환경 등 점차 그 범위가 더욱 확대 될 것이다.

지금도 각종 테러나 범죄에서 군사용로봇의 활약상은 매우 두드러진다. 이라크에 파병되어, 작전을 돕는 폭탄제거로봇에서 재난현장에서 사람을 구출하는 안전로봇, 현재의 감시카메라(CCD)가 진화하여, 범죄예방을 위해 순찰하는 감시순찰 로봇에 이르기까지, 로봇기술에 의해, 사회가 지켜지는 시대가 열릴 것이다. 인공지능을 기반으로 한 범죄 사전 예방, IT네트워크와 연동되는 범인 추적기능까지 갖게 되면, 안전로봇은 국방산업 및 보안산업의 꽃으로 거대 산업을 형성할 것으로 전망된다.

자료: 위키 백과사전 https://ko.wikipedia.org/wiki/지능형_로봇

제3절

스마트 지능정보사회의 중장기 종합대책

이제 제4차 산업혁명과 이에 따른 지능정보사회의 도래로 우리 사회는 이제까지 접해보지 못한 새로운 세상에 진입하고 있다. 이러한 지능정보 기술의 급속한 발전은 우리에게 새로운 질서와 규범을 요구하고 있다. 지능정보사회에 대응하는 정부의 최근 정책 방안을 정리하면 다음과 같다.

1. 지능정보사회 중장기 종합대책

우리 정부도 제4차 산업혁명에 대응하고자 2016년 12월 27일에 제8차 정보통신전략위원회를 개최하고 범정부의 "지능정보사회 중장기 종합대책"을 확정하여 발표하였다. 이러한 정부의 종합대책은 미래창조과학부가 2016년 4월 28일 제17차 국무회의에서 "지능정보사회 중장기 종합대책 추진계획"을 보고한 이후에 8개월이라는 비교적 짧은 시간 안에 제시한 것이다.

이것은 지능정보사회의 발전과 그 불확실성 이라는 사안의 중대성에 비추어 볼 때, 이에 대비할 수 있도록 정책적인 예측 가능성을 높여 주었다는 측면에서 의미를 지니고 있다. 그러나 현재의 종합대책은 지능정보사회의 바람직한 미래상에 치우치고 이에 기반을 둔 변화의 전망과 시사점을 도출하여 제시하고 있다. 그 구체적인 내용을 간략하게 정리하면 다음과 같다(관계부처 합동, 2016b).

1) 비전과 전략

우선 종합대책에서는 제4차 산업혁명에 대응하기 위하여 "인간 중심의 지능정보사회 실현"이라는 국가 비전을 설정하고 이를 구현하기 위한 네 가지의 전략을 제시하고 있다. 이러한 네 가지의 전략은 다음과 같다.

① 기업 · 국민(주도)–정부 · 학계(지원) 파트너십을 통한 지능정보사회 조성

- 지능정보기술의 발전 등 제4차 산업혁명 진전에 대해 기업 국민이 스스로 경쟁력을 강화하고 주도(market-leading)
- 정부 학계는 원천기술 개발, 우수인력 양성 등 기반을 조성하고 소외계층 지원 등 시장실패를 보전하되 강력한 신호(signal) 전달

② 기술 · 산업 · 사회를 포괄한 균형 있는 정책 추진으로 인간 중심의 미래사회 구현

- 지능정보기술과 산업 사회가 유기적으로 연결되어 사회 전반에 혁신적 변화를 초래하므로 이를 종합적으로 고려한 정책목표 제시
- 정책목표 달성을 위해 국가경쟁력 확보를 위한 기술 산업 정책과 국민적 이해에 기반한 사회 정책(고용, 교육, 복지 등)을 균형있게 추진

③ 전략적 지원을 통한 지능정보기술 및 산업 경쟁력 조속 확보

- 공공서비스(국방, 치안, 행정 등) · 의료 · 제조업 등 주요 산업 · 서비스의 선도적 지능정보화로 네트워크 효과를 극대화, 산업 전반에 확산
- 데이터 · 기술 · 핵심인력 확보에 집중 지원하여 지능정보 관련 산업 생태계를 선점하고 지능정보기술 전문성 제고

④ 사회적 합의를 통한 정책 개편 및 역기능 대응체계 구축

- 산업구조 재편에 따른 사회 변화에 미리 대응하기 위해 사회적 합의에 기반한 교육 고용 복지 분야 관련 정책을 융통성 있게 추진
- 사이버 위협, 양극화, 인간 소외 등 역기능 연구를 통해 발생 가능한 위험성을 알리고 대응방향을 논의할 수 있는 구조 정립

2) 정책방향 및 전략 추진과제

이어서 종합대책은 지능정보사회 도래 시 인간 중심의 지능정보사회를 구현하기 위한 경제 · 사회적인 변화를 조망하고 관계부처 및 전문가 의견수렴 내용을 바탕으로 '기술 → 산업 → 사회'로 연결되는 중장기 정책방향과 전략과제를 다음 (그림 1-3)과 같이 제시하고 있다.

우선 3대 중장기 정책 방향은 다음과 같다.

1. 글로벌 수준의 지능정보기술 기반 확보
2. 전 산업의 지능정보화 촉진
3. 사회정책 개선을 통한 선제적 대응

이어서 12대 추진과제와 주요 내용들은 다음과 같다.

1. 미래 경쟁력 원천인 데이터 자원의 가치 창출
   (대규모 데이터 기반 구축) 공공데이터는 기계가 학습 가능한 형태로 전

그림 1-3 지능정보사회 정책방향 및 전략과제

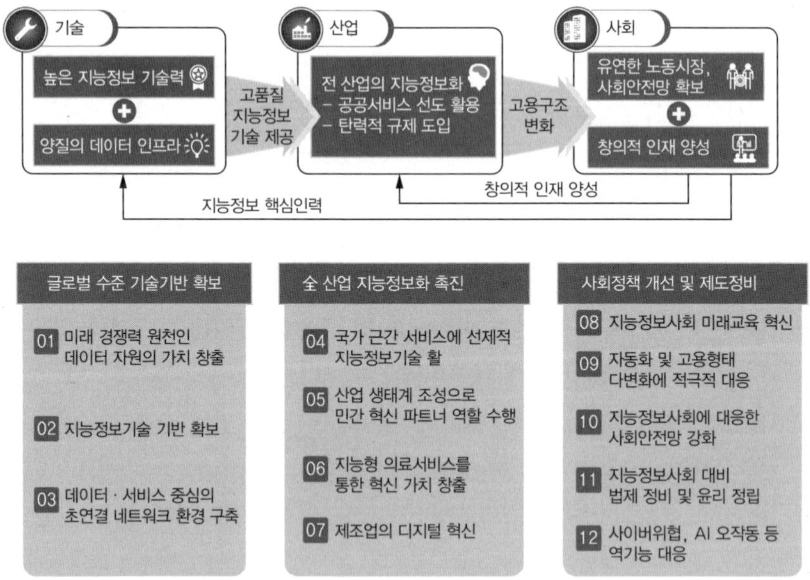

자료: (관계부처 합동, 2016b: 28)

면 전환 · 개방('18~), 데이터거래소 구축, 데이터전문 서비스기업 확대 (20년 100개)

2. 지능정보기술 기반 확보

(지능정보기술 확보) 지능정보기술 선점 위한 전략적 R&D 투자, AI 및 ICBM 핵심기술 개발 및 고도화, 차세대 기술인 양자컴퓨팅 · 뉴로모픽 칩 연구

3. 데이터 · 서비스 중심의 초연결 네트워크 환경 구축

(초연결 네트워크 환경구축) 5G 및 기가인터넷 서비스 상용화('20~)하여 4차 산업혁명 가속화, IoT 등 신규 NW 구축시 진입규제 개선('17~), 해킹 원천 차단(지능사회 신뢰 제고)하는 양자암호통신 단계적 도입 ('20~)

4. 국가 근간서비스에 선제적인 지능정보기술 활용

(공공서비스영역 선제 활용) 전장 전력(국방), 지능형 범죄대응(경찰), 행정복지 서비스(복지, 행정), 미래형 교통 유통(국토)에 지능정보기술 선제 적용('17~)

5. 지능정보산업 생태계 조성을 통한 민간 혁신 파트너 역할 수행

(생태계 조성 위한 민간 혁신파트너) 새로운 서비스가 손쉽게 시장에 진입할 수 있도록 대규모 실증 테스트 베드 조성 및 규제 샌드박스 도입 추진

- 지능정보 기반산업분야 창업 · 성장 지원(매년 펀드 천억 이상) 및 AI 혁신제품 초기시장 창출 위해 공공구매제도 활용('18~)

6. 지능형 의료서비스를 통한 혁신적 가치 창출

(지능형 의료서비스) 의료 분야 맞춤형 서비스 구현을 위해 10만명 코호트 구축, 지능형 헬스케어 로봇(간호간병로봇 등) 개발(~'22) 및 개인 맞춤형 진단 치료기술 개발(4D 바이오프린팅 기술 등, ~25)

7. 제조업의 디지털 혁신

(제조업 디지털 혁신) 제조업 재도약을 위해 제조 CPS* 개발 · 보급 ('17~) 및 로봇(4년간 민관 천억원 이상 투자) · 3D 프린팅 등 스마트 제조기반 마련

* 사이버물리시스템(Cyber Physical System): 실제 제조공정을 사이버 공간에 재현하여 사이버상의 빅데이터 처리 결과에 따라 제조공정을 최적화하는 시스템

8. 지능정보사회 미래교육혁신

(교육) 지능정보사회 대비 SW 및 STEAM교육 대폭 확대, 고교 학점제 도입 및 지능정보산업 이끌 지능정보영재 5만명 조기 양성('17~)

9. 자동화 및 고용형태 다변화에 적극적 대응

(고용) 유연근무제 확대 등 탄력적 노동시장 재편(근로기준법 개정, '17~), 부문간 일자리 이동지원 서비스 고도화(창업 · 취업지원, 역량강화 등), 신산업 · 신직업 전문인력 양성(매년 3천명 석박사급 인력 공급, 17~)

10. 지능정보사회에 대응한 사회안전망 강화

(복지) 취약계층 어려움(배변, 이동 등) 지원 위한 복지분야 지능정보 기술 개발, 실직 · 전직에 대비한 실업급여 · 기초연금 점진적 확대('17~) 등

11. 인간과 기계 공존을 위한 법제도 정비 및 윤리 정립

(법제도) 국가정보화기본법 개정 등을 통한 기본법 마련, 신규 법적이슈* 연구 및 지능정보기술 윤리헌장 제정 추진('18)

* 인공지능의 사고 발생시 책임 소재, 로봇의 저작권 및 지적재산권 인정 여부 등

12. 사이버 위협, AI 오작동 등 역기능 대응

(역기능) 사이버 위협, AI 오작동 등 기술적 위협에 대비한 사이버보안센터 구축('17~) 및 지능정보SW 안전성 평가체계 마련('18) 등

2. 전자감시와 관련한 내용들

이러한 지능정보사회 중장기 종합대책에서 스마트 전자감시와 관련되는 추진과제들은 **11.** 인간과 기계 공존을 위한 법제도 정비 및 윤리 정립, **12.** 사이버 위협, AI 오작동 등 역기능 대응 이다. 따라서 이러한 두 가지의 내용을

조금 더 상세하게 알아보면 다음과 같다.

1) 지능정보사회에서 인간과 기계 공존을 위한 법제도 정비 및 윤리 정립

정부는 지능정보사회의 총체적 변화에 대비하여 규범적 인프라 구축으로 국민이 막연한 불안감을 갖지 않고 생활하며 기존 법 제도가 선제적으로 정비되어 개인과 기업이 안전하고 활발하게 지능정보기술을 활용할 수 있도록 할 예정이다. 이를 위하여 구체적으로 다음과 같이 다섯 가지의 실행 방안을 마련하였다.

① 지능정보사회 방향 제시를 위한 기본법 마련

- 국가 · 사회 전반의 지능정보화 방향 제시를 위해 국가정보화 기본법을 (가칭)지능정보화 기본법으로 개정하는 방안 마련
  - 자율적 판단 능력을 지닌 지능정보기술 확산에 따른 변화에 대비하기 위해 전자인(Electronics persons)에 권리 · 의무 부여 등 법체계 전반 정비
  - 국가 · 사회 지능정보화의 핵심체계로서 법제 개선 과제 발굴 및 각 부처 소관 법률 개정을 위한 (가칭)지능정보사회전략위원회 설치 · 운영

② 데이터 수집 및 AI 알고리즘 개발 사용 시 인간 중심 윤리 정립

- 개발자 및 이용자의 윤리적 사고를 통해 지능정보기술의 오작동 남용을 최소화하기 위한 지능정보기술 윤리헌장 제정 추진('18)

  ※ Data 자가 학습을 통해 알고리즘을 고도화하는 지능정보시스템의 특성 상, Data 및 알고리즘 개발자에게 반영된 여러 윤리적 이슈들은 부정적 결과 초래 가능

  (예: 기존 사회의 경제적 불평등 구조, 인종 · 성별 · 민족 등에 대한 사회적 편견 등)

  - 데이터 및 AI 알고리즘에 사회적 편견 등이 반영되지 않도록 데이터 수집 및 알고리즘 개발 단계에서 지켜야할 기준과 절차를 연구

* Data 방대성 및 AI 알고리즘 복잡성으로 인해 인간에 의한 사후 감사가 곤란한 점을 고려, 단계별로 윤리기준을 적용 · 테스트할 정치한 방법론 마련 검토
  (Data의 공정성, 신뢰성 검증, 개발자의 선량한 관리의무, 역선택 방지 규정 등)

- 지능정보사회 역기능 예방 및 이용자 지원을 위해 기술 영향 및 위험성 등을 상시 모니터링 · 연구하는 민관 합동 협의체 설치
  - 특히, AI 시스템에 의해 평가 등을 받은 사람들이 그러한 판단의 정확성에 이의를 제기하고 결과를 검증할 수 있는 제도 마련 검토
- 장애인 등 취약계층에 대한 교육 등으로 지능정보 격차를 해소하고 기술과 인문학 · 예술 등을 융합하는 인간 중심 기술문화 확산 추진

③ 지능정보 기술기반 확보를 위한 법제 정비

- 민간이 대규모로 수집한 데이터의 재산권적 가치를 부동산 · 동산에 준하도록 인정하고 제3자의 무단사용 금지 및 손해배상 청구 방안 검토
- 자동차 부품, 의료기기 등 각 분야별 지능정보기술의 신뢰성 · 안전성 인증체계 고도화를 위해 SW산업진흥법 개정 등 법적 근거 마련

④ 산업의 지능정보화 촉진을 위한 법제 정비

- 지능정보기술 결합에 따른 사고 시 제조물책임법상 제조사의 책임을 명확화하고 피해자 보상 강화를 위한 지능정보 특화 보험 신설 검토
  ※ 현행 손해배상책임 법령은 행위주체를 사람으로 한정하고 있어 자율주행차 등 인공지능에 의한 사고 발생 시 인공지능 SW & HW 제조사에 책임 부과가 어려움
  ※ '16.5월 테슬라 운전자 사망 사고의 경우에도 제조사와 운전자 간 책임 공방이 예상됨
- 인공지능에 의해 창작된 소설 · 음악 및 반도체 배치설계 등의 권리를 인정하는 관련 법령 개정 추진
- 현행 법제도로 인한 지능정보기술 산업화 지연을 방지하기 위해 임시 허가 제도 강화, 규제 샌드박스 도입 등 정보통신융합법 개정

⑤ 사회변화에 대한 선제적 대응을 위한 법제 정비

- 자동화 등 산업구조 변화에 대비하여 SW교육 강화 및 개인맞춤형 · 창의융합교육 실현을 위한 관련 법제 정비 검토
- 비전형 근로 등 다양한 고용형태를 포괄할 수 있도록 근로자 개념을 정립하고 고용 · 산재보험 적용을 확대하는 근로기준법 등 개정 검토
  - 자동화 및 플랫폼 산업구조로 노동시장의 탄력성이 요구되므로 유연근무제 확대, 근로시간 계좌제 도입 등 유연한 근무환경 조성을 위한 법적 근거 마련
- 지능정보사회 도래에 따른 실업 · 전직 증가, 소득 양극화, 고령화 심화에 대비하여 사회보장제도 개선을 위한 법적 근거 마련

2) 사이버 위협, AI 오작동 등 역기능 대응 부분

정부는 사이버 위협과 AI 오작동 등으로 발생할 수 있는 역기능을 효과적으로 차단하여 지능정보사회에서 나타날 수 있는 불안감을 해소하기 위하여 다음과 같은 네 가지의 실행 방안을 발표하였다.

① 강화된 사이버 위협에 대응한 지능형 자율 방어체계 실현

- AI기반 제품(CCTV, 자동차, 로봇 등) 및 비정형 데이터까지 사이버 위협정보 수집 대상을 확대하고 이에 기반한 사이버보안 빅데이터센터 구축('17년~)
- 인공지능에 기반한 사이버 면역시스템 및 자가 방어체계 구축
  - 평상시, 다양한 악성코드 및 취약점에 관한 정보를 AI가 수집 분석하여 공격 상황에 대비하는 사이버 면역시스템 개발('18년~)
  - 공격 발생시, AI가 스스로 핵심 데이터 은폐 및 암호화, 전송경로 변경 등을 통해 방어력을 높이는 자율 방어체계 구축('20년~)
    * 위협정보 실시간 전달 · 차단 체계('20년: 국제망 → '25년: 연동망 → '30년 : 기업망)
- 네트워크로 연결되는 수많은 개인용 AI기기 · 서비스의 보안취약점을 자동관리하는 개인 맞춤형 지능보안시스템(Personal AI Shield) 개발(~'25년)

* 소형 IoT기기가 DDoS공격에 악용되어 미 동부지역에 대규모 인터넷 장애 초래('16.10월)

– 범용성 확보를 위해 기기 내장이 가능한 보안칩셋 형태로 개발하고 가정 · 사무실 등 이용환경의 특성에 맞춰 확대 개발 추진

② 인간과 사물을 포함한 지능형 통합인증체계 구축

- 현재 인간 위주의 전자인증 대상을 다양한 AI 기기로 확대하기 위해 경량화된 사물인증기술 개발(~'20)

* 경량 · 초소형화된 사물(웨어러블 기기, 센서 등)에 적합한 경량 사물 인증 기술 등

– 양자암호 기반의 전자인증 관련 기술개발을 지원하고 사물기기 인증 기술 지원센터 설치 검토

사람과 사물마다 별도의 인증행위(패스워드 입력 등)가 필요 없이 인공지능이 스스로 한 번에 인증하는 지능형 자동인증기술 개발('20~)

– 인증관련 사고 예방을 위한 지능형 이상인증 방지 시스템 개발 및 이상징후 발견 시 대응시스템과 실시간 연계 체계 구축('20~)

③ 지능정보 SW의 안전성 평가체계 마련

- 자동차 부품, 의료기기 등 각 분야별로 기 구축된 안전성 인증체계에 지능정보 SW 안전성 심사를 추가하는 방안 연구('18)

  – 지능정보SW의 기계학습 시 안전하고 적합한 데이터 사용 여부 및 오작동의 신속탐지 · 대응 여부 등에 대한 인증 방안 연구

- 산업에 활용되는 AI 기기 · 시스템이 설계 시부터 보안성이 확보될 수 있도록 보안성 평가체계를 마련하고 국제 인증평가로 확대 추진(~'30)

④ AI 보안인력 양성 및 글로벌 공조체계 강화

- 머신러닝 기반의 사이버 침해대응 훈련시설 구축 및 교육, AI 해킹 방어대회 개최 등을 통해 AI 보안시스템 개발자 및 관리자 육성 ('18~)
- 지능정보사회의 사이버보안 국제 공동연구 확대를 추진하고 사이버 위협 정보공유 강화 및 대응 공조체계 구축 추진('16~)

- 한국 주도의 글로벌 협력 플랫폼 운영('17~) 및 국제기구化를 추진하고 국제기구 및 다자협력에 적극 참여하여 글로벌 리더십 확보

3. 문제점 분석

우리나라에서 일반인들에게 인공지능이 널리 알려지게 된 계기는 물론 2016년 3월에 구글의 알파고와 이세돌기사와의 사이에 이루어진 세기의 바둑대결 때문이었다. 하지만 미래창조과학부는 오래전부터 사물인터넷과 지능정보기술에 대하여 관심을 가져 왔고, 2015년 10월부터 지능정보 민관합동 자문위원회를 운영하여 왔다. 이어서 2016년 1월의 부처 업무보고에서 국가지능정보화 전략을 수립하겠다고 발표하였다.

따라서 2016년 12월 27일에 발표된 종합대책의 경우에는 앞에서 살펴 본 것처럼 12개 분야의 다양한 내용을 담고 있다. 이러한 추진 과제들은 정보통신의 융합과 산업의 진흥정책 뿐만 아니라 교육, 고용, 사회안전망, 윤리 및 AI 역기능에 대한 사항들도 포함되어 있기 때문에 과거의 산업진흥 일변도에서 벗어나서 진일보 했다고 평가할 수도 있다. 그러나 지능정보사회의 역기능과 프라이버시 및 전자감시의 관점에서는 다음과 같은 문제점들을 지니고 있다.

1) 사회적 합의의 미흡

현재 지능정보사회 중장기 종합대책은 사안의 중대성을 감안해 볼 때, 정부가 발 빠르게 대응했다고 긍정적으로 평가할 수도 있다. 그러나 발표 내용과 과정을 감안해 볼 때, 다양한 쟁점들을 포함하고 있음에도 불구하고 기술결정론이나 막연한 기술낙관론에 의거하여 순기능 중심으로 과제들을 도출하였다는 느낌을 받는다.

이 과정에서 프라이버시나 노동감시 더 나아가 전자감시의 분야는 전혀 포함되지 못하였다. 특히 2016년 12월 15일에 민간 의견수렴 및 국민적 공감대 형성을 위하여 "지능정보사회 추진 민관합동 컨퍼런스"를 개최하였다고는 하지만 실제적으로 시민단체들을 포함하는 다양한 이해관계자 집단의 목소리는 전혀 반영되어 있지 못한 실정이다.

더 나아가 관계부처 합동으로 2016년 5월부터 10개 부처와 민간전문가가 참여하는 '지능정보사회 민관합동 추진협의회'를 구성하여 운영해 왔다고 하지만 정작 중요한 부처는 제외되어 있다. 추진협의회에는 기재부, 교육부, 국방부, 행자부, 문체부, 산업부, 복지부, 환경부, 고용부, 국토부 등 10개 부처의 차관들이 참여하였다. 이어서 2016년 9월부터 지능정보사회 종합대책 수립을 위한 범정부 추진체계로 지능정보사회추진단을 출범시켜서 운영하였지만, 여기에는 기재부, 교육부, 미래부, 행자부, 산업부 및 고용부의 공무원들만 포함되어 실무를 담당하였다.

따라서 개인정보보호를 관장하는 개인정보보호위원회 및 관련 전문가는 이러한 추진체계에 전혀 참여하지 못한 상태에서 종합대책 수립이 진행되었다. 민간 전문가들의 경우에도 경제, 고용, 교육 등 각 분야 산 · 학 · 연 전문가들만 포함되었을 뿐 시민단체의 전문가는 참여하지 못하였다. 그러므로 이러한 개인정보보호 전문가의 참여 배체는 다음과 같이 역기능에 대한 대비 미흡과 우선순위 하락으로 이어진다.

2) 정부의 역할 및 시급성 분석

(그림 1-4)와 같이 **11.** 지능정보사회에 대응하는 법과 제도의 정비 및 **12.** 사이버 위협, AI 오작동 등 역기능 대응은 시급성의 관점에서 가장 낮게 자리매김하고 있다. 또한 정부의 역할에서도 작은 위치를 차지하고 있다. 이처럼 종합대책은 지능정보 기술 및 산업의 진흥 관점에서 수립되었으며 역기능에 대한 부분은 우선 순위에서 상당히 낮게 자리 잡고 있음을 알 수 있다. 그러나 이제까지 우리가 살펴본 것처럼 이러한 지능정보사회의 역기능에 제대로 적절하게 대응하지 못할 경우에는 어떠한 진흥정책도 그 효과를 발휘할 수 없음을 여러 가지의 사례들이 잘 보여주고 있다.

3) 제외된 분야들

이제까지 우리가 앞에서 살펴 본 내용들 중에서 종합대책에 포함되지 못한 부분들을 정리해 보면 다음과 같다. 우선 **11.** 지능정보사회에 대응하는 법과

그림 1-4 지능정보사회 중장기 전략과제의 정부혁할 및 시급성 분석

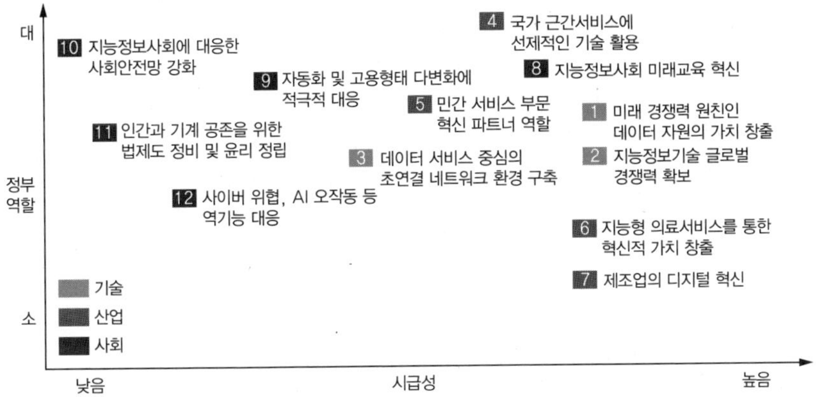

자료: 관계부처 합동, 2016b: 28

제도의 정비 분야에서 현재의 「국가정보화 기본법」을 (가칭) 「지능정보화 기본법」으로 개정하는 방안이 제시되어 있다. 물론 제4차 산업혁명에 대응하기 위하여 지능정보화가 중요하고 이를 위하여 기본법 체계를 시도할 수는 있다. 하지만 현재의 국가정보 기본법에는 과거의 정보화촉진 기본법 시절부터 담겨 온 다양한 내용들이 포괄되어 있기 때문에 이것이 바로 지능정보화로 대체될 수 있는지 이문시된다(심우민, 2017). 더 나아가 신속하게 규제를 개선하기 위해서는 기본법 체계 보다는 사회제도적인 관점에서 접근할 필요성이 있다. 특히 전자감시와 관련되는 역기능에 대응하기 위해서는 다양한 이해관계자 집단의 의견을 수렴하는 과정이 수반되어야 하기 때문에 단순히 법의 개정만으로는 해결할 수 없는 문제들이 산적해 있다.

그 보다는 지능정보사회에서 새로이 부상하는 기술의 역기능에 대응하는 제도적 장치가 마련되어야 한다. 현재 AI 알고리즘 개발과 사용 시에 인간중심의 윤리 헌장 제정을 추진하고 있지만, **12.** 사이버 위협, AI 오작동 등 역기능 대응은 사이버 위협에만 초점을 둘 뿐 프라이버시나 전자감시의 분야는 전혀 제시되어 있지 않다. 따라서 기술의 발전으로 인하여 앞으로 보다 강화되어 질 것으로 예상되는 국가의 국민의 대한 통제와 감시에 대하여 국민들의 신뢰를 회복할 수 있는 방안이 제시되어야 한다.

쉬어가기: 1장 3절

지능정보사회 중장기 종합대책 발간사

증기기관의 보급 이후 기계화, 산업화, 정보화로 이어지는 인류 역사의 발전을 돌아보면 항상 기술의 발전이 각 시대의 경제 · 사회 패러다임의 전환과 사회의 구조적 변화를 이끌어 온 것을 알 수 있습니다. 세계는 또다시 제4차 산업혁명이라는 거대한 변화 앞에 놓여 있습니다. 이러한 변화 이후 다가올 새로운 세상은 인공지능과 IoT, 클라우드, 빅데이터, 모바일 등 융합기술이 산업은 물론 복지, 고용, 교육, 국방 등 다양한 분야와 결합하여 사회 전반의 '지능화'가 실현되는 지능정보사회일 것이라는데 모든 전문가들의 의견이 일치합니다.

그것은 지금까지 우리가 한 번도 경험해보지 못한 사회의 모습일 것입니다. 맥킨지 분석에 따르면 지능정보사회의 경제효과는 2030년 기준으로 최대 460조원에 달할 것으로 전망됩니다. 그리고 사람이 하는 단순 작업의 많은 부분이 자동화되어 상당수의 일자리가 사라질 것으로 예상되며, 소프트웨어 엔지니어나 데이터분석 전문가 등 새로운 사회가 요구하는 신규 일자리도 생겨날 것으로 보입니다.

제4차 산업혁명은 거스를 수 없는 시대적 흐름이지만 아직 선진국들조차도 출발선에 있어 앞으로 어느 나라가 앞서 나가게 될 지는 누구도 알 수 없습니다. 그동안 우리 정부는 '도전과 창업 정신'을 사회에 뿌리 내리고, '좋은 기술'을 선제적으로 개발하는 한편, '창의적인 인재'를 양성하는 등 제4차 산업혁명을 착실히 준비해 왔습니다. 이를 발판삼아 정부는 지난 12월 제4차 산업 혁명의 주도권을 선점하고 지능정보사회 실현을 앞당기기 위한 범부처 플랜인 「지능정보사회 중장기 종합 대책」을 수립하여 발표하였습니다.

앞으로 민 · 관이 합심하여 「지능정보사회 중장기 종합대책」을 성공적으로 추진하여 경제 · 사회 전 분야를 아우르는 국가 시스템 전반의 거대한 변화와 혁신을 이끌어 내고 지능정보사회에서 살아갈 미래 세대에게 올바른 이정표로 자리매김하기를 기대합니다.

미래창조과학부 장관 최양희

자료: (관계부처 합동, 2016b).

제2장

스마트 정보사회의 전자감시 기술들

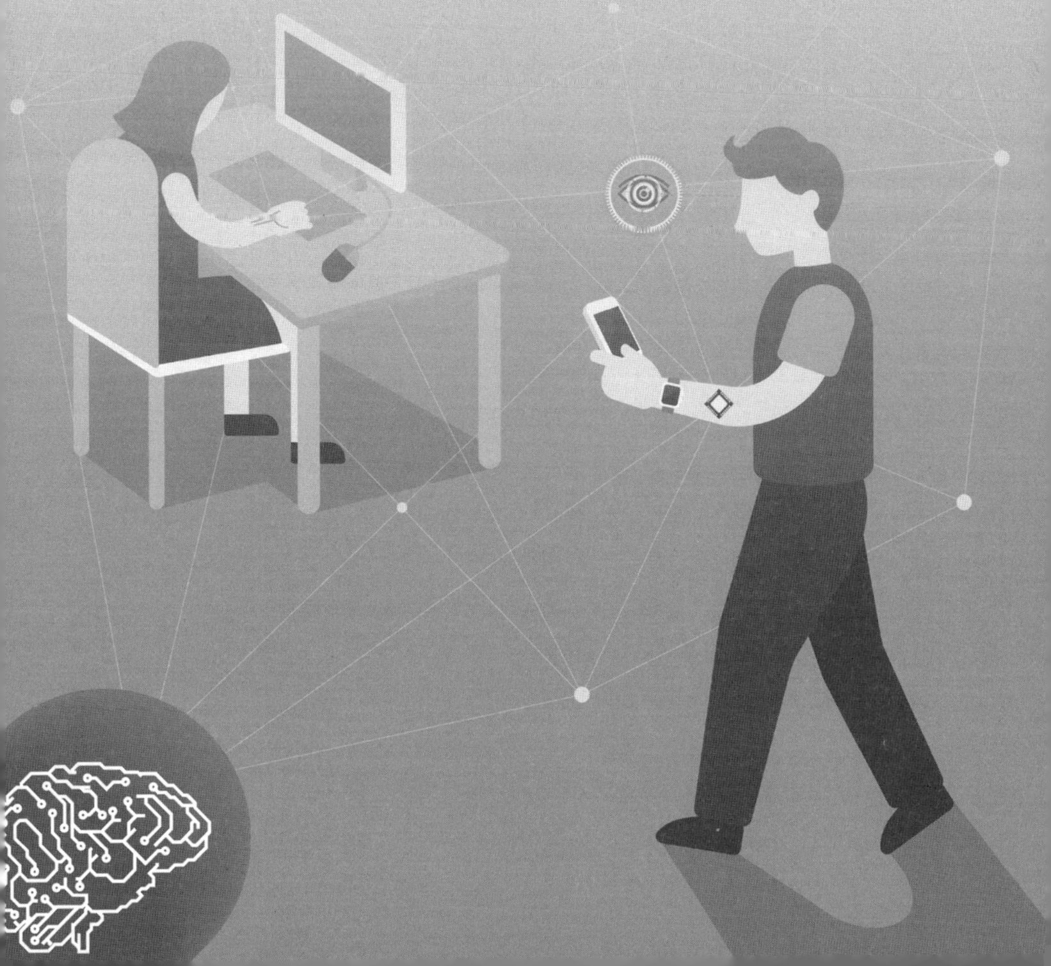

제 1 절
스마트 전자감시 기술 분류

1. 분류의 필요성

스마트폰과 ICT 등 감시의 발전에 영향을 미치는 기술 환경들이 발전함에 따라서 감시 기술들도 정교화, 고도화되어 가고 있다. 다른 한편으로는 감시 기술을 적용하기 위한 비용이 감소되었고, 감시기술의 사용을 위한 정보가 다양해져 기술에 대한 접근성과 감시 편리성이 향상되었다. 과거에는 정부만이 감시의 주체였다면 이제는 기업을 포함하여 개인도 전자감시 시스템을 운영할 수 있게 되었다.

또한 9.11 테러 등의 발생으로 인하여 안전에 대한 요구가 증가함에 따라서 감시는 이제 특별한 상황에서 적용되는 것이 아니라 일상의 일부가 되었다. 이러한 감시 기술의 급격한 발전, 감시 주체의 증가, 감시의 일상화 현상을 이해하기 위해서는 현재 사용되거나 연구 중인 전자감시 기술들을 체계적으로 이해할 필요가 있고 이를 위해서 감시 기술의 종류를 파악하고 이에 대한 분류 작업이 선행되어야한다.

2. 전자감시에 대한 기존의 분류

(1) 위키피디아

위키피디아에서는 감시(surveillance)의 종류를 컴퓨터, 전화, 카메라, 소셜 네트워크 분석(social networking analysis), 생체 인증(Biometrics), 공중 감시(aerial surveillance), 데이터마이닝과 프로파일링(data mining & profiling), 기업에 의한 감시(corporate surveillance), 인간의 활동을 통한 감시(human operative), 위성 사진(satellite imagery), 신분증(identification and credentials), RFID 및 위치 파악 기기(RFID & geolocation devices), 생체칩(human microchip), 도청 및 도촬 장치(covert listening devices & video devices), 우편 서비스(postal services) 감시, 잠복(stakeout) 등으로 제시하고 있다.

위키피디아에서 제시한 감시의 유형은 현재 존재하는 감시의 종류를 거의 다 망라했다고 여겨진다. 다만 감시의 방법, 주체, 기술 등이 혼재되어 제시되어 있다. 그리고 이 책의 주제는 인간 활동을 통한 감시, 우편물 감시, 잠복 등 인간 활동이 중심이 되는 물리적 감시(physical surveillance)보다는 컴퓨터 등 ICT가 중심이 되는 기술적 감시(technical surveillance) 혹은 전자감시(electronic surveillance)이다. 따라서 위키피디아에서 제시한 모든 종류의 감시를 다루지는 않는다.

(2) 온라인 백과사전

온라인 백과사전(encyclopedia.com)에서는 전자감시를 카메라, 테이프 레코더, 도청 기기 등 전자 장비를 이용한 감시로 정의하고 있다. 전자감시의 유형은 유선 도청(wire tapping), 무선 도청(bugging), 영상 촬영(videotaping)으로 나눈다. 유선 도청은 유선 전화망에 물리적 장치를 설치하는 방식이다. 무선 도청은 송수신 장치를 이용하여 특정 장소에서 이루어지는 대화 등 소리를 중계하는 방식이다. 영상 촬영은 숨겨져 있거나 공개되어 있는 카메라를 이용하여 이미지를 전송하거나 녹화하는 방식이다.

온라인 백과사전에서는 전자 장비를 이용하는 감시를 전자감시로 규정하고 있다. 그러나 감시 현장에 직접 투입되는 장비를 중심으로 전자감시를 분류하기 때문에 전자감시에 있어서 컴퓨터의 역할을 고려하지 않은 한계가 있다.

(3) 미국 국외첩보감시법(Foreign Intelligence Surveillance Act, FISA)

미국의 국외첩보감시법(Foreign Intelligence Surveillance Act, FISA)에서는

전자감시의 종류에 대해서는 제시하고 있지 않다. 다만 이 법에서는 전자감시를 여러 감시 기기(electronic, mechanical, or other surveillance device)를 이용해서 유선 혹은 무선 통신 내용을 습득하는 것이라고 정의하고 있다. 이에 따라서 국외 첩보 감시법에서 규정하는 전자감시는 위의 온라인 백과사전에서 제시하고 있는 유선 도청, 무선 도청, 영상 촬영을 포함하거나 혹은 영상 촬영만을 제외한 범위에서 규정하고 있음을 알 수 있다.

(4) 호주 감시장치법(Surveillance Device Act)

호주의 감시장치법(Surveillance Device Act)에서는 전자감시 장치의 종류를 데이터 감시 장치(data surveillance device), 도청 장치(listening device), 광학 감시 장치(optical surveillance device), 추적 장치(tracking device) 등으로 제시하고 있다(Australian Government, 2015). 데이터 감시 장치는 컴퓨터의 입력과 출력을 감시하는 기기나 프로그램이다. 도청 장치는 대화 등 소리를 듣거나 기록하거나 모니터하는 기능을 가진 기기를 가리킨다. 광학 감시 장치는 행동이나 장면 등을 기록할 수 있는 기기들이다. 추적 장치는 사람이나 물체의 위치를 모니터링 할 수 있는 기기들이다.

호주의 감시장치법은 데이터 감시, 추적 장치를 고려하였다는 점에서 온라인 백과사전에서 제시한 전자감시의 분류에 비해 더 현실적 분류로 생각된다. 다만 생체정보 인식 기술을 다루지 않았다는 점에서 부족한 점을 찾을 수 있다. 현재 사진을 통한 얼굴 인식이 SNS서비스를 통해서 제공되고 있으며 스마트폰에도 지문인식과 홍체인식 기능이 탑재 될 만큼 생체정보 인식 기술은 일반화되고 있다. 또한 영상 감시 장치도 생체정보 인식 기술과 결합하여 고도화되고 있다. 따라서 전자감시 기술의 일종으로서 생체정보 인식 기술의 이용이 논의될 필요가 있다.

(6) UNODC(United Nations Office on Drugs and Crime)

유엔마약범죄사무소(United Nations Office on Drugs and Crime: UNODC)에서 2009년에 발행한 보고서에서는 〈표 2-1〉과 같이 전자감시에 대해서 음향 감시(audio surveillance), 영상 감시(visual surveillance), 추적 감

표 2-1 UNODC의 전자감시 분류

Audio surveillance	Visual surveillance	Tracking surveillance	Data surveillance
Phone-tapping (전화 도청)	Hidden video surveillance devices (비밀 영상 감시 장비)	Global positioning systems (GPS)/ transponders (위성항법장치/ 송수신기)	Computer/ internet (spyware/ cookies) (컴퓨터/인터넷)
Voice over internet protocol (VOIP) (인터넷 전화)	In-car video systems (차량 탑재 영상 시스템)	Mobile phones (휴대폰)	Blackberries/ mobile phones (블랙베리/휴대폰)
Listening devices (room bugging) (객실 도청)	Body-worn video devices (착용식 영상 장비)	Radio frequency identification devices(RFID) (전자태그)	Keystroke monitoring (키보드 감시)
	Thermal imaging/ forward looking infrared (열화상 이미지/ 전방관측적외선장비)	Biometric information technology (retina scans at airports etc) (생체 인식 정보 기술)	
	CCTV (폐쇄회로티비)		

시(tracking surveillance), 데이터 감시(data surveillance)로 분류하고 있다(UNDOC, 2009). 이런 분류를 제시한 이유로는 기술 발전을 바탕으로 급격히 고도화되고 있는 감시를 파악하는데 불법/합법, 명시/비밀 등 보다는 기술을 중심으로 파악하는 것이 합리적이라고 밝히고 있다.

UNODC에서 제시한 분류 중 음향 감시로는 전화(유선, 인터넷 등) 도청, 객실 도청이 포함되어 있다. 영상 감시에는 카메라(비밀, 차량 탑재, 착용) 감시, 열화상 이미지 등이 포함되어 있다. 추적 감시에는 GPS(global positioning system), RFID(Radio frequency identification device), 모바일 폰 등이 포함되어 있고 생체정보 기술도 추적 감시에 포함되어 있다. 데이터 감시에는 컴퓨터와 인터넷에 대한 감시, 스마트폰 감시 등이 포함되어 있다.

UNODC에서 제시한 전자감시의 분류는 생체정보를 포함하였다는 점에서 앞서 소개한 분류들보다는 기술의 발전 상황을 더 잘 반영하고 있다고 생각된다. 그럼에도 불구하고 생체 인식 기술을 이용한 감시를 추적 감시의 일종으로만 분류했다는 점은 전자감시에 있어서 해당 기술의 중요성은 낮게 평가한 것으로 보인다. 또한 데이터 감시에 주민등록번호, 사회보장번호 등이 포함될 필요가 있다. 이와 같은 식별 정보들은 ICT가 발전하기 전부터 존재하였고 이후 전자 데이터베이스로 구축되면서 감시 시스템에서 중요성을 갖게 된 측면이 있다.

3. 이 책의 분류

이 책에서는 앞에서 논의한 여러 분류를 참조하여 전자감시를 음향 감시(audio surveillance), 영상 감시(visual surveillance), 위치 감시(location surveillance), 생체정보 감시(biometric information surveillance), 데이터 감시(data surveillance)로 구분하고자 한다.

음향 감시에는 기존의 분류들과 같이 유선 · 무선 전화 도청, 객실 도청 등을 포함한다. 영상 감시에는 초소형 카메라(근거리), CCTV 및 블랙박스(중거리), 유인 · 무인 항공촬영(원거리), 위성촬영(초원거리)을 포함한다. 위치 감시는 GPS, 스마트폰, RFID 등 위치 정보를 파악하는데 이용되는 장치와 기술을 포함한다. 생체정보 감시는 지문, 홍채, 지정맥, 얼굴, 음성 등을 포함한다. 데이터 감시는 인터넷 이용, SNS 이용, 주민등록번호 등 디지털화 된 데이터 등을 포함한다.

이 책에서 전자감시를 분류하는 방식은 이전에 소개한 기존의 분류들과는 다음과 같은 점에서 차이가 있다. 우선 생체정보 감시를 명시적으로 고려한 점이다. 앞에서 지적한 바와 같이 기존의 분류들은 생체정보 인식을 전자감시의 일종으로 포함하고 있지 않거나 추적 감시의 한 종류로 파악하고 있다. 다음으로 UNODC의 분류와 다른 점은 영상 감시에 거리에 따라서 기술들을 체계적으로 포함시켰다는 것이다. 그리고 추적 감시를 위치 감시와 생체 인식 감시로 분리하였다. 또한 데이터 감시에 컴퓨터와 유 · 무선 인터넷 이용뿐만 아니라 SNS 이용과 데이터화 된 기존의 식별 정보들을 포함시켰다. 다음 〈표 2-2〉는 전자감시에 대한 기존의 분류와 이 책에서 제안한 분류를 정리한 것이다.

표 2-2 전자감시 분류 비교

위키피디아	온라인 백과사전	미국 국외첩보감시법	호주 감시장치법	UNODC	본서
전화 도청	유선 도청 무선 도청	유선 도청 무선 도청	도청 장치	음향 감시	음향감시 예시) 유선 · 무선 전화 도청, 객실 도청 등
공중 감시 위성 사진 도촬	영상 촬영	영상 촬영(?)	광학 감시 장치	영상 감시	영상감시 예시) 초소형 카메라(근거리), CCTV 및 블랙박스(중거리), 유인 · 무인 항공촬영 (원거리), 위성촬영(초원거리)
RFID 등 위치 파악 기기			추적 장치	추적 감시	위치 감시 예시) GPS, 스마트폰 등
생체 인증					생체정보 감시 예시) 지문, 홍채, 지정맥, 얼굴, 음성 등
데이터마이닝/프로파일링 소셜 네트워크 분석 컴퓨터 신분증			데이터 감시 장치	데이터 감시	데이터 감시 예시) 유 · 무선 인터넷 이용, SNS 이용, 주민등록번호 등
기업에 의한 감시	• 위키피디아는 감시 전반의 종류를 제시하고 있음 • 온라인 백과사전에서 제시하는 무선 도청은 UNODC에서 제시한 객실 도청과 유사한 개념임 • 미국 국외첩보감시법의 감시에 대한 정의에서는 영상 촬영은 명시적으로 포함되어 있지 않음 • 호주 감시장치법에서 광학 감시 장치는 UNCDC의 영상 감시에 이용되는 감시 장치들과 유사함 • 호주 감시장치법에서 데이터 감시는 컴퓨터를 통한 입출력을 감시하는 장치로 규정되어 있어서 스마트폰을 포함하고 있는 UNODC의 데이터 감시보다는 그 범위가 좁음				
인간의 활동을 통한 감시					
우편서비스 감시					
잠복					

인공지능으로 재조명 받는 영상보안시장

2016년 이세돌 9단과 알파고의 대국으로 인공지능에 대한 대중의 관심이 높아지고 있는 가운데 인공지능과의 접목이 가능한 영상보안시장도 재조명되고 있다.

인공지능(AI: Artificial Intelligence)이란 인간의 인지능력과 학습능력, 이해능력, 추론능력 등을 실현하는 기술이다. 인공지능이 상상의 세계에서 나와 현실화가 이뤄질 수 있었던 것은 컴퓨터의 하드웨어와 소프트웨어 기술의 발전 덕이다. 인공지능의 하드웨어적 발전 기반은 반도체 기술이다.

현대경제연구원은 '인공지능 관련 유망산업 동향 및 시사점' 보고서를 통해 1980년대 이후 컴퓨터의 소형화와 고속화, 대용량화가 이뤄진데다 소프트웨어 기술의 발전하면서 인공지능이 점차 실재하는 기술로 윤곽을 드러내기 시작했다고 분석했다.

또한, 최근 네트워크 기술의 진화에 따른 모바일화와 기하급수적으로 증가하는 정보를 처리하는 빅데이터 컴퓨팅 환경이 조성되면서 인공지능의 현실화가 촉진됐다고 덧붙였다.

이를 바탕으로 패턴인식과 기계학습, 전문가 시스템, 인공 신경망, 자연어 처리 등 다양한 분야와 융합된 소프트웨어 기술이 골고루 발전하면서 인공지능이 점점 더 모습을 갖춰나가기 시작했다는 것이다.

선진국과 주요 글로벌 기업들은 오래 전부터 IT 분야의 차세대 유망기술로 인공지능을 주목하고 있었다. 미래 지식정보사회를 이끌어가는 기술이자 새로운 부가가치를 창출할 수 있는 수단으로 봤기 때문이다.

클라우드 컴퓨팅, 빅데이터 등으로 정보의 양이 빠르게 증가하고 있고, 이를 처리하고 분석 · 해석해 의사결정에 활용하기 위해서는 인공지능 기술의 발전이 필요하기 때문이다. IoT(사물인터넷)과 인공지능 기술이 접목될 경우 활용범위는 무제한으로 확장이 가능하다.

최근의 인공지능 기술은 웨어러블 기기를 통해 구체화되거나 로봇 기술과 결합되는 것이 현실화되는 추세다. 구글의 무인자동차는 운전자 조작없이 실제 도로에서 승객을 태우고 목적지까지 안전하게 주행하는데 성공했으며, 아이폰에서 작동되는 음성인식시스템 시리(Siri)는 SF영화에서처럼 사람과 대화가 가능한 음성인식 비서를 최초로 상용화한 것으로 평가받고 있다.

이같은 인공지능 기술의 발전과 함께 지능형 영상산업이 주목받고 있는 것은 물리보안의 영역에 속해있던 CCTV가 안전 · 보안, 교통 등과 융합하면서 비 보안업계를 자석처럼 끌어당기고 있기 때문이다.

이 가운데 IT 강국으로 성장한 우리나라가 새로운 도약을 이루기 위해서는 인공지능

분야에서 선도적 지위를 확보해야 한다는 주장이 제기되고 있다. 현대경제연구원은 인공지능 기술이 특히 빠르게 적용되고 있는 분야로 ①자율주행 자동차 ②지능형 로봇 ③지능형 영상감시 시스템 ④지능형 교통제어 시스템 등 4가지를 꼽으며 이같이 주장했다.

자료: 시큐리티월드(http://www.securityworldmag.co.kr)

제2절 전자감시 기술들

1. 음향 감시

음향 감시는 마이크 및 녹음 기술을 이용하여 제 3자의 대화를 듣거나 녹음을 하는 감시 형태이다. 도청(盜聽, eavesdropping)은 음향 감시의 대표적인 경우이다. 통신비밀보호법의 제2조(정의) 7항에서는 감청(監聽)을 정의하고 있다. 이에 따르면 전기통신에 대하여 당사자의 동의 없이 전자장치 · 기계장치 등을 사용하여 통신의 음향 · 문언 · 부호 · 영상을 청취 · 공독하여 그 내용을 지득 또는 채록하거나 전기통신의 송 · 수신을 방해하는 것으로 규정하고 있다. 도청의 경우에는 불법적인 경우만 지칭하지만 감청의 경우에는 합법적인 경우와 불법적인 경우 모두를 포함한다.

음향 감시 시스템은 기본적으로 마이크(microphone), 송신기(transmitter), 수신기(receiver)로 구성된다. 마이크는 감시의 대상이 되는 음향을 받아들이는 역할을 하며 송신기는 이를 전기 신호로 전달한다. 수신기는 송신기에서 전달된 전기 신호를 원래의 소리 신호로 바꾸는 역할을 한다.

음향 감시는 영상 감시가 발전하기 이전에는 단독으로 운영되는 경우가 많았다. 현재 음향 감시는 전체 감시 시스템의 말단 요소를 이루고 있으며, 음성 감시는 감시 대상에 대한 맥락 정보(contextual information)와 대화를 제공하여 영상 감시 등을 보완하는 역할을 한다. 또한 생체 인식 기술과 결합하여 음성에 대한 개인 식별이 가능해지고 있다.

음향 감시 방법은 통화 도청, 객실 도청, 사람 이용하는 방식, 원거리 도청, 스마트기기를 이용한 방식 등의 방법이 있다. 여기에서는 통화 도청에 대해서 설명한 후 나머지 방식에 대해서 설명한다.

1) 통화 도청

음향 감시 중 통화 도청은 크게 유선전화, 이동전화, 인터넷 전화(VoIP, Voice over Internet Protocol)에 대해서 이루어진다. 감청의 난이도는 통신 기술의 종류에 따라 다르다. 유선전화 도청(wiretapping)은 교환기와의 접속을 통해 실시간으로 통화 내용을 들을 수 있다. 그리고 외부 전화선에 도청 장비를 설치하여 감시 대상에게 발각될 가능성도 낮다.

이동전화의 경우 유선전화보다는 감청이 어려운 것으로 알려져 있다. 특히 한국에서 채용하였던 2세대 CDMA 기술은 기술 자체의 특징으로 인하여 도청이 가능한지 여부에 대해서 논쟁이 있었다. 하지만 도청과 관련된 수사[1]를 통하여 이동전화에 대한 도청 사실이 드러났고, CDMA 원천 기술을 보유하고 있는 미국 퀄컴사에서도 현재의 기술로 CDMA 도청이 충분히 가능하다고 인정하였다(박소영 외, 2005).

이동전화의 도청 방식은 크게 세 가지 가능한 방식이 제시된다. 첫째는 휴대폰을 복제하거나 도청 장치를 휴대폰 등에 장착하는 것이다. 둘째는 공중에서 전파를 가로채서 통화 내용을 엿듣는 것이다. 휴대폰과 무선국 사이에 전파를 통해 이루어지는 통신을 가로채는 것이다. 셋째는 통화자의 통신이 무선국을 지나서 유선을 통해서 이후 인터넷이나 유선전화망으로 전달되는 과정에서 통신사실 정보와 통신 내용을 획득하는 것이다(진보네트워크센터, 2009).

인터넷 전화의 경우에는 유선전화와 이동전화에 비하여 감청이 용의한

1 이 사건은 대한민국 국가정보원 불법 도청 사건으로 알려져 있으며, 김대중 정부 시절 대한민국 국가정보원에서 야당 정치인과 민간인을 대상으로 도 · 감청한 사건을 말한다.

지 여부에 대해서 논쟁이 있다. 독립된 전화선을 이용해 상대적으로 접근성이 낮은 일반전화에 비하여, 네트워크로 연결된 인터넷전화는 상대적으로 도청 위험에 노출돼 있다. 또한 단순한 통화기 역할만 하는 일반전화 단말기에 비해 여러 가지 기능을 수행하도록 설계된 인터넷전화 단말기는 프로그램 오류로 인한 해킹의 위험성도 내포하고 있다는 주장이 있다. 반면에 인터넷전화는 여러 보안 취약점을 보완하기 위해 계속 보안 기술을 추가하고 있고, 다양한 암호화기능을 도입해 현재 시점에서는 일반전화보다 보안성이 높다는 주장도 제기되었다(동아사이언스, 2008년 10월 14일자).

2) 객실 도청

통화 도청 이외에 음향 감시로는 호텔 방 등 공간을 도청하는 경우, 초소형 착용 장치를 이용하는 경우, 고성능 마이크를 이용하여 원거리에서 도청하는 방법 등이 있다. 객실 도청(room bugging)은 호텔 및 집 안 등에서 이루어지는 오프라인 상의 대화 및 소리를 감시하기 위해서 이루어진다. 이 방식은 소형 마이크를 감시하려는 공간에 설치하고 수신기를 감시 공간 이외에 설치하여 이루어진다.

착용 장치(body wires)는 의복 등에 숨겨 도청 및 대화가 가능하도록 하는 초소형 장비이다. 일반적으로 마이크와 송신기를 소형화하여 착용하고 무선으로 외부의 수신기에 도청 내용을 전달한다.

장거리 도청 장치는 접시형 마이크(parabolic microphone, shotgun microphone)을 이용하여 장거리에서 이루어진다. 감시 대상과 거리를 유지하여 발각될 위험이 적지만 도청 결과물에 잡음이 많이 생기는 단점이 있다.

3) 스마트 기기를 이용한 음향 감시

스마트폰, 스마트 가전 등에 음성인식 기능이 일반화 되고 탑재된 기능이 고도화되면서 음향 감시에 대한 우려가 제기되기도 한다. 스탠포드대학 연구팀과 이스라엘 방위산업 기업인 라파엘(Rafael)이 공동으로 진행한 연구에 따르면 최신 자이로스코프 센서는 스마트폰 주위 음향신호를 측정할 만큼 고성능이어서 자이로스코프를 통해 얻은 초장파 정보를 바탕으로 스마트폰 주위 대화 내용을 인식할 수 있다(테크홀릭, 2014.10.14.). 삼성전자의 스마트 TV도 도청과 관련된 문제를 겪었다. 삼성전자에서 제공한 약관에는 스마트 TV 내 "음성인식 명령은 필요한 경우 문자로 바뀌어 제3자에게 제공될 수 있다"는 내용과 "사용자의 음성에 포함되는 사적인 내용이나 다른 민감한 정보가 데이터로 수집돼 제3자에게 전송될 수 있다"는 주의 문구가 담겨있다(지디넷코리아, 2015.02.10.). 미국과 영국의 언론들이 이를 보도하면서 스마트 TV를 이용한 도청 의혹이 제기되었다.[2]

4) 음향 감시 관련 규제 및 정책 현황

① 헌법 제 18조 통신비밀의 보호

음향 감시 중 음성 감시에 관한 부문은 헌법에서 규정하고 있다. 헌법 제 18조에서는 통신비밀의 보호에 관해 "모든 국민은 통신의 비밀을 침해받지 아니 한다"고 명시적으로 규정하여 통신비밀의 불가침성을 내용으로 하는 통신의 자유를 보장하고 있다. 헌법 제18조에서 규정하고 있는 통신이란 넓은 의미로 편지 · 전화 · 전보 · 소포 · 우편 등 방법에 의한 사람들 간 의사전달이나 물품의 수수를 말한다. 따라서 음향 감시로 인하여 대화 내용이 의도치 않게 유출, 녹음 되는 것은 통신비밀의 불가침성이 저해되는 것이므로 헌법이 이를 금지하고 있다.

② 통신비밀보호법

헌법 이외에도 통신비밀보호법이 음성 감시에 대한 대표적인 규제이다. 법무부가 홈페이지에서 제공하는 통신비밀보호법에 대한 정보에 따르면 통신비밀보호법은 1993년 12월 27일에 제정되어 1994년 6월 28일부터 현재까지

2 지디넷코리아의 기사에 따르면 삼성전자는 이와 같은 개인정보 수집은 스마트 TV의 음성인식의 정확도를 높이기 위한 것이 주목적이라고 밝히고 있다. 약관에 포함된 '제3자'는 삼성전자의 음성인식 기술 협력사인 '뉘앙스'를 의미하며, 사용자의 모든 음성 정보는 암호화되어서 뉘앙스에 전송되며 음성인식 엔진을 향상시키기 위한 목적으로만 사용된다. 개인정보보호정책에도 이 같은 내용이 포함돼 있다.

시행되고 있다. 통신비밀보호법이 제정되기 전에는 감청 요건이나 절차에 대해서 별도로 규정한 법률이 없었기 때문에 형사소송법의 압수 · 수색 규정에 근거하여 감청이 이루어졌으나 불법감청의 소지를 차단하고 감청요건을 엄격하게 정할 필요성이 제기되었다. 그래서 통신 및 대화의 비밀과 자유에 대한 제한의 대상을 한정하고 엄격한 법적 절차를 거치도록 함으로써 국민의 통신비밀을 보호하고 통신의 자유를 신장함을 목적'으로 법률이 제정된 것이다.

이 법에서는 통신을 우편법에 따른 통상 우편물 · 소포우편물과 전화 · 전자우편 · 회원제정보서비스 · 모사전송 · 무선호출 등과 전자적 방식으로 음향 · 문언 · 부호 또는 영상을 송수신하는 전기통신으로 정의한다. 누구든지 법에 의하지 않고는 우편물의 검열, 전기통신의 감청 또는 통신사실 확인자료를 제공하거나 공개되지 않은 타인 간의 대화를 녹음 또는 청취하지 못한다. 또 정당한 업무이행을 위한 경우를 제외하고는 이동전화 단말기의 고유번호를 제공하거나 제공받지 못한다. 또한 불법검열에 의해 획득된 통신의 내용은 재판 또는 징계절차에서 증거로 사용할 수 없다.

③ 인터넷전화서비스 안전성 강화를 위한 인터넷전화 정보보호 강화대책

통신 도청에 관한 정책으로는 2012년 11월 22일에 방송통신위원회가 내어놓은 '인터넷전화서비스 안전성 강화를 위한 인터넷전화 정보보호 강화대책'이 있다. 여기에서는 인터넷전화 보급이 활성화되고 있는 상황에서 보안침해로 인한 피해를 최소화하기 위해서 네 가지 대책을 제시하였다.

첫째, 방통위는 통신사업자가 국제전화 불법호를 일시적으로 차단할 수 있도록 하는 이용약관을 보급하고, 국제전화 불법호 사례를 체계적으로 수집 · 분석 및 공유하는 체계를 마련한다. 둘째, 통신사업자 · 장비제조사와 역할분담을 통해 인터넷전화 서비스 · 장비에 대한 전반적인 보안점검을 실시하는 한편, 최소 보안기능을 갖춘 교환시스템이 국내 유통될 수 있도록 민간 인증제도를 개선하는 등 인터넷전화서비스의 전반적 보안체계를 정비한다. 셋째, 별정통신사업자를 대상으로 매년 정보보호조치의 이행 혹은 정보보호 관리체계 인증을 받도록 법제도를 개정하고 기술지원을 확대함으로써 통신사업자의 정보보호 수준을 단계적으로 향상시킨다. 마지막으로, 해킹에 의한 도청을 근본적으로 차단할 수 있는 보안통신서비스가 민간부문에 이용될 수 있도록 공공 · 민간 상호운용성 확보를 위한 연동 규격을 표준화하고 민 · 관 시범사업을 통하여 안전한 인터넷전화서비스 이용환경을 구축한다(방송통신위원회, 2012).

2. 영상 감시

영상 감시는 카메라 및 사진 촬영, 영상 녹화 기술을 이용하여 감시 대상의 형태, 행동, 위치 등을 파악하는 방식이다. 광학기술의 발전으로 카메라가 고성능화, 소형화, 경량화 되면서 안경, 드론 등에 영상 감시 장치를 장착하는 경우뿐만 아니라 항공촬영과 위성촬영을 통해서도 고품질의 이미지 등을 얻을 수 있게 되었다. 또한 다양한 수준의 영상 감시 장치가 등장하고 전반적으로 영상 감시 시스템을 운영하는 비용이 저렴해져 정부와 기업뿐만 아니라 개인도 용도에 따라서 영상 감시 장치를 설치 · 운용하고 있다.

영상 감시의 대표적인 기술은 CCTV(closed circuit television, 폐쇄 회로 티브이)가 있다. CCTV 설치 현황, 대중화, 시장의 성장 등은 영상 감시 시스템이 우리 생활에 얼마나 많이 보급되었는지 보여주는 대표적인 예시이다. 우선 공공부문 CCTV 설치 현황을 보면 다음과 같다. 2015년에 행정자치부에서 발간한 통계를 보면 〈표 2-3〉과 같이 공공기관에서 운용하는 CCTV는 2014년까지 65만대 이상이었다.

공공분야에서 영상 감시의 증가 추세는 중앙정부와 지방정부 모두에서 관찰된다. 2015년 국정감사에서 국회 안전행정위원회 소속 강기윤 의원이 행정자치부로부터 제출받은 자료에 따르면 2014년 기준으로 전국의 지방자치단체가 설치한 CCTV는 26만대를 넘어서고 있다. 민간이 설치한 CCTV는 관리 기관에서 현황 파악을 하지 않고 있다. 민간의 CCTV 설치 현황은 시장 규모를 근거로 미루어 짐작할 뿐 이다.

공공부문과 민간에서 영상 감시 시스템에 대한 관심이 고조되고 활발하게 도입이 이루어지는 이유는 크게 두 가지를 들 수 있다. 우선은 영상 감시

표 2-3 공공기관 CCTV 운영현황(기능별CCTV설치/운영) (단위: 대)

구분	2009	2010	2011	2012	2013	2014
총계	241,415	309,227	364,302	461,746	565,723	655,030
범죄예방	59,917	107,258	141,791	188,168	260,098	291,438
시설안전 및 화재예방	170,460	192,662	207,343	249,947	278,002	332,581
교통단속	7,088	6,288	11,636	15,046	17,111	18,927
교통정보수집 · 분석 및 제공	3,950	3,019	3,532	8,585	10,512	12,084

※ 2014년도 말 기준 공공기관에서 공개된 장소에 설치한 CCTV 대수

자료: 2015년 행정자치통계연보.

시스템이 범죄 등으로부터 안전을 확보해 줄 있다는 인식이 확산되고 있는 것이다. 다음으로 영상 감시 시스템을 설치하고 관리하는 비용이 감소하고 있기 때문이다.

영상 감시 시스템과 안전과의 관계에 대한 인식은 설문 조사 결과를 통해서 확인할 수 있다. CCTV를 예를 들면 다음과 같다. 국민안전처에서는 2015년 10월 19일부터 11월 18일까지 시 · 군 · 구 중 CCTV 설치사업이 진행되고 있는 지역을 주민 2,297명에 대해서 CCTV 설치와 관련된 설문조사를 실시하였다.

이 설문 결과를 보면 설문에서 제시한 모든 장소와 범죄에 대해서 주간보다 야간에 불안감이 높은 것을 알 수 있다. 이는 안전을 침해당하는 상황이 벌어 질 경우 도움을 줄 사람, 목격자가 없는 상황에서 더 불안감을 느끼는 것을 나타낸다. CCTV 설치 후에는 모든 장소와 범죄에 대한 불안감이 감소한다. 특히 주간에 비하여 야간에 불안감이 더 큰 폭으로 감소하고 있음을 알 수 있다.

영상 감시 시스템이 활발히 보급되는 또 다른 이유는 비용 측면에 있다. 영상 감시 시스템의 구입 및 설치 비용은 감소 추세에 있다. 예를 들어 인터넷 전자상거래에서 주로 판매되는 감시카메라 기종(Amcrest 960H Video Security System)으로 설명하면 다음과 같다. 이 제품은 밤에도 약 20 m까지

촬영이 가능한 4대의 방수 카메라를 제공하며 카메라와 저장시스템이 300 미터까지 떨어져 있을 수 있다. 또한 500기가바이트의 저장 용량을 제공하고 있다. 2016년 4월 검색 결과 이 제품은 아마존에서 판매되는 CCTV 장비 중 베스트셀러에 이름을 올리고 있다. 이 제품의 가격 변화 추세를 살펴보면 2015년 5월에는 약 $280의 가격에 판매되고 있었다. 2016년 3월에는 이 장비가 약 $225에 판매되고 있으며 2015년 12월에는 약 $208까지 가격이 내려갔다. 2015년 5월과 2016년 3월의 가격을 비교해보면 1년이 안된 기간 동안 해당 장비의 가격이 약 20%(약 $55) 감소하였다. 가장 저렴하였던 때와 비교해보면 2015년 5월에 비하여 2015년 12월에는 약 25% 저렴한 가격으로 해당 장비를 구매할 수 있었다.

그렇다면 우리는 얼마나 자주 영상 감시 시스템에 노출되고 있는 것일까? 중앙 정부 및 지방 정부를 비롯한 공공기관에서 설치한 CCTV는 60만대 이상이다. 지역별로 보면 CCTV 설치 대수는 경기도가 6만 9,095대로 가장 많았고, 서울 4만 7,387대, 경북 1만 6,909대, 경남 1만 5,909대, 부산 1만 5,382대, 충남 1만 4,281대 순이다. 인구별로 보면 평균적으로 인구 195명당 1대 꼴로 CCTV가 운영되고 있다. 이는 지역마다 편차를 보이는데 제주도가 인구 92명당 1대, 충남 145명당 1대, 강원 150명당 1대, 경북 159명당 1대, 전남 166명당 1대 순이다. 경기는 180명당 1대, 서울은 인구 212명당 1대였고, 세종시는 인구 317명당 1대의 비율로 CCTV가 설치되어 있다(시큐리티월드, 2015).

2010년 국가인권위원회는 '민간부문 CCTV 설치 및 운영 실태 조사'라는 제목으로 민간 CCTV 설치에 대한 연구를 수행하였다. 이 연구에서는 목욕탕, 발한실, 탈의실 등 민감한 장소에 CCTV의 설치 여부와 운영에 관하여 조사하였다. 이에 대해서는 2차례 조사가 이루어졌다. 1차 조사는 2010년 5월 1일부터 5월 16일까지 15일간 이루어졌다. 조사대상과 방법은 서울, 인천, 경기지역 등 수도권 소재 남녀 목욕시설 150여개소와 천안, 대전, 대구를 포함한 지방 소재 남녀 목욕시설 60여개소 등 총 220여개 시설을 조사원이 방문하여 CCTV 설치현황 및 사생활침해 실태를 조사하였다. 2차 조사는 2010년 8월 23일부터 9월 17일까지 이루어졌는데 1차 조사와 동일한 지역구

분으로 총 210여개 시설을 조사원이 방문하여 CCTV 설치현황 및 사생활 침해 실태를 조사하였다. 이 연구에서는 2차례 조사결과로 얻어진 결과 중 420곳을 대상으로 CCTV 설치와 운영에 대한 결과를 제시하고 있다. 조사 결과로서 420개의 조사 대상 중 302곳이 CCTV를 운영하고 있는 것으로 밝히고 있다. 해당 CCTV는 주로 출입문, 카운터, 신발장 등에 설치되어 있어 이용자가 탈의하기 전에 거치는 장소였다. 하지만 환복 후 이용하는 남녀공용 찜질방 등에도 CCTV가 설치된 경우도 상당수 발견되어 인권침해의 가능성이 있다고 이 연구는 우려를 표시하고 있다(김상균, 2010).

2014년에 서울신문과 국가인권위원회는 상업 · 업무지구인 강남대로와 지하철 1 · 2호선 시청역 일대, 주거지역인 지하철 2호선 낙성대역 일대와 금천구 시흥4동 등 4곳의 CCTV 현황을 분석하여 보도하였다. 이 보도에서 내어 놓은 분석에 따르면 조사 대상인 4곳에서 평균적으로 CCTV는 14.2 m에 한 대 꼴로 설치돼 있었고, 보행자들은 5.5초(성인 남성 걸음 2.8 m/s 기준)에 CCTV에 노출된다(서울신문, 2014년 8월 25일).

지역별로는 강남대로는 9.3 m(620 m 구간 67대)에 한 대씩 CCTV가 설치되어있고 보행자는 3.3초에 한번씩 CCTV에 노출됐다. 시청역 일대는 5.3초(15 m)에 한번, 원룸이 많은 낙성대역 부근도 5.5초(15.2 m)에 한번씩 CCTV에 노출되었다.

여기에서는 CCTV를 영상 감시 시스템의 대표적인 예시로서 설명하였지만 영상 감시 시스템에는 CCTV 이외에도 감시 장비가 장착된 드론, 위성촬영, 항공촬영, 차량용 블랙박스 등 다양한 영상 감시 시스템이 작동 중이다. 예를 들어 차량용 블랙박스는 약 700만대가 보급되었으며 차량 중 35%정도가 이를 장착하고 있다. 애초에 차량용 블랙박스는 교통사고 등의 증거를 확보하기 위해서 도입되었지만 몰카로 오 · 남용되는 부작용이 발생하고 있다. 이와 같은 상황을 보았을 때 현재 주요 도시에 거주하는 시민들은 주간 활동의 대부분이 영상 감시 시스템에 노출되어 있고 감시자의 의도에 따라서는 집안 등 사적인 공간까지도 영상 감시에 노출될 수 있다.

1) 초소형 카메라(스파이캠)

초소형 카메라는 카메라의 크기가 매우 작아서 눈에 잘 띄지 않으며 (그림 2-1)과 같이 볼펜, 안경, 시계 등으로 위장이 가능한 카메라이다. 초소형 카메라가 가장 많이 활용되는 분야는 스마트폰이다. 핸드폰에 카메라가 부착되는 것이 일반화 되고 스마트폰 제조업체 간 카메라 성능에 대한 경쟁이 발생하여 영상 촬영 기기 소형화, 소형 기기로 고품질 영상을 촬영하는 기술, 압축 및 저장 기술 등이 급속하게 발전하였다.

초소형 카메라가 감시의 목적으로 사용될 경우에 위장형 카메라, 스파이캠(spycam), 스파이 카메라(spy camera) 등의 용어가 사용되기도 한다. 초소형 카메라라는 용어가 영상 촬영 장치가 상대적으로 소형이라는 의미에 집중한 개념 정의라면 스파이캠, 스파이 카메라는 초소형 카메라는 사용한 감시 장치라는 의미를 가지고 있어 사용자의 의도를 포함하고 있다.

초소형 카메라가 영상 감시에 쓰이는 방식은 크게 두 가지이다. 우선은 사람의 의복이나 소지물 등에 장치하는 이동형 방식이 있다. 다음으로 콘센

그림 2-1 인터넷에서 판매 중인 위장형 카메라

자료: (대학내일, 2015).

트 구멍, 액자, 벽시계 등 공간 안에 설치하는 고정형 방식이 있다. 소형인 감시 장비이며 은폐가 주목적이 되는 만큼 자체적인 녹화 시간이 길지 않다. 하지만 무선 통신 기술 및 저장 장비의 소형화가 이루어지고 있어 이 부분도 개선되고 있는 추세이다. 최근에는 고해상도(HD) 화질뿐 아니라 야간에도 쓸 수 있는 적외선 촬영 기능, 위성항법장치(GPS) 위치 추적 기능 등을 제공하기도 한다.

이전까지는 초소형 카메라는 일반인이 구매하기 어려울 정도로 고가였으나 현재는 디자인과 기능에 따라서 7만원에서 30만원까지 다양한 제품을 어렵지 않게 구매할 수 있게 되었다. 국내에서는 초소형 카메라의 판매와 구매에 관련된 규정이 전파법 상의 적합성 평가 인증 · 등록 외에는 없는 상황이며 적합성 인증을 받은 제품에 대해서는 판매에 대한 규정이 없는 상황이다. 따라서 스파이캠 등의 활용 동향 등을 집계하기가 어렵다.

2) CCTV

텔레비전 시스템은 폐회로시스템(closed circuit system)과 개회로시스템(open circuit system)으로 분류된다. 개회로시스템은 화상 정보를 불특정 다수에게 전달하는 것을 목적으로 하며, 일반적으로 말하는 TV 방송이 여기에 속한다. 이에 반하여 폐회로시스템은 화상 정보를 특정의 목적으로 특정의 사용자에게 전달하는 시스템을 가리킨다. 이러한 시스템으로 운영되는 텔레비전 시스템을 closed circuit television하고 CCTV라고 줄여서 지칭한다. 즉, CCTV는 화상의 송수신을 유선 또는 무선으로 연결하며 수신대상 이외는 임의로 수신할 수 없도록 되어 있다. CCTV는 범죄 예방 · 재난 방지 · 교육 · 의료 등 여러 분야에 이용되고 있다. 산업용으로 활용되는 CCTV는 산업용 텔레비전(industrial television, ITV)라고 지칭하기도 한다(김상균, 2010).

CCTV 개인영상정보보호 가이드라인 해설서에서는 CCTV에 대해서 위의 정의와 동일한 정의를 제시하고 있다. 가이드라인에서는 "폐쇄회로 텔레비전(CCTV: Closed Circuit Television, 이하 CCTV)"이라 함은 일정한 공간에 설치된 촬영기기로 수집한 영상정보를 폐쇄적인 유선 또는 무선 전송로를 통해 특정한 수신자에게만 전송하는 시스템'이라고 정의하고 있다(정보통신부, 2007).

이전의 CCTV는 단순히 영상만 제공하는 감시형 아날로그 CCTV로서 그 기능과 역할이 한정되어 있었다. 그러나 최근에는 CCTV가 디지털화, 네트워크화, 고화질화, 고성능화 및 다채널화 추세로 발전하면서 네트워크 기반의 지능형 CCTV로 진화하고 있다.

CCTV의 지능화는 CCTV를 구성하고 있는 여러 기술 요소들의 발전 결과이다. 영상 촬영 기술은 기존의 CCTV의 촬영 결과물이 외부 환경 변화(날씨 변화, 밝기 변화 등)와 촬영 대상의 속도, 수 등에 영향을 받았다면 지능형 CCTV의 경우 환경과 대상 등에 관계없이 고품질 영상을 제공한다. 또한 기존의 CCTV에서 2차원 영상만을 제공하였다면 지능형 CCTV는 필요에 따라서 3차원 혹은 열화상 화면 등을 제공한다. 기존의 CCTV에서는 아날로그로 촬영하고 출력하는 방식이었지만 지능형 CCTV에서는 촬영된 영상을 디지털화 시켜서 인터넷 표준 프로토콜인 TCP/IP(transfer control protocol/Internet protocol) 네트워크를 이용한 전송이 자유롭다. 인터넷 네트워크를 이용하는 것은 CCTV를 원격으로 관제 할 수 있게 하고 통합관제센터 등을 이용하여 CCTV 관리하여 성능유지, 운영인력 등의 측면에서 이점을 갖는다.

또한 기존의 CCTV 시스템과 달리 인간이 아닌 컴퓨터가 감시 대상에 대한 데이터베이스, 알고리즘을 기반으로 하여 감시를 수행한다. 빅데이터와 인공지능 기술은 자동화된 CCTV 운용을 더욱 효율적이게 한다. 디지털화된 영상은 저장에 효과적일 뿐만 아니라 알고리즘에 의한 자동 분석과 경보를 위한 기반이다. 인간이 직접 눈으로 확인하고 분석하여야 했던 아날로그 영상과는 달리 디지털 영상은 생체인식정보, 동작정보 등을 분석하는 알고리즘을 통하여 자동화되고 정밀한 분석이 가능하다. 또한 분석된 정보는 축적됨으로서 데이터베이스를 보강하고 더 정확한 분석과 이에 따른 경보 등 행동이 가능해진다.

다음 〈표 2-4〉는 아날로그 CCTV, 네트워크 기반 CCTV(network camera, IP camera), 지능형 CCTV를 비교 · 정리한 것이다. 아날로그 CCTV는

표 2-4 CCTV 비교

	아날로그 CCTV	네트워크 기반 CCTV	지능형 CCTV
영상 촬영	• 2차원 촬영 • 촬영 결과물이 시간과 기후, 감시 대상의 이동 속도 등에 영향을 크게 받음 • 아날로그 영상 촬영	• 디지털 영상 촬영 • 아날로그 촬영결과물 디지털화(아날로그 CCTV에 인코더 탑재)	• 3차원 촬영, 열화상 영상 등 제공 가능 • 단순형 CCTV에 비하여 촬영 결과물이 시간과 기후, 감시 대상의 이동 속도 등에 영향을 적게 받음 • 디지털 영상 촬영 • 아날로그 촬영결과물 디지털화
전송/저장	• 아날로그	• TCP/IP 네트워크를 통한 전송/저장	• TCP/IP 네트워크를 통한 전송/저장
감시 수행	• 인력에 의한 24시간 모니터링 • 인간에 의한 사건/사고 인지 • 관제센터가 대부분 같은 건물 안에 존재함	• 원격 관제센터 가능	• 데이터베이스, 알고리즘에 의한 영상분석을 통해 자동화된 감시 수행 • 컴퓨터에 의한 사건/사고 인지 데이터베이스가 확충되고 알고리즘이 정교해질수록 인간의 개입을 최소화 할 수 있음 • 원격 관제센터 가능
분석	• 인력에 의한 분석 • (결과물이 비디오테입 등으로 존재하여 분석에 컴퓨터 이용이 어려움)	• 인력에 의한 분석 • 디지털화된 결과물이 존재하므로 컴퓨터를 보조적으로 이용할 있음	• 데이터베이스와 알고리즘 기반으로 한 자동화된 분석 수행 • 빅데이터 및 인공지능의 역할이 커짐 • 인간의 역할은 보조적임

자료: (문현찬, 2008; 주용환 · 이승재, 2013; 박세환, 2013)의 종합

아날로그를 기반으로 한다. 반면 네트워크 기반 CCTV는 촬영 결과를 디지털화하여 촬영 결과물의 전송 등에 인터넷 네트워크를 이용할 수 있게 한 형태이다. 지능형 CCTV는 인터넷 네트워크를 기반으로 하며, 감시진행 · 결과분석 · 경보 등의 행동이 알고리즘과 데이터베이스를 기반으로 자동화되는 것을 특징으로 한다.

3) 드론

드론(drone)은 현재 가장 빠르게 진화하고 있는 기술 중에 하나이며, 사용목적과 크기, 형태에 따라 다양한 모습을 보여주고 있다. 기본적으로 드론은 '사람이 탑승하지 않는 항공기'로 정의할 수 있다. 미 국방부도 유사하게 드론을 정의하고 있다. 미 국방부는 드론을 '동력을 갖추고 있지만 조종사가 탑승하지 않으며(Unmanned Aereial Vehicles: UAV), 항공역학을 이용하여 기체의 양력을 얻고, 자율적인 비행과 원격조정이 가능하며, 폐기 혹은 회수가 쉽고 살상 및 비살상 장비를 탑재할 수 있는 항공기를 무인기라고 지칭한다. 하지만 탄도 및 준탄도 미사일, 순항 미사일, 포탄 등은 UAV로 분류하지 않는다.

드론은 운영하는 방식에 따라서 다양한 종류가 있다. 전파를 이용해 원격 조정하는 RC(Remote Control), 사람이 탑승하지 않는 UAV(Unmanned Aereial Vehicles), 원격으로 사람이 조정하는 RPA(Remotly Piloted Aircraft) 등이 드론의 일종이다.

드론은 무인 혹은 원격으로 조종되는 비행체를 가리키기 때문에 그 자체로 감시 장비가 아니다. 하지만 카메라의 소형화 기술, 동영상 등의 원격 전송 기술 등이 발전하면서 카메라를 부착한 드론(헬리캠이라고도 함)이 등장하면서 사생활 침해와 감시 문제가 대두되기 시작하였다. 카메라가 부착된 드론은 과거에는 전문 방송용 장비로는 이용이 되었지만 고가이며 조종이 쉽지 않아 일반인들이 접근하기는 어려웠다. 하지만 현재 헬리캠 형태의 드론은 시중에서 저렴한 가격에 구입할 수 있으며 스마트폰 등을 리모콘으로 활용하여 쉽게 조종이 가능해졌다.

드론의 성능도 개선되고 있는데 프랑스 드론업체인 패롯은 2015년에 신형 드론인 '비밥(Bebop) 2'를 발표하였다. 이 드론은 14메가 픽셀 내장 카메라와 시야 180도를 커버하는 광각 렌즈를 탑재, 최대 1080p의 해상도로 동영상을 촬영하고 8 GB 플래시 메모리에 저장할 수 있다(로봇신문, 2015년 11월 18일). 이 드론은 국내 인터넷 쇼핑몰에서 70만 원 가량에 판매되고 있다. 배터리 성능도 급속하게 개선되고 있다. 과거에 드론은 본체의 경량화를 위해서 대용량 배터리를 장착하지 못하였다. 보통 보급형 드론은 10~15분 비행이 한계였으며 고성능 카메라를 장착한 경우에 그 무게로 인하여 비행시간이 짧아지거나 가격이 비싸졌다.

하지만 패롯사의 드론은 25분간 비행이 가능할 정도로 성능 개선을 이루어냈다. 싱가포르 기업인 호라이즌 언맨드 시스템(Horizon Unmanned Systems)가 발표한 드론인 하이콥터(Hycopter)는 수소연료전지를 이용해 짐을 장착하지 않은 경우에 4시간이나 연속 비행이 가능하고 1 kg의 짐이 있을 경우 2시간 30분 동안 비행이 가능하다.

카메라가 장착된 드론은 공공부문에서도 영상 감시 장치로 활용이 시도되고 있다. 2015년 3월 3월 경기 구리경찰서는 실종자 수색용으로 '드론 치안 서비스'를 시행했다(허핑턴 포스트, 2015년 5월 27일). 같은 해 8월에는 부산 경찰청은 범인검거, 실종자 수색, 교통관리 등 치안활동에 드론 도입을 검토 중이라고 밝혔다(뉴시스, 2015년 8월 31일). 드론 개발 사업도 진행 중이다. 경찰청은 산림청, 국민안전처 산하 해양경비안전본부, 중앙소방본부 등과 함께 '치안업무 드론'을 개발하기 위한 연구개발(R&D) 사업 계획을 수립 중이다. 이 사업에서는 30분 이상 공중임무 수행능력, 63빌딩 높이(250 m) 이상 비행고도 확보 등의 기준을 충족시킬 수 있는 드론을 개발하고자 하는 것으로 알려져 있다.

4) 위성촬영

위성을 이용한 영상 감시는 영상 감시 시스템 중 가장 원거리에서 이루어진다. 세계적으로 정찰위성을 가장 활발히 운영하고 있는 나라는 미국이다. 미국의 대표적인 정찰위성인 KH(key hole)시리즈는 KH-1 코로나/디스커버러 위성으로부터 시작되었다. KH-1은 당시 정찰을 목적으로 발사되었지만 과학 목적의 디스커버러 위성으로 위장하였다. KH-1은 길이 1천82 m의 필름을 탑재하고 4백27만 km^2의 면적을 15 m의 해상도로 정찰했으며 1962년까지 임무를 수행했다. 그 뒤를 이은 KH-4는 1972년까지 운용되었다. 이 위성은 위성체는 록히드사가 설계했고, 카메라는 아이텍사가 공급했다. 처음 카메라의 해상도는 15 m였으나 후에 1.5 m의 해상도와 파노라마를 구현하는 카메라로 교체됐다. KH-9에서는 카메라 성능이 더 개선되었다. 여기에는 0.6 m의 해상도와 1백30 km의 대역폭을 얻을 수 있는 스테레오 카메라가 탑재되어 있어 지역조사와 특정지역을 정밀 관측이 가능하였다.

KH-11부터는 CCD(Charge-Coupled Device)를 이용한 전자광학카메라가 동원돼 더 이상 필름을 회수할 필요가 없어졌다. KH-11의 고급형인 최신 정찰위성은 해상도가 15 cm에 이르고, 이를 위해 지름이 약 2.3 m의 대구경 망원경과 고정밀의 CCD 센서를 탑재하고 있다. KH-11은 실시간 정찰이 가능한 디지털 광학 이미지를 사용한 최초의 정찰위성으로 알려져 있다. 1984년 소련 니콜라예프 해군기지에서 건조하던 핵추진 항공모함을 고해상도로 촬영하기도 하였다. 1990년부터는 현재까지는 KH-12 위성이 배치되어 있다. KH-12는 지름 약 2.4 m의 대구경 망원경과 고정밀의 CCD센서를 탑재하고 있는데, 위성의 해상력이 700 km의 어두운 상공에서 지상 10 cm 크기의 물체를 정확히 식별할 수 있다. 이는 지나가는 자동차 차량번호판을 판독 가능하게 찍을 수 있는 수준이다.

미국의 정찰위성은 미국 국방부 소속의 정찰 기관인 국가정찰국(NRO, National Reconnaissance Office)에서 제작하고 운영한다. NRO는 2001년 코루나 프로그램을 잇는 새로운 첩보위성 프로젝트로 이른바 '미래 이미지 구축 사업'을 발표했다. 향후 20년 동안 약 250억 달러가 소요될 이 프로젝트는 탐지가 어려운 우주나 지역을 탐지할 수 있는 위성을 만들겠다는 것으로 초강력 망원경과 레이더로 어둠과 구름을 투과해 지상에 있는 각지의 군사시설 사진도 촬영할 수 있을 것으로 전망하고 있다.

미국 이외에 러시아, 일본 등도 뛰어난 위성 영상 감시 기술을 가지고 있다. 러시아 정찰위성인 코스모스-2428는 최대 해상도가 20 cm에 이른다. 일본은 2003년 첫 정찰 위성인 광학 1호를 발사한 이후 총 14대의 정찰 위성을 발사시켜 12대를 성공적으로 궤도에 안착시켰다. 2015년 3월 발사된 광학 5호기로 해상도는 40 cm다. 중국의 경우, 질보다는 양으로 승부하고 있다. 지금까지 약 100여 기의 정찰위성을 발사했으며 향후 러시아를 제치고 제2의 정찰위성 운용국으로 자리매김 할 전망이다.

우리나라는 현재 다목적실용위성인 '아리랑 3호'가 촬영한 위성사진 등으로 풍계리 핵실험장과 동창리 로켓 발사장 등 북한 후방지역의 핵심 시설을 감시하고 있다. 그러나 아리랑 3호는 군사전용이 아니어서 촬영주기가 길고 해상도도 0.7 m급으로 떨어져 정밀 감시에는 역부족하다는 인식하에 국군의 독자적인 대북 감시 능력을 확보하기 위해 군사용 정찰위성을 단계적으로 전력화할 계획이다(연합뉴스, 2013년 2월 16일).

5) 영상 감시 관련 규제 및 정책 현황

경찰청 통계연보에 따르면 카메라 등을 이용한 촬영죄의 적발 건수는 2007년 558건에서 2014년에 6,379건으로 증가하였고, 이와 함께 도촬범죄가 최근 8년 사이 12배가량 증가하였다고 한다. 또한 구체적인 유형사례를 살펴보면, 철도열차 안에서 발생하는 성범죄가 크게 늘고 있는 것을 꼽을 수 있다. 특히 카메라를 이용한 성범죄가 최근 3년간 총 235건으로 2배(183%) 가까이 대폭 증가하였으며, 수법도 다양해졌다. 최근 3년간 2012년(41건) → 2013년(57건) → 2014년(118건)이라는 증가는 스마트폰 보급의 활성화와 다양한 도촬용 카메라 어플리케이션 개발로 일반인이 손쉽게 촬영할 수 있는 것이 그 원인이다.

또한 서울 지하철 성범죄의 유형별로 실태를 분석한 연구에 따르면, 2009년부터 2011년간 발생한 서울 지하철 범죄 중 절도는 조사된 3년간 큰 차이가 없었고, 폭행은 급격한 감소추세에 있었으나, 성범죄의 경우에 성추행은 2009년(494건) → 2010년(834건) → 2011년(843건), 카메라 등을 이용한 촬영죄에 관한 사건은 2009년(180건) → 2010년(358건) → 2011년(448건)으로 빠르게 증가하고 있음을 알 수 있다(배상균, 2016).

'도촬행위'가 이슈화되어 이를 규제하기 시작한 1998년 이후 도촬행위는 꾸준히 늘고 있으며 이는 정보통신기술의 발전과 함께 프라이버시 침해의 정도 및 범위에서 큰 변화를 나타내고 있다. 예를 들어 디지털 카메라나 스마트폰의 카메라, 디지털 캠코더 등 첨단전자장비의 등장으로 인해 허락 없이도 간편하게 타인의 사진을 촬영할 수 있게 되었고, 또한 촬영된 사진을 손쉽게 인터넷상의 블로그(Blog) 및 웹사이트에 업로드 하여 전시 또는 유포할 수 있게 되었다. 이는 최근 논란이 되고 있는 본인의 동의를 얻지 않고 치마속이나 화장실을 몰래 촬영한 사진 및 동영상의 복제 · 유포 문제에서도 잘 들어나고 있다. 이러한 문제는 타인의 의사에 반하여 신체를 촬영함으로서 성적 욕망을 충족시키거나 피사체가 된 자의 수치심을 유발하는 것으로 귀결될 수 있으며, 이와 같은 관음(Voyeurism)적 행위를 규제하기 위해 '성폭력범죄의 처벌 등에 관한 특례법(법률 제10258호, 이하 성폭력처벌법)'에 카메라 등 이용촬영죄(동법 제14조)를 규정하여 처벌하고 있다(배상균, 2016).

성폭력범죄의 처벌 및 피해자보호 등에 관한 법률

제14조의2(카메라등 이용촬영)

1. 카메라 기타 이와 유사한 기능을 갖춘 기계장치를 이용하여 성적 욕망 또는 수치심을 유발할 수 있는 타인의 신체를 그 의사에 반하여 촬영하거나 그 촬영물을 반포 · 판매 · 임대 또는 공연히 전시 · 상영한 자는 5년 이하의 징역 또는 1천만원 이하의 벌금에 처한다. 〈개정 2006.10.26.〉
2. 영리목적으로 제1항의 촬영물을 「정보통신망 이용촉진 및 정보보호 등에 관한 법률」 제2조제1항제1호의 정보통신망(이하 "정보통신망"이라 한다)을 이용하여 유포한 자는 7년 이하의 징역 또는 3천만원 이하의 벌금에 처한다. 〈신설 2006.10.27.〉

이와 함께 개인정보보호법 제25조에 영상정보처리기기의 설치와 운영에 대하여 다음과 같이 규정하고 있다.

제25조(영상정보처리기기의 설치 · 운영 제한)

1. 누구든지 다음 각 호의 경우를 제외하고는 공개된 장소에 영상정보처리기기를 설치 · 운영하여서는 아니 된다.

- 법령에서 구체적으로 허용하고 있는 경우
- 범죄의 예방 및 수사를 위하여 필요한 경우
- 시설안전 및 화재 예방을 위하여 필요한 경우
- 교통단속을 위하여 필요한 경우
- 교통정보의 수집 · 분석 및 제공을 위하여 필요한 경우

2. 누구든지 불특정 다수가 이용하는 목욕실, 화장실, 발한실(發汗室), 탈의실 등 개인의 사생활을 현저히 침해할 우려가 있는 장소의 내부를 볼 수 있도록 영상정보처리기기를 설치 · 운영하여서는 아니 된다. 다만, 교도소, 정신보건 시설 등 법령에 근거하여 사람을 구금하거나 보호하는 시설로서 대통령령으로 정하는 시설에 대하여는 그러하지 아니하다.
3. 제1항 각 호에 따라 영상정보처리기기를 설치 · 운영하려는 공공기관의 장과 제2항 단서에 따라 영상정보처리기기를 설치 · 운영하려는 자는 공청회 · 설명회의 개최 등 대통령령으로 정하는 절차를 거쳐 관계 전문가 및 이해관계인의 의견을 수렴하여야 한다.
4. 제1항 각 호에 따라 영상정보처리기기를 설치 · 운영하는 자(이하 "영상정보처리기기운영자"라 한다)는 정보주체가 쉽게 인식할 수 있도록 다음 각 호의 사항이 포함된 안내판을 설치하는 등 필요한 조치를 하여야 한다. 다만, 「군사기지 및 군사시설 보호법」 제2조제2호에 따른 군사시설, 「통합방위법」 제2조제13호에 따른 국가중요시설, 그 밖에 대통령령으로 정하는 시설에 대하여는 그러하지 아니하다. 〈개정 2016.3.29.〉
- 설치 목적 및 장소
- 촬영 범위 및 시간
- 관리책임자 성명 및 연락처
- 그 밖에 대통령령으로 정하는 사항
5. 영상정보처리기기운영자는 영상정보처리기기의 설치 목적과 다른 목적으로 영상정보처리기기를 임의로 조작하거나 다른 곳을 비춰서는 아니 되며, 녹음기능은 사용할 수 없다.
6. 영상정보처리기기운영자는 개인정보가 분실 · 도난 · 유출 · 위조 · 변조 또는 훼손되지 아니하도록 제29조에 따라 안전성 확보에 필요한 조치를 하여야 한다. 〈개정 2015.7.24.〉
7. 영상정보처리기기운영자는 대통령령으로 정하는 바에 따라 영상정보처리기기 운영 · 관리 방침을 마련하여야 한다. 이 경우 제30조에 따른 개인정보 처리방침을 정하지 아니할 수 있다.
8. 영상정보처리기기운영자는 영상정보처리기기의 설치 · 운영에 관한 사

무를 위탁할 수 있다. 다만, 공공기관이 영상정보처리기기 설치 · 운영에 관한 사무를 위탁하는 경우에는 대통령령으로 정하는 절차 및 요건에 따라야 한다.

3. 위치 감시

위치 감시의 분야는 최근에 와서 기업의 마케팅 활동과 결합하면서 가장 활발하게 발전하고 있는 분야의 하나이다. 여기에서 프라이버시 보호의 대상이 되는 개인의 위치정보는 일반적인 개인정보와 다음과 같은 세 가지의 점에서 구별된다(전용준, 2014).

첫째, 개인의 위치정보는 동적 정보(Dynamic Information)이다. 성명, 주민등록번호, 주소 등의 일반적인 개인정보는 비교적 오랜 시간 동안 유지되는 정적 정보(static information)인 반면, 위치정보는 시간의 흐름에 따라 계속적으로 변화하는 동적 정보(dynamic information)로서 위치정보의 변경경로, 변경시각이 매우 중요한 의미를 가진다. 변동성 및 변동가능성이 없는 지리적 위치(geographic position)은 위치정보법상의 위치정보에 해당하지 않고 고정적인 장소에 관한 정보인 지리정보(geographical information)에 해당한다.

위치정보에서는 단순히 과거, 현재의 어느 한 시점의 특정 위치가 중요한 것이 아니라 변화된 위치정보들을 추적 내지 연결하여 이용자의 이동궤적을 기록하는 것이 중요하다. 위치 정보들의 연결성(linkability)은 여러 좌표값의 위치정보들이 동일인의 이동궤적임을 판단할 수 있도록 하여 주므로, 위치정보의 개인비식별화를 위해서는 위치정보의 불연계성(unlinkability)이 확보되어야 한다. 또한 위치정보는 과거 및 현재 시점의 위치정보뿐만 아니라 연결된 위치정보들의 이동내역, 위치정보의 방향(direction) 등의 정보를 종합하여 특정 개인의 장래의 위치정보도 어느 정도 예측할 수 있다는 특성을 가진다. 사업자는 위치정보와 그 밖의 개인정보를 데이터마이닝(Data mining)하여 특정 개인에 대한 타겟 마케팅을 할 수 있게 된다.

둘째, 개인의 위치정보는 민감정보(Sensitive Information)이다. 위치정보 특히 개인의 위치정보는 무단유출 등의 경우 다른 개인정보에 비하여 현저하게 심각한 결과를 초래할 수 있는 민감정보라고 할 수 있다. 위치정보는 개인의 과거, 현재의 위치를 알려줄 뿐만 아니라 위치정보의 방향성, 여러 정보를 가공하는 데이터마이닝 기술 등을 이용하면 일정 수준의 장래의 위치도 예측 가능하다. 특정인이 특정 시각에 특정 공간에 있었다는 사실 자체가 사생활의 중요부분이라고 할 수 있으므로, 위치정보는 정보주체의 사생활을 현저히 침해할 가능성이 높은 민감정보라고 할 수 있다.

또한 위치정보는 개인의 생명, 신체의 안전에 대하여 즉각적인 위해를 가할 수 있는 정보라는 점에서 프라이버시에 속하는 다른 일반적인 개인정보들과 구별된다. 위치정보는 개인에 관한 정적인 정보가 아닌 동적인 정보이므로 위치정보의 오남용시 정보주체에 대하여 직접적, 물리적인 위험을 초래할 가능성이 높다(생명, 신체의 침해 가능성). 그리고 스마트모바일 기기의 발전으로 인하여 위치정보는 실시간 단위로 상당히 정확하게 측정될 수 있으므로 정보주체에 대한 침해가 즉각적으로 발생할 수 있다(침해의 즉시성). 또한 전술한 바와 같이 측위기술, 데이터마이닝 기술에 의하여 미래의 위치정보까지 예측할 수 있게 됨에 따라 정보주체의 장래의 안전까지 위협할 수 있다(미래 위험의 유발가능성).

다만, 개인정보보호법률상의 민감정보는 "사상, 신념, 노동조합 · 정당의 가입 · 탈퇴, 정치적 견해, 건강, 성생활 등에 관한 정보, 그 밖에 정보주체의 사생활을 현저히 침해할 우려가 있는 개인정보로서 대통령령이 정하는 정보"라고 정의되어 있고(개인정보 보호법 제23조), 해당 대통령령은 '대통령령이 정하는 정보'를 유전자검사 등의 결과로 얻어진 유전정보, 형의 실효 등에 관한 법률 제2조 제5호에 따른 범죄경력자료에 해당하는 정보로 한정하고 있다(동법 시행령 제18조). 위치정보는 개인정보 보호법상의 민감정보에 해당하지는 아니하나, 민감정보 여부의 실익은 민감정보 처리 시 처리목적을 정보주체에게 알리고 다른 개인정보의 처리에 대한 동의와 별도로 동의를 받는 것에 있는바, 위치정보법에 따라 위치정보를 처리할 때에도 처리목적 고지 및 별도의 동의획득의 요건이 필요하므로, 결국 위치정보는 법률상의 민감정보와 동일한 수준으로 보호된다고 할 수 있다.

위치정보를 민감정보로 본다면 위치정보를 바라보는 정보주체의 민감도가 개인마다 다를 수 있다는 점이 법 · 제도적으로 고려될 필요가 있다고 생각한다. 어떤 사람은 서비스 편익을 얻기 위하여 개인위치정보를 서비스사업자에게 제공하는 것을 조금도 두려워하지 않는 반면, 다른 사람은 위치정보를 보다 예민하게 받아들여 가급적 서비스사업자에게 자신의 위치정보를 제공하기 싫어 할 수 있다. 이러한 상황에서는 개별 개인의 민감성의 차이를 수용하여 위치정보 처리에 있어서 위치정보 정확도 수준을 세분화(granularity)하여 정보주체가 자신의 프라이버시 수준을 스스로 제어할 수 있도록 하고 정보주체가 선택한 프라이버시 수준에 상응하는 서비스를 제공받을 수 있도록 하는 것이 필요하다고 본다.

셋째, 개인의 위치정보는 공공목적 및 산업적 활용가능성이 매우 높은 정보이다. 우선 위치정보는 공공 긴급구조, 교통정보, 기상정보 등 공익적 목적을 위하여 주요하게 활용될 수 있다. 현행 위치정보법도 이를 예상하여 2005년 제정당시부터 '긴급구조를 위한 개인위치정보 이용'(제4장)을 별도로 규정하고 있다. 또한 스마트 모바일 기기의 급속한 보급에 따라 지리정보, 물류, 보험, 경호, 차량관제, 관광정보, 교통 등 민간의 산업 전반에서 다양한 형태의 위치기반서비스(LBS)가 제공되고 있다. 스마트 모바일 단말장치에서 실행되는 위치기반 애플리케이션이 계속 개발됨에 따라 거의 전 국민이 어떠한 형태로든 위치기반서비스를 사용하고 있다고 보아도 무방할 정도이다. 위치정보법은 제1조 목적 조항에서 '위치정보의 이용 활성화'를 규정함으로써 위치정보가 산업적으로 활용될 수 있는 중요한 정보라는 점을 충분히 의식하고 있다.

1) GPS

글로벌 포지셔닝 시스템(Global Positioning System: 이하 GPS) 또는 범지구위치결정시스템은 현재 GLONASS와 함께 완전하게 운용되고 있는 범지구 위성항법시스템이다. 미국 국방부에서 개발되었으며 공식 명칭은 NAVSTAR GPS이다. 무기 유도, 항법, 측량, 지도제작, 측지, 시각동기 등의 군용 및 민간용 목적으로 사용되고 있다.

GPS에서는 중궤도를 도는 24개(실제는 그 이상)의 인공위성에서 발신하는 마이크로파를 GPS 수신기에서 수신하여 수신기의 위치벡터를 결정한다. GPS 위성은 미국 공군 제50우주비행단에서 관리하고 있다. GPS는 전 세계에서 무료로 사용이 가능하다.

GPS 수신기는 세 개 이상의 GPS 위성으로부터 송신된 신호를 수신하여 위성과 수신기의 위치를 결정한다. 위성에서 송신된 신호와 수신기에서 수신된 신호의 시간차를 측정하면 위성과 수신기 사이의 거리를 구할 수 있는데, 이때 송신된 신호에는 위성의 위치에 대한 정보가 들어 있다. 최소한 세 개의 위성과의 거리와 각 위성의 위치를 알게 되면 삼변측량에서와 같은 방법을 이용해 수신기의 위치를 계산할 수 있다. 그러나 시계가 완전히 정확하지 않기 때문에 오차를 보정하고자 보통 네 개 이상의 위성을 이용해 위치를 결정한다.

GPS는 국토지리정보원 홈페이지의 자료에 의하면 우주 부분(SS, space segment), 제어 부분(CS, control segment), 사용자 부분(US, user segment)로 구성되어 있다.

(1) 우주부문

시스템의 우주부문은 GPS위성으로 구성된다. 이들 우주운반체(space vehicles: SVs)들은 우주에서 라디오신호를 전송한다. GPS 위성은 24개가 배치되어 있다. 21개의 항해위성과 3개의 예비위성이 지구를 12시간마다 궤도를 따라 돌고 있다. 이들 궤도는 매일 동일한 지상궤적을 따라 돌고 있다. 궤도의 고도는 약 20,000 km이며, 6개의 궤도(각 궤도에 4개의 위성)가, 동일한 간격(60도 떨어짐)으로 배치되어 있으며, 적도면에 대하여 약 55도의 경사각을 갖고 있다. 이 배치는 지구상 어느 곳에서나 사용자에게 항상 5개에서 8개의 위성을 제공하기 위한 것이다.

(2) 제어부문

제어부문은 (그림 2-2)와 같이 전 세계에 배치되어 있는 관제(추적)소로 구성된다.

그림 2-2 세계 GPS 관제소 위치

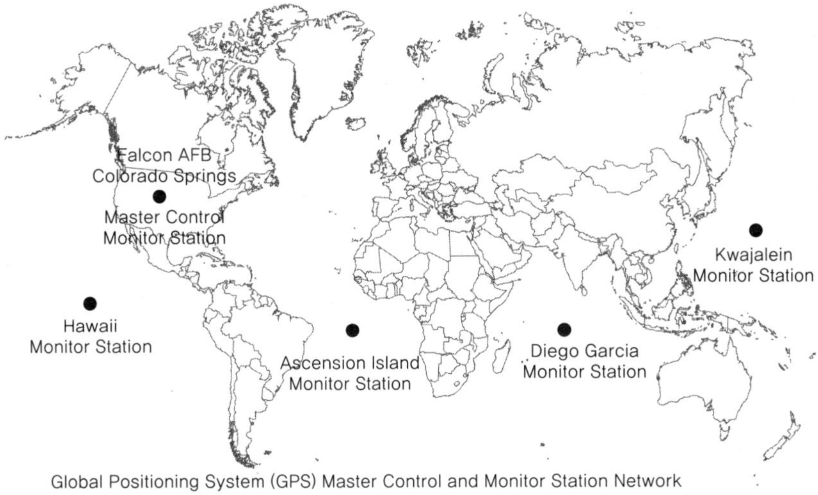

자료: 국토지리정보원 홈페이지.

(3) 사용자부문

GPS 사용자 부문은 GPS 수신기와 사용자집단으로 구성된다. GPS 수신기는 위성의 신호를 추정 위치, 속도와 시간으로 변환한다. X, Y, Z(위치)와 시간의 4차원 계산에는 4대의 위성이 필요하다. GPS 수신기는 항법, 측위, 시간 전파와 기타 연구에 이용된다. 3차원의 항법이 GPS의 제1의 기능이다. 항법용 수신기는 비행기, 선박, 지상차량과 개인을 위한 휴대용으로 제작된다.

2) 스마트폰

초창기 수신기는 단순히 GPS가 제공하는 신호를 받아 위치정보를 표시하는 독립된 장치였지만 널리 일반인이 사용하는 용도로는 GPS 수신기 자체로만 사용되는 것은 별로 없고, 내비게이션 등이나 휴대폰 등에 탑재되는 경우가 많다. 미국에서는 모든 휴대폰에 GPS 탑재가 의무화되어 있어 긴급통화시 발신자 위치 추적에 사용할 수 있게 되어 있다. 특히 스마트폰 등에 탑재되는 경우 주변정보 검색, 지오태깅(사진이나 노트, 블로그, 트위터 등의 위치 기록), 증강현실 애플리케이션 등 각종 첨단 기능을 즐길 수 있다. 스마트폰에는 주로 GPS 신호를 고속으로 찾기 위해 퀄컴에서 개발한 A-GPS(Assisted GPS)[3]가 탑재된다.

이 A-GPS는 Wi-Fi AP나 휴대전화 기지국을 기반으로 현재 위치를 알아내는 것과는 전혀 상관없는 개념이다. 그건 "네트워크 기반 위치"이고, A-GPS란 것은 위성의 궤도 정보 · 시각 등을 위성으로부터 수신하지 않고 별도의 네트워크를 통해 전송받아 위치 설정에 걸리는 시간을 대폭 단축하는 기술을 말한다. GPS는 하늘이 안 보이는 실내에서 현재 위치를 알아내는 기술이 아니다. 당연히 A-GPS를 쓴다고 해도 하늘이 안 보이는 실내에서는 GPS를 사용할 수 없다.

GPS, Wi-Fi, 기지국 ID 등을 종합적으로 제공하는 스마트폰의 위치측위 기술은 정밀도의 향상과 더불어 LBS의 활성화에 많은 기여를 했다. 또한 디지털 컴퍼스와 중력 센서는 증강현실과 LBS를 결합하면서 다양한 앱의 개발을 가능하게 했다(정구민 · 최완식, 2010).

스마트폰에서는 위치측위를 위한 세가지 방법 중 위치정보의 오차범위에 따라 GPS 위성 신호, Wi-Fi AP, 3G 기지국 ID 순서로 위치정보를 제공받도록 하고 있다. 이러한 위치측위 방식은 GPS 기반 위치측위로 해결할 수 없는 도심과 실내 측위에 대해서 WLAN 기반 측위의 사용이 가능하게 하고 있다. 통신사업자에 의해서 WLAN AP의 DB화가 이루어짐으로써 현재 스마트폰에서의 WLAN 기술은 3G/WLAN interworking뿐만 아니라 위치측위에서도 중요한 요소가 되고 있다.

국내에서도 LBS 산업 협의회 및 ETRI를 중심으로 WLAN의 DB화 사업 및 위치측위 사업이 진행되었으며 2010년 말 이동통신사 수집 Wi-Fi DB가 기존의 LBS 정보 DB 시스템에 통합되어 실내 측위 및 안전, 사고 예방 등을 위해서 많이 활용되고 있다.

---

3 Assisted GPS(줄여서 A-GPS)는 특정 조건에서(주로 서버와 데이터 연결이 성립되었을 때) GPS 시작 속도를 향상시키고, TTFF(Time To First Fix, 처음 인공위성과 데이터 링크가 고정되기까지 소요된 시간)를 줄이기 위한 위성 기반 위치 획득 체계이다. A-GPS는 GPS가 내장된 휴대 전화 혹은 스마트폰에서 주로 사용되며, 미 연방 통신위원회에 의해 911 응급 통화 시 위치를 빠르게 전달하기 위한 목적으로 개발되었다.

또한 스마트폰에 적용된 센서 관련 기술은 근접 센서, 3축 가속 센서, 디지털 컴퍼스 등으로 거의 모든 스마트폰에서 표준으로 쓰이고 있다. 이러한 센서 기술들은 증강현실 등과 결합해 다양한 LBS 애플리케이션을 개발하는 데 쓰이고 있다.

3) 위치 감시 규제 및 정책 현황

우리나라는 2005년 위치정보의 보호 및 이용 활성화를 위해 개인정보를 규율하는 법규와는 별도로 위치정보법을 제정 · 시행 중에 있다. 이와 같이 위치정보에 관한 개별법을 마련한 것은 위치정보가 개인정보와는 구별되는 고유한 특성을 가지므로 별도의 규율체계가 필요하다는 인식을 기반으로 한 것이다.

위치정보는 ① 서비스 운영 · 제공과정에서 생성 · 제작되는 정보(기지국정보 등)가 많고, ② 시간의 흐름에 따라 계속적으로 변화되는 동적 정보로서 그 변동 흐름이 중요한 의미를 가지며, ③ 유출이나 오 · 남용 발생 시 개인의 생명 · 신제 빛 프라이버시에 즉각적이고 높은 침해 위험성을 가지며,[4] ④ 긴급구조 등 공익적 목적 달성을 위한 활용 가치가 높고, ⑤ 정보사회의 새로운 자원으로 산업적 활용가능성도 매우 높다는 특징을 가진다.

그러므로 정보통신서비스제공자와 이용자 간의 개인정보 보호를 규율하는 기존의 「정보통신망 이용촉진 및 정보보호 등에 관한 법률」(이하 "정보통

4 개인위치정보는 유출되거나 오 · 남용되는 경우에 해당 개인의 위치를 직접적으로 파악하고 추적할 수 있어, 일반 개인정보보다 직접적이고 물리적인 위험을 초래(생명 · 신체 침해가능성)하고, 침해가 실시간으로 발생(침해의 즉시성)하며, 정보주체의 미래 위치정보까지도 유추(미래 위험유발 가능성)될 수 있다. 이 법 제정 당시에도 근로자 감시 목적으로의 직원 휴대전화 위치정보 추적, 이동통신사의 '친구찾기' 위치기반서비스의 오 · 남용에 따른 폐해 등이 문제된 바 있다. 이에 국회수석전문위원은 검토보고서에서 동법 제정안의 내용이 위치정보의 이용보다는 보호에 관한 내용이 주를 이루고 있고 이용 및 관련 산업의 활성화는 위치정보에 대한 보호가 전제되고 이를 바탕으로 해서만 가능하다는 점에서 법률의 제명을 '위치정보의보호및이용등에관한법률'로 수정하는 것이 적절하다는 의견을 제시하기도 하였다 (제17대 국회 과학기술정보통신위원회 수석전문위원, "위치정보의이용및보호등에관한법률안 검토보고서", 2004. 12. p.36 참고)

표 2-5 위치정보법과 다른 법과의 비교

구 분	위치정보법	정보통신망법	개인정보 보호법	통신비밀보호법
수범주체	위치정보사업자등 모든 사람(제15조)	정보통신서비스 제공자 등	모든 개인정보처리자	누구든지
보호대상	개인 또는 물건의 위치정보	개인정보	개인정보	통신사실확인자료에 해당하는 위치 추적자료
공익적 활용	긴급구조, 경보발송, 의사무능력자 보호		공공기관의 업무수행 필요, 법률규정에 의한 개인정보 처리가 가능하도록 규정	범죄수사, 재판, 국가안보를 위한 통신사실 확인자료 제공
진입 규제	위치정보사업 허가 위치기반서비스사업 신고			

자료: (윤주현 · 박수현, 2014).

신망법"이라 함)이나 통신사실확인자료에 해당하는 위치정보의 활용을 엄격히 제한하는 「통신비밀보호법」 등으로는 개인위치정보의 보호 및 공공목적으로의 활용에 한계가 있어, 위치정보의 고유한 특성을 고려하여 〈표 2-5〉와 같이 위치정보의 보호 및 이용을 체계적으로 규율할 수 있는 법률의 제정 필요성이 제기되었다고 볼 수 있다(윤주현 · 박수현, 2014).

이를 위해 위치정보법은 ① 위치정보를 활용하는 사업자에 대한 시장진입규제 도입, ② 위치정보 수집 · 활용 절차 및 보호의무 규정, ③ 긴급구조 목적의 위치정보 이용 근거 마련, ④ 위치정보 이용 활성화 기반 조성을 주된 내용으로 하고 있다.

- (시장진입규제) 위치정보사업자 허가, 위치기반서비스사업자 신고
- (위치정보 보호절차) 누구든지 물건 · 개인의 위치정보 활용시 사전 동의, 사업자가 위치정보 수집 · 이용 · 제공시 약관 동의 및 제3자 제공시 즉시 통보의무 등
- (긴급구조) 긴급구조 및 재난 · 재해 경보발송시 위치정보 수집 및 제공 근거 마련

- (이용 활성화) 위치정보 기술개발 및 표준화 등 위치정보 활용 시책, 지원 근거 마련(윤주현 · 박수현, 2014)

4. 생체정보 감시

1) 생체정보의 정의

우선 생체인식은 이제까지 매우 다양하게 정의되고 있다. 이러한 생체인식과 생체정보의 정의를 정리하면 다음과 같다.

생체인식은 사람의 신체의 고유한 특성(지문, 홍채, 망막, 정맥, 손금, 얼굴 등)이나, 행동적인 특성(목소리, 필체, 체형, 걸음걸이, 특정 행동 등)을 이용하여 개인을 식별하는 기술이다. 이러한 생체인식에는 보편성(누구나 갖고 있는 특성), 유일성(각 개인을 구별할 수 있는 고유한 특성), 영속성(변하지 않고 변경이 불가능한 특성), 획득성(센서에 의한 획득과 정량화가 용이해야 하는 특성) 등이 요구된다.

현재 사람의 생물학적 특성과 ICT 기술의 결합으로 본인을 확인하는 생체인식 기술이 기존 비밀번호 중심의 개인 식별 · 인증 체계를 빠르게 대체하고 있으며, 신체 데이터로 개인의 신원을 증명하는 생체인식 기술이 새로운 보안 기술로 부상하고 있다.

이러한 생체인식의 보안성과 편의성을 기반으로 금융, 통신, 보안, 자동차, 의료 등의 분야에서 본인인증과 시스템 부정사용, 부정한 방법의 전자결제를 막기 위한 수단으로 광범위하게 적용되고 있다.

생체인식 기술은 크게 지문인식, 홍채인식, 정맥인식, 얼굴인식, 음성인식, 손모양 인식 등 다양한 기술이 존재하며 기존 비밀번호(공인인증서, 보안카드, OTP, SMS인증)와 달리 정보 유출이나 분실 · 망각의 위험이 적고 보안성이 매우 높으며, 편리하다는 점에서 유리한 측면이 있다(소프트웨어정책연구소, 2015).

생체인식이란 개개인으로부터 평생불변과 만인부동의 특성을 갖는 특징을 찾아 이를 자동화된 수단으로 등록시 제시한 정보와 비교/판단하는 것으로 요약할 수 있다. 생체특징은 얼굴모양, 홍채, 망막, 정맥, 지문, DNA 등의 신체적 특성을 이용한 방법과 서명, 음성, 걸음걸이 등의 행동학적 특성을 이용하는 방법으로 분류할 수 있다(문기영, 2005).

또한 생체인식(Biometrics)은 신체특성 또는 행위특성을 자동적으로 측정하여 신원을 파악하는 것으로 정의된다. 국내의 생체인식포럼에서는 행동적, 생물학적(해부학적, 생리학적) 특징의 관찰에 기반한 사람의 인식으로 정의하고 있다. 신체정보는 인간의 신체에서 직접적으로 정보를 추출하는 것으로 지문 인식(Fingerprint), 홍채 인식(Iris-scan), 망막 인식(Retina-scan), 손모양(Hand geo-metry), 안면 인식(Facial recognition)의 방법이 있다. 행위특성을 이용하는 방법은 음성인식(Voice recognition), 서명(Signature-scan)등이 이용된다. 생체인식 시스템에서 음성, 망막, 홍채, 얼굴, 지문 등을 이용하는 것은 이미 개발되어 있다(정연덕, 2004).

마지막으로 국가인권위원회 자료에 의하면, '생체인식'이란 자동화된 장치에 의하여 개인의 신체적, 행동적 특성을 통하여 신원을 인증(authentification)하거나, 신원을 식별(identification)하는 것을 말한다. 따라서 사진을 육안으로 보고 신원을 인증하거나 식별하는 것은 자동장치에 의한 것이 아니므로 생체인식에 해당하지 않는다. 그러나 자동화된 장치의 도움을 받아 인간에 의해 신원의 인증이나 식별이 이루어지는 경우는 여기에 포함된다고 해석한다(국가인권위원회 토론회, 2004).

이처럼 국내 문헌에 나타난 생체정보의 정리를 정리하면 다음 〈표 2-6〉과 같다.

2) 생체인식의 위험성

생체인식은 다음과 같은 위험성을 지니고 있기 때문에 전자감시의 분야에서 앞으로 다양한 분야에서 이용이 확산될 수 있다(이하 국가인권위원회, 2004의 수정).

(1) 유일식별자(Unique Identifier)와 데이터베이스의 위험

생체정보는 유일성, 불변성, 보편성을 가지고 있기 때문에 유일식별자로 기

표 2-6 국내문헌에 나타난 생체정보 정의

문헌	용어	정의
김일환 (2004)	생체정보 (Biometric Information)	사람의 고유한 신체적, 행동적 특징을 이용하여 개인의 신원을 확인하는 정보로서, 지문 · 서명 · 정맥패턴 · 얼굴 · 음성 · 홍채 · 유전자 등 개인을 직접 나타내는 정보.
생체인식 포럼 (2005)	생체인식정보 (Biometric Information)	생체인식정보에 대한 정의를 따로 내리고 있지 않으며 다만 생체인식 데이터(Biometric data)를'등록 시에 기준 템플릿을 생성하는 데, 또는 이전에 생성된 기준템플릿과 비교하는데 사용되는 생체인식 샘플에서 추출한 정보'로 정의하면서 생체인식정보와 별도로 구분함.
한국정보통신 기술협회 (2005)	생체정보 (Biometric data)	지문 · 얼굴 · 홍채 · 정맥 등 개인의 신체적 또는 행동적 특징에 관한 정보로서 특정 개인을 식별할 수 있는 것.
한국정보 보호진흥원 (2007)	바이오정보 (Biometric Information)	지문 · 얼굴 · 홍채 · 정맥 등 개인의 신체적 또는 행동적 특징에 관한 정보를 말하며, 가공되지 않은 원본정보와 그로부터 추출되어 생성된 특징정보로 규정함.

자료: (박정훈 · 김행문, 2008).

능한다. 따라서 이를 바탕으로 데이터베이스화되기 쉽다. 생체정보에서 중요 정보를 추출할 경우, 소량의 정보로 추출이 가능하므로, 적은비용으로 데이터베이스를 구축할 수 있다. 이 경우 생체정보는 개인의 데이터베이스의 유일식별자가 된다. 이는 평생 변하지 않는 유일식별자로서 전세계에서 고유한 범세계적인 유일식별자로 기능할 수 있다. 이처럼 생체정보와 결합된 정보는 평생동안 축적될 수 있게 된다.

(2) 전용가능성

생체정보가 애초에 수집된 목적과는 다른 목적으로 전용될 수 있다. 예를 들어 사회보장을 위하여 지문정보를 등록했는데(2중 수급을 방지하기 위하여 2중 등록을 막기 위해), 지문정보가 다른 용도로 활용되는 경우 발생하는 문제이다. 한편 샘플에서 특징을 추출한 추출정보(template data)로부터는 원래의 생체정보로 전환할 수 없고, 따라서 표준화되어 있지 않는 한 생체정보를 전용할 가능성은 없다는 것이 일반적인 인식인데, 최근의 연구결과에 의하면 반드시 그렇지도 않다고 한다.

(3) 연동가능성(LINK)

생체정보가 유일식별자의 성질을 가지고 있기 때문에 데이터베이스연결의 고리로 역할을 할 수 있다(link). 예를 들어서 금융기관의 지문정보와 결합된 거래기록은 행정자치부의 지문정보, 경찰청의 지문정보와 연동될 수 있다. 이것은 정보의 확장가능성을 의미하며, 목적구속성의 원칙에 반하는 문제가 있다.

(4) 동의없는 사용의 가능성

생체정보 중에는 신원 식별자의 자발적인 선택에 의존하여 수집되는 정보가 있고, 신원 식별자 몰래 수집될 수 있는 정보가 있다. 생체정보는 정보마다 다양한 편차를 보인다. 얼굴 인식은 신원 식별자 모르게 CCTV로 수집되어 이루어질 수 있다. CCTV는 오늘날 광범위하게 사용되고 있다. AC 닐슨이라는 회사는 쇼핑객들의 얼굴을 인식하여, 그들의 쇼핑습관을 추적하게 하는 기술에 대한 특허권을 가지고 있다.

컵에 남아 있는 지문으로 지문 정보는 수집할 수 있다. 이처럼 지문정보도 얼마든지 신원 식별자 몰래 은밀하게 수집할 수 있다. 그 반면에 손모양은 지문보다는 은밀하게 수집될 수 있는 가능성이 낮다. 오늘날 홍채 정보의 인식은 18 내지 24 인치의 거리가 떨어져 있어도 작동된다고 한다. 홍채정보의 수집도 그만큼 또는 그보다 더 멀리서도 가능하다고 한다. 홍채정보는 신원 식별자 모르게 수집될 수 있는 것이다. 그러나 망막정보는 홍채정보보다 은밀하게 수집될 가능성이 낮다. DNA도 은밀하게 수집되기 아주 쉽다.

(5) 시스템의 취약성

생체인식 시스템에 대한 공격은 위와 같이 아주 다양하게 존재한다. 입력 단계에서부터 센서에 가짜의 생체정보(a fake biometric)를 제출하는 공격(가짜 지문, 얼굴, 홍채)이 있기도 하고, 전에 가로챈 생체정보를 제공하는 공격

(replay)도 있다. 타인을 협박하여 그 자의 생체정보를 자신의 이름으로 제출하게 하는 방법도 있고, 시스템에 따라서는 지문인식시스템의 표면에 입김을 불어서 직전에 사용한 사람의 지문을 드러나게 하여 이를 다시 사용하기도 한다(Latent print attacks). 그리고 공격자가 특징을 추출하는 추출기를 공격하여 공격자가 원하는 특징을 추출하도록 하기도 하고, 아예 대량의 정보로 집중 공격하여 시스템의 서비스 거부를 유도하기도 한다. 특징을 추출한 정보를 공격자가 가로채서 다른 것으로 바꾸거나, 식별장치를 공격하여 승인율을 높여 놓는 공격을 하기도 한다. 그리고 무차별 정보를 제출하여 승인을 얻기도 한다. 이것은 생체인식 시스템의 잘못된 승인이 이루어질 가능성(FAR)의 수치에 따라서 성공가능성이 결정된다.

저장되어 있는 추출정보를 공격하기도 하고, 추출정보를 추가하거나 기존의 추출정보를 수정하거나 제거하기도 하고, 저장된 추출정보(the template database)의 전송과정을 공격하기도 하고, 식별장치의 승인여부의 판단결과를 무력화하기도 한다. 그리고 그 밖에 트로이의 목마 등 전통적인 공격도 한다.

(6) 오류의 가능성

생체인식 시스템의 오류 가능성은 아주 다양한 분야에서 나타난다. 우선 등록불가의 경우가 있다. 예를 들어 지문시스템의 경우 지문이 닳아서 없어진 경우는 등록이 되지 않을 수 있다. 이것은 물질을 많이 한 해녀들에게서 나타난다. 또한 시스템이 잘못 인식할 가능성도 존재한다.

(7) 감시(Surveillance)

생체정보는 유일식별자이기 때문에 생체정보의 활용은 언제든지 정보의 축적을 가능하게 하고, 축적된 정보의 집적 시에는 그 정보주체에 대한 전면적인 추적과 감시가 가능하게 된다. 이런 위험은 특히 생체정보를 추출(template) 방식으로 처리하는 경우 더 크다. 전자상거래가 생체정보를 이용해서 인증과 신원 식별을 한다면, 모든 거래기록이 집적될 수 있는 것이다. 생체정보의 활용은 유출될 경우에, 프라이버시를 파괴하고, 자유를 위험에 빠뜨릴 가능성이 존재한다.

3) 생체정보의 종류

(1) 홍채

사람의 눈을 이용한 생체 인증에서 눈은 홍채와 망막의 혈관이 인증을 목적으로 사용되고 있다. 이 중 망막 인식은 사용자의 안구 배면에 위치한 모세혈관의 구성이 인간의 지문과 같이 종생불변의 특성을 가지고 있다는 점을 이용하는 것으로, 이러한 망막 패턴을 읽기 위해서는 미약한 강도의 연필 지름만한 적색 광선이 안구를 투시하여 망막에 있는 모세혈관에 반사된 역광을 측정해야 한다. 따라서 성공적인 망막 패턴 검색을 위해서는 사용자가 안경을 낀 경우 안경을 벗고 검색기에 접안해야 하며, 접안기의 내부 원통 내 어두운 부분 중 적색광선이 반사되는 점에 눈의 초점을 맞춰야 한다. 이러한 망막 패턴 검색 기술은 고도의 보안성을 만족시킬 수있지만, 사용자의 불편과 레이저 빛에 대한 두려움을 유발하는 등 일반인을 대상으로 하여 사용하기에는 비효율적인 면이 있다.

이에 반해 홍채 인식은 자연스런 상태에서 획득된 영상을 이용하므로 망막 인식에서와 같은 단점이 없어 많은 분야로의 적용이 기대되는 분야이다. 특히 사람의 홍채는 신체적으로 상당한 특징이 있는 유기체 조직으로, 쌍둥이들도 다른 홍채 패턴들을 가지고 있고 통계학적으로도 DNA 분석보다 정확하다고 알려져 있다. 그리고 외상 또는 아주 드문 병을 제외하고는 홍채는 사람의 일생 동안 변화되지 않으며, 콘택트렌즈나 안경을 착용해도 인식이 가능하므로 활용 범위가 넓다. 또한 복제가 거의 불가능한 것으로 알려져 높은 보안성을 요구하는 곳에 이용되어 왔으며, 미국, 캐나다, 영국, 네덜란드, 아이슬랜드 등의 국가는 공항에서 이용하고 있다. 그러나 높은 가격과 사용자 거부감 및 이용의 불편함 등은 해결해야 할 과제이다(문기영, 2005).

(2) 지정맥

손등의 정맥 인식시스템은 손등의 피부로부터 정맥패턴을 추출하는 방법으로 적외선 조명과 필터를 사용해 피부에 대한 혈관의 밝기 대비를 최대화한 다음, 입력된 디지털 영상으로부터 정맥 분포 정보를 추출한다. 지문인식과 같이 특징점을 좌표로 인식할 뿐 아니라 전체적인 혈관 모양도 비교한다. 특히 혈관을 투시한 후 잔영을 이용해 신분을 확인하는 방법적 특성은 인식에 활용되는 정보가 외부에 노출되지 않는 피부내 혈관이기에 복제가 거의 불가능하다는 특징이 있다. 그러나 하드웨어 구성이 복잡하고 소형화가 불가능하여 전체 시스템 비용이 매우 높은 편이다. 손등정맥인식 시스템은 지문이나 손 모양을 이용하는 방법에 비해 사용자의 거부감을 줄일 수 있고 지문이나 손가락이 없는 사람도 이용할 수 있다는 장점이 있다(문기영, 2005).

정맥인식은 손등이나 손목의 정맥 모양으로 신원을 식별하는 방법인데, 정맥은 쌍둥이라도 서로 다르기 때문에 가능하다. 손 구조 인식은 손가락 길이와 손의 생김새로 신원을 파악하는 것이다. 손 구조 인식기술을 처음 만들었던 미국 스탠포드대학은 현재 자체 학술연구소들의 출입통제에 손 구조 인식시스템을 이용하고 있다. 정맥인식 기술은 손등의 정맥패턴도 지문처럼 사람마다 다르다는 점에 착안한 보안기술로서 적외선을 이용해 혈관을 투시한 다음 잔영으로 신분을 확인한다. 지문이나 손 모양을 이용하는 방법보다 거부감을 줄일수 있다. 복제가 거의 불가능하다는 것이 가장 큰 장점이다(정연덕, 2004).

(3) 얼굴인식

얼굴을 이용한 인식 방법은 생체인식 방법 중 가장 자연스러운 방법으로, 지문과 같이 지문 입력 장치에 손가락을 접촉하지 않고 비접촉으로 자연스럽게 인식할 수 있는 장점이 있다. 그러나 조명의 변화에 민감하고, 변장 및 세월이 흐르면서 생기는 얼굴 변화 등의 약점을 가지고 있어, 아직까지는 지문이나 홍채와 같은 높은 인식률을 나타내지는 못하고 있다. 얼굴인식에서 가장 중요하고 어려운 문제 가운데 하나는 입력된 영상으로부터 처리 대상인 얼굴 영역을 추출하는 방법으로, 얼굴의 열상을 이용하는 방식과 2차원/3차원 얼굴 영상을 이용하는 방식으로 크게 구분된다. 특히, 얼굴의 열분포를 이용하는 방식은 얼굴 혈관에서 발생하는 열을 적외선 카메라로 촬영, 디지털 정보로 변환해 저장하는 것으로, 얼굴에 외과적인 손상이 발생하더라도 변하지 않는 장점이 있다.

이러한 얼굴 인식 기법은 사용자의 기분과 상황에 따라 표정이 변하게 되는 특성을 고려해야 하며, 주위조명에 많은 영향을 받게 되는 등의 단점이 있다. 또, 이들 얼굴 인식 시스템들에 공통으로 존재하는 기본적인 문제점은 얼굴 인식을 위해 원본 데이터로 저장된 인상 사진들은 자연스러운 자세가 아닌 인공적인 자세에서 찍혀진다는 것이다. 따라서, 데이터베이스상의 사진과 다른 사진 영상을 비교하여 동일인인가를 판단하기는 여전히 어렵다. 그러나 ICAO 등 출입국 관련 회의에서 얼굴 인식을 주요 인증 수단으로 결정하고 다중생체인식의 필요성이 높아지면서 그 시장이 증가하는 추세이다(문기영, 2005).

영화에 많이 등장하는 사례는 다음과 같다. 미국 아틀랜타시의 카지노에서는 만명 이상의 사기도박 전과자의 얼굴을 인식하는 카메라와 데이터베이스를 연결하는 시스템을 설치하였다. 이 제품은 카지노에 출입하는 모든 사람의 얼굴을 카메라로 스캔하여 전과자의 데이터베이스와 일치하는지를 검색한다. 체중이 10파운드가 증가하거나, 나이가 10년 정도 들거나, 수염을 길러도 90% 이상의 인식을 할 수가 있다고 한다.

이 시스템을 설치한지 며칠이 되지 않아 이 시스템에서는 캘리포니아 주에서 바카라도박의 전과가 있는 6명의 출입을 인식하였다. 카지노의 보안부서는 이들의 도박행위를 예의 주시하고, 미리 경찰에 연락하여 이들이 사기도박을 하는 순간에 현행범으로 그들을 체포하였다. 얼굴인식시스템이 성과를 본 것이다. 이후 라스베가스를 포함해서 미국의 많은 카지노에서는 더 많은 사기도박예상자들의 데이터베이스를 축적하고 있다.

4) 생체정보 감시 관련 규제 및 정책 현황

생체인식분야는 프라이버시의 관점에서 보면 다른 어떤 분야보다도 다양한 논의의 한가운데 위치하고 있다고 할 수 있다. 생체인식의 분야에 종사하는 사람의 경우에는 프라이버시에 관한 논의를 불식시키면서 생체인식 분야의 사용을 촉진시키려 하는 반면에 프라이버시 보호를 위해 적극적으로 나서는 사람의 입장에서는 생체인식 기술에 대하여 일종의 두려움을 가지고 있다.

생체인식 기술은 개인의 신분을 밝혀내거나 인증하는 긍정적 역할을 함으로서 신분확인과 관련된 다양한 범죄행위를 적발하거나 예방할 수 있으며, 이는 정보통신의 발달과 더불어 나날이 증가하는 온라인 세상에서는 더욱더 그 가치를 나타낼 수 있다. 그러나 생체인식 기술은 본인의 동의 없이 개인이나 그와 관련된 모든 거래나 컴퓨터 상의 변동자료를 추적할 수 있으며, 다양한 개인적인 정보를 특정개인과 관련하여 지속적으로 축적하는데 사용할 수 있다.

일반적으로 생체인식은 다음과 같은 세 가지의 체계적인 프라이버시 문제에 관한 논쟁을 불러 일으킨다.

(1) 의도하지 않은 기능적 응용

생체인식 식별자들의 기원이 생물학적이기 때문에 정보 수집자들이 조사된 생체인식 측정값으로 부터 부가적인 개인 정보를 얻을 수도 있다. 예를 들면 특정 기형의 지문은 특정 유전적 변이와 통계적으로 관련지을 수 있다.

(2) 의도하지 않은 기술적 응용

지문과 같은 강력한 생체인식 식별자는 바람직하지 못한 의도하지 않은 인식의 가능성을 가지고 있다. 예를 들면 안전상의 이유로 인해 합법적으로 다른 이름을 사용하고자 하는 사람이 자신의 지문으로 인해 원래의 자신으로 인식되어지는 경우이다.

(3) 인지되지 않는 상황에서의 인식

얼굴과 같은 생체정보는 대상자 모르게 카메라를 이용하여 촬영함으로써 사용이 가능한데 이러한 경우에는 미리 등록된 사람들에 대한 비밀스런 인식이 수행될 수 있다. 즉, 어떤 특정 상황 하에서 익명으로 남고자 하는 사람은 생체인식으로 인해 자신의 프라이버시가 침해될 수도 있다.

위와 같은 생체정보에 대한 프라이버시의 침해 위험에 관한 논의가 다양한 매체나 대중의 주목을 받아 생체인식 기술을 대중화하여 적용하는데 장애물로 작용하고 있는 것이 사실이다. 그러나 대부분의 경우 생체정보를 '개인정보'의 일종으로 보고 개인정보보호법이라는 큰 틀에서 다루고 있다. 이때, 각국의 개인정보정책에 기본이 되는 철학을 제시하고 있는 것이 1980년에 제시된 8개 원칙으로 이루어진 OECD의 개인정보보호 가이드라인이다.

홍채나 지문, 음성 등 생체정보를 활용한 개인 식별 시스템은 주민등록번호나 비밀번호와 달리 한번 유출되면 변경할 수 없다는 결정적인 차이점이 있다. 따라서 기존의 개인정보보호법과 별도의 보호조치가 필요하다는 지적이 제기되지만 10년 전 준수 의무가 없는 가이드라인이 만들어진 후 사실상 방치돼왔다.

2007년 정보통신부와 한국정보보호진흥원은 '정보통신망 이용촉진 및 정보보호 등에 관한 법률' 등 관계 법령의 개인정보보호 원칙을 토대로 '바이오정보(생체정보) 보호 가이드라인'을 마련했다. 바이오인식 시스템 이용기관들이 생체정보를 처리할 때 자율적으로 해당 정보를 보호할 수 있는 기준을 제공하기 위해 만든 것이다.

이 가이드라인은 지문 · 얼굴 · 홍채 · 정맥 · 음성 · 서명 등 개인을 식별할 수 있는 신체적 또는 행동적 특징에 관한 정보를 '바이오정보'로 규정하고, 바이오정보의 수집 · 이용 · 파기, 제공자 등의 권리, 바이오정보의 보호조치 등 준수 사항에 대한 내용을 담았다. 그러나 법률과 달리 적용대상인 바이오인식시스템 이용기관에게 준수의무를 강제하지 않기 때문에 정보보호 조치와 정보유출 시 책임에 대해 내부규정을 마련하거나 유출 즉시 제공자에게 알리는 등 대응 방안을 나열하는 데 그치고 있다.

특히 생체정보가 도난 · 멸실 · 훼손 · 유출 등의 사고가 발생할 경우에도 그 사실을 인지한 즉시 제공자에게 통지해야 하며 제공자가 만18세 미만인 자 등인 때에는 제공자 외에 그의 법정대리인에게 알려야 한다고만 돼 있다.

법률에서는 '정보통신망법' 시행령 제15조 4항에 정보통신서비스 제공자가 보안조치해야 할 개인정보의 범주에 '바이오정보(지문, 홍채, 음성, 필적 등 개인을 식별할 수 있는 신체적 또는 행동적 특징에 관한 정보를 말한다)'를 포함시킨 조항이 유일하다. 이는 네트워크 상에서 생체정보가 송수신될 경우 기술적 · 관리적으로 보호조치를 해야 하는 의무를 규정하고 있다.

전문가들은 일반적인 개인정보 보호규정으로만 보호되고 있는 생체정보에 대해 독자적이고 개별적인 법안을 제정할 필요성을 제기하고 있다. '주민등록법', '디엔에이(DNA) 신원확인 정보의 이용 및 보호에 관한 법률'. '전자

서명법' 등처럼 '생체정보법'이 제정돼야 한다는 뜻이다. 생체정보가 다른 개인정보들과 달리 변경이 불가한 개인 고유의 정보라는 특수성을 반영할 필요가 있기 때문이다. 또한 스마트 기기 발전과 보급으로 생체정보 활용 범위가 대폭 확대되면서 단순히 개인 식별 이상의 정보 가치를 갖게 돼 이에 대한 법적 보호가 보다 절실해졌다.

특히 스마트 지능정보사회에서는 생체정보 활용 기기와 서비스 설계단계에서부터 프라이버시 보호의 문제를 고려하도록 유도할 수 있도록 입법화할 필요가 있다는 주장이 제기되고 있다. 또한 현행 개인정보 보호법제의 규율대상을 개인정보 처리자 또는 정보통신 서비스 제공자 등으로 규정하고 있다는 점에서 기기 제조자에 대한 규율 방안도 제기되고 있다(심우민, 2016).

5. 데이터 감시

최근에 지능정보사회에서 스마트 전자감시의 이슈들은 거의 대다수가 다 데이터 감시의 분야에서 발생하고 있다. 이러한 데이터 감시의 주체는 과거에는 정부가 주류를 이루었지만 현재는 기업과 개인으로 급속하게 확장되는 추세에 있다. 이러한 데이터 감시의 현황과 사례는 다음 장에서 상세하게 다룰 예정이므로 여기에서는 간략하게 소개하고자 한다.

(1) 인터넷

오래전부터 인터넷을 흔히 정보의 바다로 비유하곤 한다. 상상할 수 없을 정도로 많은 양의 정보를 찾을 수 있는 인터넷에서 사용자들은 모두 검색 사이트를 이용하고 있다. 전 세계적으로 많이 쓰이는 구글과 우리나라에서 널리 활용되고 있는 네이버 모두는 사용자의 IP주소와 쿠키, 사용 일시, 사용 기록 등을 자동으로 생성하여 수집하고 있다(주간경향, 2016년 10월 18일).

쿠키는 "사용자가 어떤 웹사이트를 방문할 때 그 사이트 서버에서 인터넷 사용자의 컴퓨터에 설치하는 작은 기록 정보 파일"이다. 쿠키가 IP주소 등과 결합하였을 때는 사용자 자신을 특정할 수 있는 위험이 있다. 게다가 사용 일시나 사용기록까지 수집된다. 그 때문에 내가 언제 무엇을 검색했고 어떤 사이트를 갔는지 등이 그대로 기업이나 정부기관 등에 수집될 수 있는 것이다. 특히나 우리나라 같은 경우 검색 사이트 대부분이 포털 형태로 되어 있어 가입하게 되면 가입정보와 더불어 엄청난 개인정보가 해당 사이트에 축적된다.

일부 공공기관, 기업, 대학 등을 중심으로 지난 2011년 9월 개인정보보호법 시행 이후 직원들의 인터넷 사용을 제한하고 있는 곳이 늘어나고 있다. 개인정보가 유출되는 것과 바이러스에 감염되는 것을 방지한다는 명목으로 이른바 유해 사이트를 데이터베이스(DB)화해 직원들이 이런 사이트에 들어가는 것을 원천적으로 차단하고 있는 것이다. 직원들이 사용하는 이메일도 자사의 메일 이외에는 사용하지 못하도록 하고 있으며, 메신저 사용도 금지하고 있다. 특히 일부 기업에서는 직원들이 보내고 받은 이메일 내용을 일정 기간 보관하고 있는 것으로 알려졌다.

한 인터넷 보안업체 전문가는 "최근에는 공공기관과 대기업뿐만 아니라 중견기업들도 직원들이 근무시간에 업무 외에 인터넷 사이트에 들어가는 것을 제한하고 있다"며 "기업들은 알려고만 한다면 어떤 직원이 인터넷에서 무엇을 하는지 모두 알 수 있다"고 말했다. 기업들은 보안 솔루션(장비)을 자사의 컴퓨터 서버에 연결시키면 인터넷 사용을 통제하고, 감시 · 추적할 수 있다.

최근에 일부 기업들은 '패킷감청' 기능이 탑재된 보안장비를 도입하고 있는 것으로 알려졌다. '패킷감청'이란 인터넷을 통해 전달되는 내용을 실시간으로 감청하는 것을 말한다. 직원이 접속한 웹사이트, 접속시간, 입력한 검색어, 열람한 웹페이지, 이메일과 메신저 송수신 내용 등을 모두 볼 수 있다. 한 보안업체 전문가는 "현재의 보안장비만으로도 기업들이 마음만 먹으면 '패킷감청'은 가능하다"며 "이것을 도입한 기업에서 이 장비를 어떻게 활용하느냐가 관건"이라고 말했다.

(2) 소셜 네트워크 분석

트위터, 페이스북 같은 소셜네트워크서비스(SNS)는 요즘 사람들이 어떻게 살아가고 있는지 엿볼 수 있는 '창(窓)'이다. SNS를 사용하는 사람보다 사용하지 않는 사람을 찾는 게 더 쉬운 시대이다. 그런데 회사가 직원들의 창을 들여다봐도 될까? 이 질문은 모바일시대 SNS 활동이 폭발적으로 늘면서 전 세계에서 중요한 화두로 떠오르고 있다. 2014년 6월 9일 미국의 월스트리트 저널(WSJ) 등에 따르면 미국에서는 몇 년 전부터 SNS에 올린 게시물 때문에 해고되는 사례가 꾸준히 발생하고 있다.

SNS는 사용자의 생각과 행동방식을 보여주는 주요 도구다. 따라서 채용 시 지원자의 SNS 정보를 물어보는 기업들이 증가하고 있다. 또한 채용 이후에도 종업원들의 SNS를 살펴보는 기업들 역시 증가하고 있는 것으로 전해졌다. 이에 따라 기업이 지원자 및 직원의 SNS를 지속적으로 살펴보는 것이 정당한가에 대한 토론이 끊임없이 이루어지고 있다고 WSJ는 전했다.

이처럼 기업이 SNS를 들여다 보는 것은 개인과 관련한 것이지만, 국가가 나서서 SNS를 들여다 보는 것은 결국 전자감시의 문제로 귀결된다.

우리 정부도 최근에 스마트폰 애플리케이션(앱)과 소셜네트워크서비스(SNS) 감시를 강화하기로 했다. 우리나라에서도 SNS는 최근 사회 · 정치적 이슈와 여론을 주도하면서 새로운 소통의 장으로 각광받고 있다. 2016년 자료에 의하면 이메일과 SNS, 인터넷메신저 등 '전기통신'에 대한 경찰의 압수수색 영장 집행이 최근 2년 사이 3배 이상 급증한 것으로 나타났다. 네이버, 네이트 및 다음카카오 등 국내 포털 3사가 국회에 제출안 '전기통신 압수수색 영장 집행 현황'에 따르면 경찰이 영장을 집행한 건수(계정)는 2014년 37만3,334건에서 2015년에 137만8,678건으로 3.7배 증가했다. 이러한 압수수색의 가파른 증가는 수사 편의성 때문이다. 통신비밀보호법상 통신사 휴대폰 통화내역은 압수수색을 하더라도 대화내용을 알기 어렵지만, 포털 SNS는 내용은 물론 사진과 영상 조회도 할 수 있기 때문이다.

따라서 SNS 특성상 무분별한 압수수색은 개인 사생활을 침해할 가능성이 높아 '사이버 사찰' 우려가 커지고 있다. 이에 시민 · 사회단체는 "정부가 정치적 의도를 가지고 SNS 단속에 나선 것"이라며 "표현의 자유가 위축될 수 있다"고 말했다.

(3) 신분증 – RFID(Radio-Frequency Identification)

RFID(Radio-Frequency Identification)는 주파수를 이용해 ID를 식별하는

SYSTEM으로 일명 전자태그로 불린다. RFID 기술이란 전파를 이용해 먼 거리에서 정보를 인식하는 기술을 말한다. 여기에는 RFID 태그(이하 태그)와, RFID 판독기(이하 판독기)가 필요하다. 태그는 안테나와 집적 회로로 이루어지는데, 집적 회로 안에 정보를 기록하고 안테나를 통해 판독기에게 정보를 송신한다. 이 정보는 태그가 부착된 대상을 식별하는 데 이용된다.

이러한 RFID는 빠르고, 신뢰성 있고, 노출되어 있지 않고 가려져 있으며, 이동 중에도 통신이 가능한 장점이 있다. 또한 바코드와 달리 인식을 위해 직접 조준할 필요가 없으며, 테그의 데이터 변경 및 추가가 자유롭고 일시에 다량의 테그 판독이 가능하며, 냉온, 습기, 먼지, 열 등의 열악한 판독 환경에서도 판독율이 매우 높다. 더구나 RFID 태그는 위조가 불가능하며 반영구적이고, 재사용이 가능하다.

문제는 이러한 RFID 태그가 소형화되어 인체에 이식될 수 있다는 점이다. 가축 위치 추적에나 쓰던 마이크로칩을 인간의 몸속에 이식하는 일은 2000년대 들어 크게 늘었다. 미국의 '베리칩'이 가장 유명하다. 어플라이드 디지털솔루션이라는 회사가 개발한 베리칩은 '확인용 칩(verification chip)'의 약자다. 16자리의 고유번호를 내장하고 있는 RFID 방식이다. 미 식품의 약국(FDA)으로부터 2004년 인체에 사용할 수 있다는 승인을 받았지만 2010년 안전과 개인정보 보호에 대한 우려가 커지면서 생산이 중단된 상태다. 하지만 그 이후에도 다양한 회사들이 개발한 체내 칩이 사용되고 있다.

가장 쉽게 상상할 수 있으며 널리 쓰이는 분야는 신분 확인과 보안이다. 베리칩은 2010년 단종되기 전까지 발전소 등 고도의 보안이 필요한 시설 근무자들에게 널리 판매된 것으로 알려졌다. 일례로 오하이오의 한 영상감시시스템 회사는 2007년 감시 비디오테이프가 보관된 방의 보안 유지를 위해 생체칩 인식 시스템을 설치했고, 직원 2명이 팔 안에 생체칩을 이식했다. 네덜란드 로테르담의 한 나이트클럽은 VIP 손님을 식별하기 위해 생체칩을 이용하기도 했다.

2015년 3월 영국 BBC의 보도에 의하면 하버드 의대의 인 존 할람카 박사가 칩을 자신의 몸에 RFID이식하여 화제를 모으고 있다. 쌀알만한 이 칩은 팔의 지방조직에 삽입되는데 이름, 혈액형, 의학정보와 같은 개인 정보 추출을 위해 바코드처럼 스캔할 수 있다.

또한 스웨덴 스톡홀름의 첨단기술 산업단지 '에피센터'의 한 회사에서 근무하는 펠리시오 데 코스타는 매일 아침 사무실에 들어갈 때 사원증을 찍는 대신 출입문에 설치된 단말기에 손을 댄다. 사원용 복사기를 사용할 때도 복사기에 손을 살짝 갖다 대기만 하면 된다. 이런 일이 가능한 것은 그의 손 엄지와 검지 사이에 쌀알만 한 크기의 RFID(단거리 무선 주파수 식별) 칩이 들어 있기 때문이다. 지금은 사무실 문을 열거나 복사기를 사용할 때뿐이지만 앞으로는 사내 카페에서 마이크로칩으로 결제할 수 있도록 하는 것을 포함해 더 다양한 서비스를 받을 수 있다.

(4) 데이터 감시 관련 규제 및 정책 현황

데이터 감시와 빅데이터 분석을 통한 지능정보사회의 구현으로 우리의 일상은 풍요롭게 발전할 수 있다. 따라서 한편으로 빅데이터가 가져다 줄 무궁무진한 이득에 대한 장밋빛 전망이 펼쳐지고 있지만, 다른 한편에서는 정부가 내 스마트폰 메신저를 몰래 들여다보고, 기업이 내 개인정보를 빼돌려 판매하는 데 대한 두려움이 나타나고 있다.

그런데 현재의 법령상으로는 만약 기업이 직원들의 이메일 내용을 보는 등 '패킷감청'을 해도 처벌이 불가능한 실정이다. 그 이유는 통신비밀보호법, 개인정보보호법 및 테러방지법 등 현행법으로는 처벌할 수 있는 근거 규정이 없기 때문이다. 만약 제3자가 일반 유선전화에 대한 도청 또는 감청을 한다면 현행법(통신비밀보호법)을 위반한 것이다, 하지만 '패킷감청'은 법의 사각지대에 있다. 전화를 통한 도청 또는 감청보다 훨씬 방대한 자료를 감청해도 관련법이 없기 때문에 처벌을 할 수 없는 것이다. 시민단체와 전문가들은 '패킷감청'에 대한 처벌제도를 마련해야 한다고 주장하고 있다.

국회 입법조사처의 한 관계자는 "최근 개인정보보호법 시행을 계기로 기업들이 앞다퉈 '패킷감청' 장비를 도입하는 것이 문제"라며 "아무리 공적인 목적을 앞세워 '패킷감청' 장비 도입을 합리화한다 하더라도 사적인 프라이버시가 침해돼서는 안 된다"고 말했다.

지정맥 인식을 통한 서울대 기숙사 출입 통제 사례

서울대생들 '생체인식 출입문' 인권위 진정

김종윤(22 · 시스템공학부 3년)씨 등 서울대 학생 3명은 "서울대 기숙사가 학생 동의 없이 출입 통제를 위해 출입문에 생체인식기를 설치한 것은 인권침해에 해당한다고 판단해 9일 국가인권위원회에 진정을 내기로 했다"고 7일 밝혔다.

김씨는 "출입문에 생체인식 시스템을 도입해 편리하다는 학생도 일부 있지만 대다수는 자신의 생체정보가 누군가에 의해 관리당하고 있다는 불쾌한 느낌을 받는다"며 "같은 생각을 갖고 있는 학생들이 인권위에 진정을 내기로 의견을 모았다"고 말했다.

김씨는 "지난해 학내 언론이 이 문제를 다뤘지만 시정조치가 이뤄지지가 않아 진정을 내기로 했으며 기숙사 쪽은 진정인 모집 사실을 알고 e-메일을 보내와 '생체인식 시스템 도입 과정에서 학생 동의를 구하지 않은 것의 문제점은 인정한다'고 밝혔다"고 말했다.

서울대는 작년 6월 손등의 정맥 정보를 인식해 출입을 통제하는 생체인식 시스템을 시범 도입한 뒤 같은 해 11월 이 시스템을 전면 도입했다고 김씨는 전했다.

자료: (연합뉴스, 2005년 8월 8일자).

제3절
감시기술의 융합을 통한 변화

앞에서 살펴본 다양한 감시 기술들은 스마트 지능정보사회에서 급속히 변화하는 새로운 기술들과 결합되어 감시의 패러다임을 변화시키고 있다. 여기에서는 최근에 스마트 지능정보사회의 가장 대표적인 기술인 인공지능, 빅데이터 및 사물인터넷의 관점에서 새로운 감시기술을 살펴보고자 한다.

1. 인공지능과 감시 – 지능형 CCTV

인공지능(AI, Artificial Intelligence)이란 인간처럼 사고하고, 감지하고, 행동하도록 설계된 일련의 알고리즘 체계라고 할 수 있다. 아이폰의 'Siri'도 인공지능의 한 종류라고 할 수 있다. 사람의 개입 없이도 사람이 의도한 바를 이루어주는 에이전트(Agent)의 개념으로 인공지능을 정의할 수 있는 것이다(김재필 · 나현, 2016).

이러한 인공지능은 인간의 인지능력, 학습능력, 이해능력, 추론능력 등을 실현하는 기술로서 반도체 기술의 발달로 컴퓨터의 소형화, 고속화, 대용량화 등 인공 지능의 하드웨어적 기반을 바탕으로 패턴인식, 기계학습, 전문가 시스템, 인공 신경망, 자연어처리 등 다양한 분야의 소프트웨어 기술과 융합하면서 더욱 발전해 오고 있다.

최근에 알파고와 이세돌의 세기의 바둑 대결 이후에 수많은 미디어에서 인공지능의 새로운 부상을 얘기하기 시작했고, 일부 기술 리더들은 인공지능이 가져올 위협과 도전, 그리고 이로 인한 경제 사회 시스템의 변화를 논의하고 있다.

인공지능 분야가 최근에 이런 관심을 갖게 된 것은 몇 가지 요소의 발전이 이루어지고 이들이 이 시점에 통합되면서 또 다른 혁신이 급속히 이루어지기 때문이다(한상기, 2015). 그 첫 번째는 컴퓨팅 파워에 대한 가격이 급속도로 낮아진 이유이다. 그래픽 프로세서의 고성능 코어를 쉽게 사용하거나 분산 처리 기술의 발전은 과거에 계산량이 많아서 처리가 힘들었던 문제를 이제 해결할 수 있는 수준이 되었다.

두 번째는 알고리즘의 개선이다. 머신 러닝과 딥러닝 기술에서 새로운 해결 방안들이 제시되면서 매우 효과적인 구현 방식이 이루어졌다. 이는 다음에 말하는 빅 데이터와 연계해서 매우 의미 있는 성능 개선을 이루어냈다. 세 번째는 데이터의 존재이다. 클라우드 컴퓨팅과 빅데이터로 표현되는 수많은 데이터는 인공지능 기술에서 핵심이 되는 학습 훈련에 매우 유용한 데이터를 제공하고 있으며, 이를 통한 성능 개선이 빠르게 이루어지고 있다. 네 번째는 인터넷과 모바일의 발전에 따라 사람들이 네트워크에 연결된 상황이다. 인공지능은 순수한 소프트웨어 기술만이 아니라 사람의 참여를 결합하는 경우 더 뛰어난 개선이 이루어지기도 하고, 사람이 이미 작성한 지적 활동의 결과를 활용하는 방안도 있다. 수십억의 사람들이 연결되어서 작은 활동을 하고 이를 인공지능 기술이 효과적으로 활용하면 더 뛰어난 결과를 얻을 수 있는 방안을 활용할 수 있게 된 것이다.

2011년 스탠포드 교수 앤드류 응은 구글에서 딥러닝 프로젝트를 구성하였고, 음성 인식과 구글 플러스의 사진 태깅에 딥러닝 기술을 활용하기 시작했다. 이 연구 그룹은, 2012년 16,000개의 컴퓨터 프로세서로 10억 개 이상의 연결을 갖는 뉴럴 네트워크를 이용한 자율 학습 방식의 딥러닝 기술을 적용해서, 유튜브 안에 있는 천만 개의 이미지 중에서 고양이를 알아낸 결과로 언론의 주목을 받았다.

이어서 페이스북 AI 랩의 연구진과 이스라엘 텔아비브 대학은 2014년 딥페이스 기술을 발표했다. 이는 인간과 유사한 97.25%의 정확도로 여러 각

도나 조명하에서도 사람 얼굴을 인식할 수 있는 기술이다(한상기, 2015).

이러한 얼굴인식 및 인공기능 기술은 기존의 CCTV에 접목되어 지능형 CCTV로 진화하고 있다. 이러한 지능형 CCTV는 감지 대상을 영상으로 탐지하고 상황을 분석, 경보를 감시자에게 전달하는 시스템이다. 쉽게 말해 기존의 기록형 CCTV 형태를 넘어 범죄 상황 예측과 피해 예방을 위해 CCTV에 IoT 기술을 접목시켰다. 얼굴 감지 · 인식 정보, 차량 번호인식 정보를 분석하고 사건 발생 전 징후를 감지해서 관제센터에 통보한다.

지능형 감시시스템은 ①영상 정보를 수집하고, ②자동으로 특정 개체나 행위를 감지하여, ③필요시 사용자에게 알리는 시스템을 의미한다. 강력범죄, 재난 재해에 대한 예방 및 즉각적 대응에 초점을 맞춘 사회안전망의 필요성이 높아지고, CCTV 등 감시시스템 확대에 따라 분석 가능한 영상 정보가 늘어나면서 지능형 감시시스템이 빠르게 도입되고 있다(현대경제연구원, 2014).

현재 상용화가 이루어지고 있는 지능형 감시시스템은 활용 목적에 따라 크게 보안 · 안전, 교통 · 관제, 비즈니스 인텔리전스로 구분할 수 있다. 세계 지능형 감시시스템 시장에서 최근에 보안 · 안전 분야가 빠르게 성장하고 있다. 국내 지능형 감시 시스템 시장도 AI CCTV 설치가 빠른 추세로 증가함에 따라 지능형 감시시스템 구축 수요는 앞으로 더욱 증대될 전망이다.

2. 빅데이터와 감시

(1) 빅데이터 개념

최근에 소셜미디어 상호작용, 스마트폰 등 인터넷 연결기기의 폭증, 멀티미디어 콘텐츠의 활용증대로 인해 'Big Data'의 시대가 도래하였다. 빅데이터는 일반적인 DB와 SW로는 관리하기 어려운 정도의 큰 규모로서 현재로는 수십 테라 이상 크기의 대용량 데이터를 의미한다. 최근에 빅데이터는 대용량 데이터의 수집, 저장, 분석, 체계화를 위한 도구, 플랫폼, 분석기법 등을 포괄하는 용어로 변화하고 있다.

현재 많은 기업들이 빅데이터 분석을 통해 의미 있는 정보를 실시간으로 도출해서, 트렌드 파악, 마케팅, 의사결정 등 다양한 분야에서 활용하고 있다. 또한 소비자 취향과 행동 등 다양한 변화 감지, 사람을 통하지 않는 신속한 의사결정을 지원하여 산업 구조와 경쟁양상을 변화시키고 있다. 기존에는 대용량 데이터 처리를 위한 시간과 비용이 많이 소요되어 실시간 처리가 어려웠으나, 클라우드 기술의 등장으로 실시간 빅데이터 처리가 가능해졌다.

(2) 빅데이터의 등장 배경

디지털 경제의 확산으로 우리 주변에는 규모를 가늠할 수 없을 정도로 많은 정보와 데이터가 생산되는 '빅데이터(Big Data)' 환경이 도래하고 있다. 빅데이터란 과거 아날로그 환경에서 생성되던 데이터에 비하면 그 규모가 방대하고, 생성 주기도 짧고, 형태도 수치 데이터뿐 아니라 문자와 영상 데이터를 포함하는 대규모 데이터를 말한다.

PC와 인터넷, 모바일 기기 이용이 생활화되면서 사람들이 도처에 남긴 발자국(데이터)은 기하급수적으로 증가하고 있다(정용찬, 2012). 쇼핑의 예를 들어 보자. 데이터의 관점에서 보면 과거에는 상점에서 물건을 살 때만 데이터가 기록되었다. 반면 인터넷쇼핑몰의 경우에는 구매를 하지 않더라도 방문자가 돌아다닌 기록이 자동적으로 데이터로 저장된다. 어떤 상품에 관심이 있는지, 얼마 동안 쇼핑몰에 머물렀는지를 알 수 있다. 쇼핑뿐 아니라 은행, 증권과 같은 금융거래, 교육과 학습, 여가활동, 자료검색과 이메일 등 하루 대부분의 시간을 PC와 인터넷에 할애한다. 사람과 기계, 기계와 기계가 서로 정보를 주고받는 사물지능통신(M2M, Machine to Machine)의 확산도 디지털 정보가 폭발적으로 증가하게 되는 이유다.

사용자가 직접 제작하는 UCC를 비롯한 동영상 콘텐츠, 휴대전화와 SNS(Social Network Service)에서 생성되는 문자 등은 데이터의 증가 속도뿐 아니라, 형태와 질에서도 기존과 다른 양상을 보이고 있다. 특히 블로그나 SNS에서 유통되는 텍스트 정보는 내용을 통해 글을 쓴 사람의 성향뿐 아니라, 소통하는 상대방의 연결 관계까지도 분석이 가능하다. 게다가 사진이나 동영상 콘텐츠를 PC를 통해 이용하는 것은 이미 일반화되었고 방송 프로그램도 TV수상기를 통하지 않고 PC나 스마트폰으로 보는 세상이다.

트위터(tweeter)에서만 하루 평균 1억 5500만 건이 생겨나고 유튜브(YouTube)의 하루 평균 동영상 재생건수는 40억 회에 이른다. 이 숫자들은 지금 이 순간에도 지속적으로 급증하고 있다.

주요 도로와 공공건물은 물론 심지어 아파트 엘리베이터 안에까지 설치된 CCTV가 촬영하고 있는 영상 정보의 양도 상상을 초월할 정도로 엄청나다. 그야말로 일상생활의 행동 하나하나가 빠짐없이 데이터로 저장되고 있는 셈이다.

민간 분야뿐 아니라 공공 분야도 데이터를 양산 중이다. 센서스(Census)를 비롯한 다양한 사회 조사, 국세자료, 의료보험, 연금 등의 분야에서 데이터가 생산되고 있다.

구글은 독감 유행을 정확하게 예측할 수 있도록 돕는 '구글 독감 트렌드'(Google Flu Trend) 서비스를 개시했다. 이는 빅데이터의 축복을 보여주는 모범 프로젝트였다. 초기에 예측은 매우 정확했고, 실시간으로 이뤄졌다. 이는 정부 담당 기관인 미국 질병예방관리센터(CDC)가 할 수 없는 일이었다.

그런데 2년이 지난 지금 이 서비스는 표류하고 있다. 구글의 독감 유행 예보가 보건 당국의 예보보다 두 배나 많이 생산된 적도 있다. 그 예보들은 모두 잘못된 것이었다. 원인은 여러 가지일 수 있다. 예를 들면, 이 프로젝트에 대한 언론 보도가 나간 뒤 감기약의 검색 빈도가 높아져 프로젝트의 데이터베이스가 왜곡됐을 가능성이 있다. 이 사례를 통해 데이터 분석 분야의 거인인 구글조차 자사가 보유한 데이터를 정확하게 이해하지 못한다는 사실이 입증됐고 빅데이터에 큰 회의를 불러일으켰다.

미국의 경우, 이러한 빅데이터 분석을 인공지능과 결합하여 재판에 활용하고 있다. 미국의 위스콘신주 법원은 2016년 7월부터 빅데이터의 분석으로 범죄자의 재범위험성을 평가해서 양형에 반영하고 있다. 미국의 위스콘신주 법원은 범죄자의 형량을 정할 때, 컴파스(COMPAS)라는 재범위험성 평가시스템이 산출한 점수를 반영하도록 승인했다. 노스포인트라고 하는 민간기업이 개발한 컴파스 소프트웨어는 이제까지의 유사한 다른 범죄자들의 재범기록을 분석하여, 특정 범죄자의 재범위험성을 계산하는 일종의 인공지능시스템이다. 피고 측 변호사는 컴파스가 어떻게 점수를 산출하는지 알 수 없고, 산출방식에 대하여 심문할 수도 없기 때문에, 그런 점수를 양형에 반영하는 것은 부당하다고 항변했다. 하지만 위스콘신주 대법원은 인공지능의 손을 들어주었다(중앙선데이, 2016년 12월 18일자).

3. 사물인터넷(IoT)과 감시

(1) 사물인터넷(IoT)의 개념

사물인터넷이란 인간과 사물, 서비스 세 가지 분산된 환경 요소에 대해 인간의 명시적 개입 없이 상호 협력적으로 센싱, 네트워킹, 정보 처리 등 지능적 관계를 형성하는 사물 공간 연결망을 의미한다. 이러한 사물인터넷의 주요 구성 요소인 사물은 유무선 네트워크에서의 end-device 뿐만 아니라, 인간, 차량, 교량, 각종 전자장비, 문화재, 자연 환경을 구성하는 물리적 사물 등이 포함된다.

이러한 사물인터넷은 이동통신망을 이용하여 사람과 사물, 사물과 사물 간의 지능통신을 할 수 있는 M2M의 개념을 인터넷으로 확장하여 사물은 물론, 현실과 가상세계의 모든 정보와 상호작용하는 개념으로 진화하고 있다.

(2) 사물인터넷(IoT)의 3대 주요기술

① 센싱 기술

전통적인 온도/습도/열/가스/조도/초음파 센서 등에서부터 원격 감지, 시스템작업모니터링(SAR), 레이더, 위치, 모션, 영상 센서 등 유형 사물과 주위 환경으로부터 정보를 얻을 수 있는 물리적 센서를 포함한다.

물리적인 센서는 응용 특성을 좋게 하기 위해 표준화된 인터페이스와 정보 처리 능력을 내장한 스마트 센서로 발전하고 있으며, 또한, 이미 센싱한 데이터로부터 특정 정보를 추출하는 가상 센싱 기능도 포함되며 가상 센싱 기술은 실제 IoT 서비스 인터페이스에 구현되고 있다. 따라서 기존의 독립적이고 개별적인 센서보다 한 차원 높은 다중(다분야) 센서기술을 사용하기 때문에 한층 더 지능적이고 고차원적인 정보를 추출할 수 있다.

② 유무선 통신 및 네트워크 인프라 기술

사물인터넷의 유무선 통신 및 네트워크 장치로는 기존의 WPAN(Wireless Personal Area Networks), WiFi, 3G/4G/LTE, Bluetooth, Ethernet, BcN, 위성통신, Microware, 시리얼 통신5), 전력선 통신(PLC) 등, 인간과 사물, 서비스를 연결시킬 수 있는 모든 유 · 무선 네트워크를 의미한다.

③ 사물인터넷 서비스 인터페이스 기술

사물인터넷 서비스 인터페이스는 IoT의 주요 3대 구성 요소(인간 · 사물 · 서비스)를 특정 기능을 수행하는 응용서비스와 연동하는 역할을 한다. 서비스 인터페이스는 네트워크 인터페이스의 개념이 아니라, 정보를 센싱, 가공/추출/처리, 저장, 판단, 상황 인식, 인지, 보안/프라이버시 보호, 인증/인가, 디스커버리, 객체 정형화, 온톨러지 기반의 시맨틱, 오픈 센서 API, 가상화, 위치 확인, 프로세스 관리, 오픈 플랫폼 기술, 미들웨어 기술, 데이터마이닝 기술, 웹 서비스 기술, 소셜네트워크 등, 서비스 제공을 위해 인터페이스(저장, 처리, 변환 등) 역할을 수행한다.

(3) 사물인터넷과 감시

사물인터넷은 기존 초고속인터넷, 최신 장비를 활용한 홈IoT, 헬스케어 IoT 등을 넘어 사람들의 일상적인 생활과 작업 환경 등에 많은 변화를 몰고 올 전망이다. 특정 공간과 분야에 한정됐던 IoT가 언제 어디서든 이용되는 보편적인 기술과 서비스로 생활 곳곳에 자리잡게 된다는 뜻이다.[5]

예를 들어, 도시가스 원격 검침 서비스, 공원 내 미아방지 서비스, 자전거 위치 파악, 주차 공간 확인 등에 활용이 가능하다. 또 공연장이나 놀이공원의 혼잡 정도를 파악하는 것도 가능하고, 공장과 같은 작업 공간에서 장비를 효과적으로 관리하고 인부들의 작업 효율을 높이는 데에도 쓰일 수 있다. 저전력, 저가 단말기, 낮은 구축 비용, 안정적인 커버리지 제공 등으로 진정한 사물인터넷 시대가 더 빨리, 또 더 넓게 확산된다는 뜻이다.

하지만 동전의 양면처럼 사물인터넷 기기가 늘어나고, 사용처가 확대된

5 일반적으로 컴퓨터 기기를 접속하는 방법의 하나로, 접속하는 선의 수를 줄이고, 원거리까지 신호를 보낼 수 있도록 한 통신 방식이다.

다는 것은 무조건 긍정적인 변화만을 뜻하진 않는다. 결국 사람도 관리되고 통제되는 하나의 사물로 전락할 가능성이 크기 때문이다. 사물인터넷 기술이 발전되면 모듈 크기가 점점 축소되고 단추 정도 크기의 모듈로도 사람의 위치 추적과 행동 파악이 실시간으로 가능해진다.

고용주인 기업 입장에서는 업무의 효율성을 높이기 위해 직원들의 위치와 작업량 분석이 가능해져 매우 바람직한 기술일지 모르지만, 근무자 입장에서는 감시 도구가 되는 셈이다.

미아방지와 같은 서비스도 악용하면 누군가를 남몰해 감시하는 데 잘못 쓰일 염려도 있다. 특히 통신 모듈이 갈수록 소형화 되고, 탈부착이 가능할 만큼 편리해지기 때문에 오용될 소지가 있다.

나아가 사물인터넷 기술과 서비스의 확산으로 단순 노동자들의 일자리가 줄어들 염려도 크다. 굳이 똑똑한 인공지능 수준의 로봇이 아니더라도, 간단한 작동이 가능한 기계에 통신 모듈만 장착되면 매장의 재고를 파악하거나 필요한 물품 등을 주문하는 등의 작업이 가능해진다.

미국에서는 진열대에 상품이 떨어졌거나 가격 표시 오류를 잡아주는 매장 검사 로봇 '탤리'가 테스트 중이다. 본체에 장착된 카메라가 진열대를 확인하고 상품의 품절을 모니터링 한다. 또 제품의 가격표 실수도 확인해 줄 뿐 아니라, 진열된 상품 수가 줄어드는 것을 실시간으로 알려준다.

이처럼 사물인터넷은 단순히 집에 있는 에어컨이나 전등을 끄는 정도의 편리함을 제공하는 수준이 아니다. 가까운 미래에는 직장인 출퇴근 확인부터, 작업량과 작업속도, 업무 효율성 등을 점검하고 이를 평가하는 데까지 활용될 가능성이 있다.

엡손이 개발한 업무용 스마트 헤드셋 '모베리오'는 와이파이 통신 기술로 운영자가 작업자에게 원격으로 업무를 지시하거나, 반대로 작업자가 운영자에게 자신이 보고 있는 대상을 실시간 영상으로 전송이 가능하다. 운영자가 작업자 시각에서 무엇을 보고있는지 까지 실시간 감시할 수 있다는 뜻이다.

미국 국가정보국장 제임스 클레퍼(James Clapper)는 2016년에 공개한 미국 국가안보 위협에 대한 보고서를 통해 사물인터넷이 민간감시의 가능성을 야기한다고 밝혔다. 클레퍼(Clapper)는 이러한 모니터링에 어떤 정보기관이 관여하는지 구체적으로 언급하지는 않았다. 하지만 보안전문가들은 이러한 감시의 대상이 사물인터넷 전반을 의미한다고 보고 있으며 미국을 비롯한 각국의 정보기관들이 새로운 네트워크기기의 신호를 수집하리라 보고 있다.

클래퍼(James Clapper) 국장은 2016년 2월 16일 미국 하원에 출석하여 하원의원들에게 이런 발언을 했다. “사물인터넷 기기는 미국이라는 국가를 위협하는 어마어마한 무기가 될 수도 있다.” 또한 “전자네트워크에 연결된 스마트기기는 데이터 프라이버시, 데이터 무결성, 서비스 지속성 등을 위협할 수 있다. 가까운 장래에 정보기관들이 (사물인터넷을) 식별, 감시, 모니터링, 위치추적, 범죄음모 적발이라든지 혹은 네트워크나 사용자정보 접근을 위해 사용할 가능성이 있다.”고 말했다.

이어서 미국의 국가안보국장 Michael Rogers 또한 2016년 2월에 워싱턴 싱크탱크에서의 발표를 통해 이 문제를 언급한 바 있다. 그는 이제 가정기기들이 보다 강력한 방어를 갖추도록 해야 한다 주장했으며 다만 수많은 수량과 종류의 커넥티드 기기가 국가안보국과 같은 감시기관에 어떤 기회를 주는지는 밝히지 않았다.

만약 보안에 구멍이 뚫릴 경우 생활 전반에 깔린 사물이 누군가의 일상을 감시하고 들여다 보는 빅브라더로 전락할 위험도 존재한다. 기존에는 해킹으로 인한 보안 사고가 발생할 경우 개인정보기 유출돼 금전적 손실이 발생하는 수준이었다면, 사물인터넷 시대에는 가장 사적인 공간까지 누군가 들여다 보고 이를 악용할 위험에 처할 수 있다.

2016년 2월에 한국인터넷진흥원이 발표한 ‘2015년 인터넷이슈기획조사’에서 80.6%에 달하는 대부분의 인터넷이용자들은 미래인터넷사회를 ‘세상 모든 것이 상호작용하는 초연결사회’, 즉 사물인터넷 시대로 인식했다. 또 미래인터넷사회에 대비하기 위해 ‘안전한 정보보호 체계(62.4%)’, ‘신뢰할 수 있는 정보유통 공간(14.1%)’ 등이 필요하다고 인식하는 것으로 나타났다. 이어서 ‘생활이 더욱 편리(95.8%)’해지고 ‘산업간 경계가 허물어질 것(71.4%)’ 등 더 나은 미래인터넷사회를 전망하지만, ‘해킹(96.0%)’에 대한 우려와 한계도 함께 인지하고 있는 것으로 조사됐다(한국인터넷진흥원, 2016).

한국인터넷진흥원 김주영 정책연구단장은 “사물인터넷 시대가 되면서 다양한 생활 기기들에 인터넷이 붙고 있는데, 자칫 해킹 등으로 오용될 경우 흉기나 감시 기기가 될 수 있다"면서 "사물인터넷 시대가 된다고 해서 무조건 사생활 노출이 심해지고 사람들이 통제받게 된다고 볼 수는 없겠지만, 사업자들이 안전하게 관리해야 할 정보가 확대되고 보안의 중요성이 더욱 커지는 것은 분명하다"고 말했다.

빅데이터를 활용한 전자감시 사례

사이버선거범죄대응센터 직원들이 빅데이터로 선거사범을 검거하고 있다.

중앙선거관리위원회 산하 사이버선거범죄대응센터가 운영하는 '사이버자동검색시스템'에 지난달 동일한 아이디로 특정 지역 예비 후보자를 비하 · 모욕하는 글이 무더기 적발됐다. 강동완 센터장은 "자동감시시스템이 하루 24시간 포털과 소셜네트워크서비스(SNS)를 주시하면서 사이버 선거범죄를 찾아내고 있다"며 "한 명이 아이디를 바꿔가며 글을 반복적으로 올리거나, 여러 명이 조직적으로 글을 올려도 모두 찾아낸다"고 말했다.

제20대 국회의원 선거가 한 달 앞으로 다가오면서 사이버 여론전이 격화되고 있다. 지역 · 성별 비하와 모욕, 후보자 비방, 허위사실 유포 등 선거법 위반 글이 포털과 트위터 등에 크게 늘었다. 센터에 따르면 4년 전 19대 총선에서 사이버선거법 위반으로 조치된 건수는 1793건이었지만, 올해는 총선 한 달 전에 이미 지난해 수준에 육박했다. 악성 선거위반 글이 D-30 이내에 급증하는 점을 감안하면 올해는 4년 전보다 두 배가량 늘어날 것으로 센터는 예상하고 있다. 송기환 센터 주무관은 "4년 전만 해도 SNS 활동을 하지 않는 예비후보자도 있었다"며 "지금은 모든 예비후보자가 블로그 · 트위터를 개설하고 전담자까지 두며 사이버 선거전에 나서고 있다"고 말했다.

센터는 2007년 도입한 사이버자동감시 시스템을 매년 조금씩 업그레이드하고 있는데 지난해는 2억원을 투자해 빅데이터 기반으로 프로그램을 대폭 개선했다. 또 경찰청과 한국인터넷진흥원 등에서 사이버범죄 전문가들도 영입했다. 자동감시시스템에는 예비후보자 이름과 별명 등 1800여 개 검색어가 입력돼 있다. 네이버 · 다음 등 포털과 예비후보자 페이스북 · SNS, 언론사 홈페이지 등을 24시간 감시하며 해당 검색어가 포함된 글을 하루 동안 최대 40만~50만건 찾아낸다. 이를 사이버감시 팀이 분석해 선거법 위반 가능성이 있는 글들만 추려 정밀 분석을 하게 된다.

센터는 총선을 앞두고 지난 1월 감시팀 분석요원으로 20명을 채용해 선거가 끝나는 4월까지 사이버 감시활동을 펼치게 된다. 사이버 선거감시 활동을 지원한 박재성 씨는 "욕설과 허위, 비방을 읽으면 연예인들이 왜 자살까지 생각하는지 이해가 되기도 한다"고 말했다. 감시 활동을 하는 김은주 씨는 "막무가내식 심한 욕설은 호응도 못받고 무시당 한다"며 "반면 사실인 양 '그럴 듯하게' 왜곡한 글은 일반인이 모르고 퍼나르기 하는 경우가 많은데 주의가 필요하다"고 지적했다. 강 센터장은 "이제 조직적 사이버 선거범죄는 빅데이터 프로그램으로 반드시 적발할 수 있다"며 "그보다 그런 일이 발생하지 않도록 후보자와 유권자 모두 사이버선거 활동이 더욱 성숙해지기를 바란다"고 말했다.

자료: (매일경제신문, 2016년 3월 14일자).

제 3 장

스마트 전자감시사회의 현황

제 1 절

정부에 의한 전자감시 현황

1. 외국의 사례

1) 미국 국가안보국(National Security Agency, NSA)

(1) NSA 현황

미국 국가안보국(이하 NSA)는 미국 연방 정부의 해독 첩보국으로 미국 국방부 소속이다(이하 위키피디아 및 나무위키 자료의 수정). 1952년 11월 4일 해리 트루먼 대통령에 의해 창설되어, 해외 통신과 해외 신호 정보의 수집과 분석을 책임진다. NSA는 '그런 기구는 없다(No Such Agency)'라는 별칭을 갖고 있을 만큼 극비활동을 수행하는 조직이다. 구체적으로 NSA는 암호 해독 분석에 관여하고 타국의 유사한 기관에게서 미국의 정부 통신과 정보 시스템에 책임을 진다.

현재 NSA는 미국 연방 컴퓨터 네트워크를 모니터하도록 지시되어 그들을 공격에서 보호하고 있다. 미 정보기관 중 가장 큰 규모와 막강한 정보수집력을 갖고 있는 것이 NSA다. 현재 NSA는 석사급 이상의 학력을 가진 3만 8000여 명의 요원들이 근무하고 있으며, 정보수집 대상국의 암호를 해독하기 위해 슈퍼컴퓨터를 보유하고 있다. NSA는 이러한 슈퍼컴퓨터를 활용하여 이제까지 전 세계를 상대로 하는 도 · 감청 프로그램인 에셜론을 운영하여 왔다.

(2) NSA의 에셜론(ECHELON) 프로젝트

에셜론(ECHELON)은 UKUSA 5개 회원국(AUSCANZUKUS: 오스트레일리아, 캐나다, 뉴질랜드, 영국 그리고 미국)이 운영하는 전 세계의 통신을 감청하는 신호정보 수집 및 분석 네트워크를 지칭하는 단어이다. 에셜론은 1960년대 냉전시대에 소비에트 연방과 중앙유럽 국가의 군사 및 외교 통신을 감청하기 위해 만들어졌다고 하며, 소비에트 연방 붕괴 이후로는 테러 모의, 마약 거래, 전 국가의 군사 및 외교 통신을 감청한다.

유럽 의회의 위원회의 2001년 자료에 따르면, 에셜론은 전 세계의 전화 통화, 팩스, 이메일 등의 정보 통신을 도청할 수 있는 능력을 지니고 있다고 한다. 전 세계의 모든 통신을 감청하는 네트워크를 구축하기 위해서는 동맹국가 내에 비밀 감청 기지를 설치하거나, 동맹국의 협조를 얻어내지 않고는 불가능하다.

에셜론 프로젝트는 NSA가 주도적으로 운영해온 전세계 통신감청 시스템을 일컫는 말이다. 전화, 팩시밀리, 이메일, 인터넷 다운로드, 위성 통신 등 하루에만 30억 통화를 도청할 수 있는 것으로 알려져 있다. 전세계 통신을 모두 집어삼키다시피 하는 블랙홀이라 부를 만하다.

에셜론 프로젝트는 1947년 영국과 미국의 비밀협정인 'UKUSA 협정'에 따라 1차 가입국인 영국과 미국 외에 호주, 뉴질랜드, 캐나다 등 앵글로색슨계 3개국을 참여국(제2차 가입국)으로 해 시작됐다. 이후 북대서양조약기구(NATO)를 포함해 한국, 일본, 터키(제3차 가입국) 등이 가입했다. 이 가운데 1 · 2차 가입국은 에셜론의 모든 감청 정보를 제공받지만 3차 가입국의 경우 이전에 가입한 5개국과 달리 정보접근이 제한적인 것으로 알려져 있다. 에셜론은 그 존재 자체가 극비에 부쳐져 있었으나 1999~2000년 호주 정보기관의 시인과 영국 언론의 추적 보도 등으로 그 실체가 드러나게 됐다.

에셜론은 전세계 모든 국가의 행정부와 각종 조직, 그리고 기업 등 비군사적 목표물을 상대로 만들어졌다는 것이 특징이다. 이를 통해 NSA는 전화, 팩스, 전자우편은 물론 항공기 및 함정의 전파 등 지구상의 모든 신호정보(SIGINT)를 추적, 수집할 수 있다. 예컨대 누군가가 인터넷 메일이나 전화로 '폭탄'(Bomb) 등의 단어를 사용하게 되면 즉각 에셜론의 추적 대상이 되며,

이 정보는 미 첩보위성을 통해 NSA본부가 있는 미 메릴랜드주 포트 미드로 보내져 슈퍼컴퓨터 등을 통해 분석된다.

(3) NSA의 프리즘 프로그램

2013년 6월 6일, 전직 NSA 요원 에드워드 조지프 스노든(Edward Joseph Snowden, 1983년 6월 21일~)에 의해 NSA가 관리하는 프리즘(PRISM) 프로그램의 실체가 공개되었다. 에드워드 스노든은 CIA와 NSA에서 일했던 미국의 컴퓨터 전문가이다. 2013년 6월 스노든은 영국의 가디언지를 통해 미국 내에서 통화감찰 기록과 프리즘(PRISM) 감시 프로그램 등 NSA의 다양한 기밀문서를 공개했다. 그는 "보통 사람들의 기본권과 자유가 침해받는 것이 당연시되는 세계에서 살고 싶지 않다"라며 제보 경위를 설명했다.

개인정보 수집 계획인 프리즘(PRISM) 프로젝트는 9.11 테러를 통해, 정부가 블랙리스트에 올려둔 위험인물 외의 불순분자들의 존재가 확인되어 새로운 정보수집과 검열이 필요해져서 시행된 것으로 여겨진다. 이러한 프리즘(PRISM)과 관련하여 NSA의 무영장 감시 논란이 문제되고 있다.

프리즘은 구글 · 페이스북 · 야후 · 스카이프 · 팔톡 · 유튜브 · 애플 · AOL · MS 등 미국의 주요 IT 기업들이 서비스 운용을 위해 사용하는 서버 컴퓨터에 접속해 사용자 정보를 수집하고 분석하는 시스템으로 '자원 통합 · 동기화 · 관리용 기획도구(Planning tool for Resource Integration, Synchronization and Management)'의 약자다.

NSA는 프리즘을 통해 개인 이메일과 영상, 시진, 음성 데이터, 파일 전송 내역, 통화 기록, 접속 정보 등 온라인 활동에 관한 모든 정보를 수집한 것으로 알려졌다. 프리즘은 9.11 테러를 경험한 조지 W 부시 정부가 2007년 외국인 테러리스트 의심자를 추적하는 미국의 국외정보감시법(FISA: United States Foreign Intelligence Surveillance Act) 프로그램의 단점을 극복하기 위해 도입했다. 국외정보감시법(FISA)은 테러리스트로 의심되는 외국인을 추적할 때 해당 국가의 협조를 얻어야만 했는데 해당 기관의 협조를 구하는 것보다 사전에 검열을 통해 의심스러운 인물을 찾아내는 게 빠르고 효율적이라는 계산에 따른 것이었다. 미국의 『워싱턴포스트』는 프리즘에 대해 알 수 있는 위치에 올라간 공직자들은 취임할 때 결코 기밀을 누설하지 않겠다는 취지의 선서를 할 만큼 철저하게 베일에 싸여 있었던 시스템이라고 했다.

공개된 증거들에 따르면 NSA는 구글, 페이스북, 애플, 야후, 스카이프 등 대부분의 인터넷 서비스 서버들에 대한 백도어를 소유하고 있고, 그 백도어를 통해 정보를 법원의 영장이나 허가 없이 직접 검열할 수 있다. NSA는 일반 시민의 웹 사용 내역을 수집하였고, 인터넷 검색 기록은 물론이고 채팅 내용까지 감시의 대상이 됐다.

미국 정부는 처음에는 프리즘이 존재를 부정했지만 언론의 지속적인 폭로에 프리즘의 존재를 더 이상 부정할 수 없는 상황에 직면했다. 오바마 대통령은 "프리즘은 의회의 승인을 받은 적법한 프로그램으로 불법 사찰이 아니다"라고 설명했지만 사실상 프리즘의 존재를 시인하였다. 미국은 그동안 개인의 정보인권에 대한 일부 국가들의 태도를 비난해왔지만 이러한 프리즘 사건으로 신뢰를 잃게 됐다.

스노든은 또한 NSA가 브뤼셀의 유럽연합(EU) 본부는 물론 미국 주재 38개국의 대사관을 도 · 감청한 사실도 폭로하였다. 2014년 퓰리처상 선정위원회는, 스노든의 내부고발 기록 보도를 2014년 퓰리처상 공공서비스 부문 수상작으로 결정했다. 선정위원회 내부에서도 많은 논란이 있었지만, '안보'보다 '인권'의 손을 들어준 결정이라는 평이다.

(4) 파장

스노든의 폭로는 미국 정부가 자국 시민들뿐만이 아니라 외국을 대상으로 정보 수집과 해킹을 시도했다고 추가 폭로를 이어갔다. 이처럼 NSA가 유엔회의를 포함해 전 세계 주요 나라의 대사관의 통화 내역도 감청했다는 사실이 알려지면서 여론의 뭇매를 맞았다.

영국 일간지 가디언은 2013년 6월30일에 인터넷판을 통해 "미국 국가안보국(NSA)이 미국 워싱턴 DC에 있는 38개국의 미국 주재 대사관을 표적으로 지정한 후 도청과 사이버 공격 등을 통해 염탐을 했다"라고 보도했다. 이 보도는 〈가디언〉이 스노든으로부터 입수한 NSA의 일급 비밀 문건에 나온 내용이었다. 미국은 적대국과 우방국을 가리지 않고 스파이 활동을 한 것이다. 유럽 국가를 비롯해 인도 · 터키 등이 포함되었다. 놀랄 만한 것은 아시아권에서 미국의 맹방으로 꼽히는 한국과 일본도 이 리스트에 올랐다는 사실이다.

또한 독일 시사주간지 슈피겔은 전직 NSA요원 에드워드 스노든으로부터 입수한 NSA 내부 문서를 인용해 "NSA는 주요 스마트폰 사용자의 개인정보에 접근해 정보를 탈취할 수 있는 기술을 갖고 있는 것으로 나타났다"라고 폭로했다.

이 기술의 활용 범위는 생각외로 놀랍다. 슈피겔이 전한 자료에 따르면 NSA는 iOS와 안드로이드OS는 물론, 비교적 보안이 안전하다고 알려진 블랙베리OS까지 해킹해 불법 감청을 시도할 수 있다. 이 기술을 이용하면 스마트폰에 담긴 e메일, 문자메시지, 연락처, 위치정보가 고스란히 NSA 요원 손에 담긴다.

NSA는 각 운영체제별 연락처, 문자메시지, 위치정보 같은 디지털 데이터를 추출하기 위해 운영체제별 전담 팀을 꾸려 운영한 것으로 알려졌다. 내부 문서에 따르면 NSA는 아이폰 동기화 프로그램이 PC를 해킹하는 방법으로 iOS에서 최소 38개 내부 콘텐츠에 접근해 파일을 추출할 수 있다. 블랙베리OS엔 백도어를 구축하는 방식으로 e메일 시스템을 해킹했다.

NSA는 수사를 위한 목적으로 감시 대상에 오른 몇몇 특정 인물의 통화 내역을 조사한 게 아니라 거의 전국민의 스마트폰을 실시간 감시와 감청에 사용했다. 손 안의 컴퓨터로 알려진 스마트폰이 순식간에 손 안의 감시카메라로 변한 셈이다.

여기에 스마트폰도 감청 대상에 포함돼 있다는 사실이 추가로 알려지면서, NSA를 넘어 미국의 사찰조사 전반에 대해 우려하는 목소리가 커지고 있다. 문제는 NSA 조사방식에 대해 알려질 사실이 더 남았다는 점이다. 가디언은 "NSA는 10억건에 달하는 통화기록을 저장할 수 있는 최신 시스템을 갖추고 있다"라며 스노든으로부터 받은 정보를 토대로 지속적으로 추가 폭로를 하여 세계적인 파장을 불러 왔다. 이 결과 스노든은 미국으로 돌아 갈 수 없게 되었고, 러시아로 망명하여 생활하고 있다(김환표, 2014).

2) 야후의 사례 – 미국 정부를 위해 고객 전체의 이메일을 감시

최근의 언론 보도에 의하면 미국의 인터넷 기업 야후가 미국 정부 요구를 받고 전체 고객 수억명의 이메일을 감시해 온 것으로 드러났다. 2016년 10월 4일 〈로이터〉 통신의 보도에 의하면, 야후가 미 국가안보국(NSA)과 미 연방수사국(FBI) 요청을 받아 고객 수억명의 이메일 계정을 검색할 수 있는 소프트웨어를 2015년부터 비밀리에 가동했다. 미국 인터넷 기업들이 정보 당국의 요구를 받고 저장된 일부 이메일이나 소수 이메일 계정을 실시간 감시하는 경우는 있었지만, 야후처럼 고객 전체 이메일을 감시한 사례가 드러난 것은 처음이다. 야후는 "야후는 법을 지키는 회사이며 미국 법을 준수한다"고만 성명에서 밝혔다.

익명을 요구한 소식통에 따르면 미 정보 당국은 야후에 특정 글자 묶음이 들어간 이메일을 검색해달라고 했다. 이는 이메일이나 첨부 파일에 특정 문구가 들어가 있으면 조사해달라는 광범위한 요구라서, 정보 당국이 어떤 정보를 원했는지는 불분명하다.

머리사 메이어 최고경영자(CEO)가 정보 당국의 모호한 요구에 굴복하자, 뒤늦게 프로그램에 대해 알게 된 이 회사의 최고정보보호책임자(CISO) 알렉스 스테이모스는 이에 반발해 2015년 6월 야후를 그만두고 페이스북으로 자리를 옮겼다. 그는 부하 직원에게 "내가 배제된 채 내려진 결정으로 이용자의 정보 보안이 손상됐다. 프로그래밍 과정의 허점으로 해커들이 저장된 이메일에 접근할 수 있었다"는 말을 남겼다.

정보 당국이 야후에 고객 이메일 감시 요구를 할 수 있는 법적 근거는 2008년 개정된 국외정보감시법(FISA)에 있다. 개정 국외정보감시법에 따르면, 미 정보 당국은 통신 회사와 인터넷 회사에 테러 방지를 포함해 여러 이유를 들어서 고객 정보를 달라고 할 수 있다. 야후는 법정에서 정보 당국과 싸워도 이길 수 없다고 판단한 듯 보인다.

정보 당국이 야후뿐만 아니라 다른 통신 회사와 인터넷 기업에도 광범위한 고객 정보를 요청했을 가능성이 있다. 구글은 야후의 경우와 비슷한 요청을 받은 적이 있느냐는 질문에 "그런 요청을 결코 받은 적이 없다"며 "만약 받았다 하더라도 우리는 제공하지 않을 것이다"고 밝혔다. 마이크로소프트는 "야후처럼 이메일을 비밀스럽게 감시하는 일에 연루된 적이 없다"고는 밝혔지만, '이메일 감시 요구를 받았다면 어떻게 했겠느냐'는 질문에는 대답하지 않았다고 〈로이터〉 통신은 전했다.

이와 관련하여 표현의 자유를 담당하는 유엔 특별보고관이 2016년 10월 7일에 미국 정보당국의 요청에 따른 야후의 고객 이메일 감시 의혹에 대해 인권침해 우려를 제기했다. 유엔에 따르면 데이비드 케이 유엔 특별보고관은 이날 성명을 내고 "인권에 대한 심각한 우려를 불러 일으킨다"며 야후의 행위를 비판했다.

유엔 인권이사회에 의해 임명된 케이 특별보고관은 "이 보도대로 정부의 디지털통신 감시가 있었다면, 이는 온라인에서 정보를 찾고, 받고, 전달하는 데 있어서의 개인 프라이버시를 침해할 수 있다"고 말했다. 그는 또 야후가 미 당국의 감시 요청에 그대로 응한 것은 정보기업이 정부의 '의심스러운 사업'에 관여함으로써 표현의 자유에 영향을 미치는 것에 대한 우려를 불러일으킨다고 덧붙였다.

2. 국내의 사례 – 카카오톡 감시와 국정원 RCS도입 사건

1) 카카오톡 감시

(1) 카카오톡 개요

카카오톡(KakaoTalk)은 주식회사 카카오가 2010년 3월 18일 서비스를 시작한 글로벌 모바일 인스턴트 메신저이다(이하 위키피디아 자료의 수정). 카카오톡은 현재 스마트폰 사용자를 대상으로 무료로 제공된다. 안드로이드 모바일 장치 사용자는 Google Play 스토어에서, 애플의 모바일 장치 사용자는 애플 앱스토어에서, 블랙베리 기기 사용자는 앱월드에서, 노키아 기기 사용자는 오비(노키아)에서, 윈도우 폰 사용자는 윈도우 스토어에서 내려 받아서 무료로 사용할 수 있다.

사용자 수는 대한민국 사용자와 국외 사용자 수를 합하여 2011년 4월

1일 1,000만 명, 2011년 7월 28일 2,000만 명, 2011년 11월 14일 3,000만 명을 넘어선데 이어, 2012년 3월 11일 4,000만 명을 돌파하였다. 2011년 12월 29일에는 카카오톡을 통해 하루에 오가는 메시지 개수가 10억 건이 넘었다. 2014년 5월 26일 다음으로 합병되어 다음카카오로 통합법인을 정하였다. 2015년 10월 1일에는 다음카카오에서 카카오로 사명을 바꾸었다.

(2) 전개 과정

카카오톡 검열 논란의 전개과정을 간단하게 정리하면 다음과 같다(보안뉴스, 2014년 10월 22일).

2014년 9월 16일에 박근혜 대통령은 국무회의 석상에서 "대통령에 대한 모독발언이 도를 넘고 있다"고 말하며, 인터넷상에서 벌어지는 허위사실 유포에 강력히 대처하라는 지시를 내렸다.

이에 따라서 2014년 9월 18일에 검찰이 허위사실 유포자에게 강력하게 대응하겠다는 방침을 밝혔다. 검찰은 '사이버 명예훼손 전담수사팀'을 발족하고 인터넷을 실시간 모니터링 해서 허위사실 최초 유포자는 물론 중간 전달자까지도 엄벌하겠다는 의지를 내비쳤다. 그리고 이날, 미래창조과학부, 방송통신위원회 등 관련 정부부처와 함께 네이버 · 다음카카오 등의 민간업체까지 호출해서 '사이버 유언비어 엄단 유관기관 대책회의'를 열었다.

따라서 카카오톡도 감시당하고 있는 것이 아니냐는 국민들의 불안감이 커지고 있는 상황에서 프라이버시를 우선시 한다는 외국 메신저 텔레그램이 입소문을 탔다.

9월 22일 논란이 커지자 검찰은 "카카오톡을 포함한 메신저 등 SNS의 사적공간에서 이뤄진 대화는 수사대상이 아니다"라며, "고소나 고발이 이뤄진 사건에 대해서만 수사할 것"이라고 해명에 나섰다. 그러나 이때부터 카카오톡이 본격적으로 언급되기 시작했다. 사용자들은 검찰이 요청하면 무조건 대화내용을 제공하는 것 아니냐는 의문을 제기하기 시작했다.

9월 24일 텔레그램이 애플 앱스토어 다운로드에서 카카오톡을 제치고 1위를 차지했다. '사이버 망명'이라는 말이 나올 정도로 급격한 변화였다. 국내 메신저 앱은 안전하지 않다는 인식이 점점 퍼지면서 외국에 서버를 둔 메신저가 주목받기 시작한 것이다. 외산 메신저는 국내 수사기관의 관할권이 없기 때문에 압수수색 영장이 있어도 대화 기록을 열람하기 힘들다는 점이 알려지면서 이용자가 급증하였다.

10월 1일 다음카카오 출범식이 열렸다. 기자회견 당시 검열에 대한 취재진의 질문에 다음카카오 공동대표는 "어떤 서비스든 해당 국가의 법 적용을 받기 때문에 정당한 협조는 할 수밖에 없다"고 말했다. 또한 카카오톡이 검열을 받는 것은 아니며 실제로 서버를 가져가는 일은 불가능하다고 덧붙였다.

10월 1일 같은 날 시민단체가 기자회견을 열었다. 시민단체는 정진우 노동당 부대표를 집시법(집회 및 시위에 관한 법률) 위반으로 수사하는 과정에서 카카오톡 대화내용을 대규모 압수수색한 사실을 폭로했다. 검찰이 정 부대표와 관련된 약 3천여 지인의 대화내용을 검열했다는 것이다. 이 발표는 큰 파장을 일으키며 카카오톡을 향한 비난의 화살이 쏟아졌고, 국민들은 카카오톡이 거짓말을 했다며 분노했다. 회사 합병의 출범 관련 소식은 기자회견에 묻혔다.

10월 2일 다음카카오 측은 카카오톡의 대화내용 저장기간을 2~3일로 대폭 축소한다고 발표했다. 그럼에도 불구하고 논란은 계속됐다.

10월 7일 인터넷상에서 네티즌들의 공방이 과열되는 도중에, 김인성 전 한양대학교 교수가 국정원에서 카카오톡 대화내용을 감청해왔다고 주장했다.

10월 8일 카카오톡은 트위터와 카카오톡 내 공지사항에 사과문과 검열에 관한 해명글을 올렸다. 같은 날 다음카카오 법률고문 변호사가 자신의 페이스북에 "뭘 사과해야 하는 건지"로 시작하는 카카오톡 옹호글을 올려 파문이 커졌다.

10월 10일 다음카카오 측은 '다음카카오 법무팀은 카톡 대화 내용을 선별하지 않습니다'라는 글을 다음카카오 공식블로그에 게시했다. 이는 카카오톡 대화내용을 선별해 검찰에 제공했다는 검찰 관계자의 말에 반박하는 대응이었다.

10월 13일 논란이 걷잡을 수 없이 커지자 다음카카오의 공동대표는 긴급 기자회견을 열었다. 공동대표는 "감청영장이 오면 일주일 치를 모아서 주는

게 당연하다고 생각했으나 앞으로는 고객의 프라이버시를 더 중요히 여겨 감청영장에 불응하겠다"는 의견을 밝혔다.

10월 16일 다음카카오 공동대표는 국회 법제사법위원회 국정감사에 참고인으로 출석했다. 법 질서를 무시했다는 비판에도 불구하고 감청영장 불응 입장을 명확히 했다. 더불어 "수사에 필요하다 하더라도 실시간 감청을 위한 설비나 장비를 갖출 의향이 없다"고 강조했다.

(3) 쟁점

다음카카오측은 "감청 영장에 응하지 않는 것이 무조건 법을 어기겠다는 것은 아니다"라며, "압수수색 영장을 거부하지는 않겠지만 대화 내용 저장기간을 2~3일로 축소했기 때문에 협조하기 힘들다는 것이다"라고 설명했다. 통상적으로 검찰이 법원에서 압수수색 영장을 받아 다음카카오 측에 자료를 요구하기까지 2일 이상의 시간이 소요되는 점을 고려한 것이다.

그러나 여기에서 중요한 논점은 이 논란의 시작이 검찰의 '명예훼손을 위한 모니터링'에서 시작됐다는 점과 '압수수색'과 '감청영장'은 엄연히 다르다는 점이다. 압수수색과 감청영장의 차이는 무엇인가? 압수수색은 그동안 저장된 메시지를 입수하는 것인데 반해, 감청은 실시간으로 주고받는 메시지를 보는 것이다. 다음카카오가 불응하겠다고 발표한 것은 '감청영장'이다.

검찰은 대부분 일반 압수수색 영장을 신청하고, 감청영장을 신청한 경우는 거의 없다. 카카오톡은 감청 장비가 없기 때문에 기술적으로 감청하는 것도 불가능하다는 입장이다. 그러나 일각에서는 데이터 저장 주기보다 짧은 빈도로 데이터를 요청하면 실시간 감청이나 다름없는 것 아니냐는 지적이 제기되었다.

당시 언론에서는 국가정보원이 카카오톡의 대화를 한달 간 실시간으로 감청했다고 보도했다(경향신문, 2014년 10월 7일). 국가정보원이 '통신제한조치(감청)'를 통해 국가보안법 위반 혐의 피의자의 카카오톡 대화 내용을 사실상 실시간으로 한 달에 걸쳐 감청했다는 주장이 나왔다. 다음카카오는 "카카오톡 대화의 실시간 감청은 기술적으로 불가능하다"고 해명해왔다.

김인성 전 한양대 컴퓨터공학과 교수는 2014년 10월 7일 자신의 트위터에 (그림 3-1)과 같이 국정원이 2012년 9월18일 작성한 국가보안법 피의자 홍모씨에 대한 '통신제한조치 집행조서'를 공개했다.

국가정보원은 조서에서 홍씨 집에 설치된 일반 유선전화와 인터넷 회선을 감청했고, 카카오톡 아이디(ID) 2개에 대해서도 감청을 실시했다고 밝혔다. 국가정보원은 그해 8월16일 수원지법으로부터 통신제한조치 허가서를 발부 받은 것을 근거로 제시했다. 법원 허가를 받아 수사를 위해 벌인 정당한 감청이라는 얘기다. 현재 통신비밀보호법은 '범인 체포나 증거 수집이 어려운 수사에 한해 최대 2개월까지 통신제한조치를 허가할 수 있다'고 돼 있다.

감청 기간은 법원 영장 발부 이틀 뒤인 8월18일부터 9월17일까지 한 달간으로 돼 있다. 대화 내용은 당시 카카오톡 측으로부터 보안메일 형태로 수신한 것으로 조서에 나와 있다.

김 교수는 "이는 과거가 아닌 미래에 대한 실시간 감청"이라고 말했다. 그는 '실시간 감시는 불가능하다' '3일 동안만 보관해 안전하다'는 식의 다음카카오 측 해명은 말장난"이라며 "데이터를 3일까지만 보관한다면 2일마다 데이터를 요구하면 된다"고 했다. 그는 "(다음카카오는) 주기적으로 카톡 메시지를 국정원에 메일로 전송했는데, 그 주기가 얼마인지 답해야 한다"고 말했다. 앞서 다음카카오 측은 "카카오톡 실시간 감청 가능성은 없고, 실제로 감청 영장을 통한 요청을 받지도 않았다"고 밝혀왔다.

(4) 사이버망명 파장

이러한 논란의 불씨를 당긴 데에는 박 대통령의 발언보다 검찰 측 발언이 결정적이었다. 또한, 다음카카오 측의 미흡한 초동 대응은 논란의 여지를 계속해서 제공했다. 다음카카오가 카카오톡 검열 논란과 관련해 잇따라 사과하고 이용자 보호 조치를 내놨지만 카톡 탈퇴 현상이 계속되었다. 반면 '사이버 망명지'로 떠오른 텔레그램(Telegram) 가입자 수는 2014년 9월과 10월에 가파르게 늘어났다.

텔레그램은 독일 Telegram Messenger LLP사가 개발/운영 중인 오픈 소스 인터넷 모바일 메신저이다. 러시아의 니콜라이 두로프(Nikolai Durov) · 파벨 두로프(Pavel Durov) 형제가 개발하여 2013년 8월에 iOS 용으로 처음

그림 3-1 국가정보원의 통신제한조치 집행조서

[별지 제92호서식]

통신제한조치 집행조서

홍○○에 대한 국가보안법 위반 피의사건에 관하여 통신제한조치를 집행하고 이 조서를 작성함

1. 통신제한조치의 종류: 전기통신의 감청 및 대화의 청취 · 녹음
2. 통신제한조치의 대상과 범위
   가. 전기통신의 감청
   - ○ 대상자의 주소지에 설치된 대상자 명의 유선전화 '031-44X-XXXX' 및 인터넷 회선 '031-13X-XXXX'에 대한 전기통신의 감청(국내 · 국제, 발신 · 수신 통신사실확인자료 포함, 발신 기지국 위치 포함)
   - ○ 대상자의 카카오톡 ID '010-647-XXXX', '010-668-XXXX'에 대한 전기통신의 감청

   나. 대화의 청취 · 녹음
   - ○ 국내 및 해외에서 대상자와 상대방 사이의 국가보안법 위반 협의사실을 내용으로 하는 대화에 대한 녹음 및 청취
3. 통신제한조치의 기간
   - ○ 전기통신의 감청: 2012.8.18.~2012.9.17.(1개월)간
   - ○ 대화의 청취 · 녹음: 2012.8.18.~2012.9.17.(1개월)간
4. 집행경위
   - ○ 2012.8.16. 수원지방법원 이○○ 판사로부터 '통신제한조치 허가서'(허가서번호: 12-XXX)를 발부받아 집행
5. 집행위탁여부
   - ○ 유선전화 · 인터넷 회선 · 카카오톡은 해당 통신회사에 집행위탁 의료, 유선전화와 인터넷 회선은 전용회선을 구성하여 국가정보원 청사에서 채록하고 카카오톡은 위탁의뢰시 제공한 보안메일로 수신
   - ○ 대화의 청취 및 녹음은 제보자(이○○)에게 통신제한조치 허가서(12-XXX)를 제시하고 요청
6. 붙임: 통신제한조치로 취득한 결과의 요지

2012. 9. 18

국 가 정 보 원

특별사법경찰관 수 사 관 문○○○

특별사법경찰관 수 사 관 김○○○

자료: (경향신문, 2014년 10월 7일)

출시하였고, 현재는 안드로이드 · Windows · 리눅스 등 다양한 웹 브라우저를 지원하는 메신저이다. 구글 크롬용 확장 기능 버전도 제공하고 있다. 2016년 2월 기준으로 텔레그램의 월 활성 사용자는 1억 명을 기록했고, 매일 35

만 명이 가입하며, 매일 15억개의 메시지를 전달하는 세계적인 메신저가 되었다.

2014년 10월에 카카오톡은 주간 이용자수에서 매주 5만~6만명이 빠지는 감소세가 지속되었다. 반면 텔레크램 이용자수는 갈수록 빠르게 늘어났다. 이 당시 국내에서 텔레그램 공식 앱 이용자 수는 200만명을 돌파하였다. 이에 따라서 텔레그램은 2014년 10월 7일에 공식 앱에 한국어를 지원하는 기능을 추가한 한국어 버전을 내놓고 서비스에 들어갔다(경향신문, 2014년 10월 14일).

그러나 여러 사람이 네트워크를 형성해서 소통해야 하는 사회관계망서비스(SNS)의 특성 상 더 이상 이용자들 확대하지 못하면서 2014년 12월부터 이용자가 감소하기 시작하였다. 2014년 12월 5일 닐슨코리아에 따르면, 카카오톡과 텔레그램을 동시에 사용하는 이용자들이 카카오톡은 하루 평균 37.4분 이용하는데 반해 텔레그램 이용 시간은 0.9분에 그친 것으로 집계됐다. 카카오톡 없이 텔레그램만 사용하는 이도 3만 9,000여 명(2014년 10월 기준)에 불과했다.

(5) 카카오톡 감청 가능

이러한 과정을 거치면서 카카오는 정부 당국의 카카오톡의 감청 영장에 대하여 불응하였으나 1년만에 백기 투항하였다(오마이뉴스, 2015년 10월 6일). 카카오가 '카카오톡 감청 불응'을 선언한 지 1년 만에 손을 들었다. 카카오는 2015년 10월 6일 오후 "오늘 대검찰청 국정감사에서 김진태 검찰총장이 감청 영장 집행에 대해 합의했다고 밝혔다"면서 "신중한 검토 끝에 카카오는 통신비밀보호법에 따른 통신제한조치(감청)에 응하기로 했다"고 밝혔다.

이석우 당시 다음카카오 공동대표가 2014년 10월 13일 '카카오톡 검열' 논란과 사이버 망명 사태에 맞서 감청 영장 거부를 선언한 지 1년 만이다. 카카오는 이날 언론에 배포한 설명 자료에서 "검찰에서 밝힌 바와 같이 단체대화방(단톡방)의 경우 수사 대상자를 제외한 나머지 대화 참여자들에 대해서는 익명으로 처리해서 자료를 제공하기로 했다"면서 "검찰은 수사 과정에서 익명화 처리된 사람들 중 범죄 관련성이 있는 사람이 나올 경우에 한해, 대상자를 특정해서 추가로 전화번호를 요청하게 된다"고 밝혔다.

수사 대상자를 제외한 단체 대화방 참여자 실명과 연락처는 일단 가리되, 수사기관장 승인을 받아 공문을 따로 제출하면 추가 전화번호를 제공할 수 있다는 것이다. 다만, 추가 전화번호 요청 시에는 따로 법원 영장을 요구하진 않기로 해 논란의 여지를 남겼다.

카카오는 감청 영장 집행 시 수사 대상자 이외 불특정 다수의 신분 공개가 문제라고 본 것이다. 카카오는 "이 과정에서 많은 전문가들이 디지털시대 정보인권 침해의 핵심은 하나의 영장으로 수십, 수백 명의 프라이버시가 침해될 수 있다는 점이라고 지적했다"면서 "이 문제를 중점적으로 해결하기 위해 노력해왔고, 마침내 단체대화방에 참여했다는 이유만으로 개인정보와 프라이버시가 그대로 수사기관에 노출되었던 문제를 개선하게 되었다"고 밝혔다.

아울러 카카오는 "지난 1년 동안 프라이버시 침해에 대한 이용자들의 우려와 함께 국가안보와 사회 안녕을 위협하는 간첩, 살인범, 유괴범 등 중범죄자 수사에 차질을 빚는다는 비판에도 귀 기울여 왔다"면서 "우리 사회의 상반된 주장과 요구 사이에서 균형점을 찾기 위해 고민한 결과 통신제한조치에 대한 협조 재개를 결정하게 되었다"고 밝혔다.

카카오는 2014년 10월 감청 영장 거부 선언 이후 이석우 공동대표가 개인 비리 혐의로 검찰 수사를 받고, 회사가 국세청 특별 세무 조사를 받는 등 각종 '외압설'에 시달렸다. 급기야 이석우 대표는 2015년 9월 23일 주주총회를 끝으로 일선에서 물러났고 신임 대표 체제가 출범했다.

2) 국정원 해킹 프로그램(RCS) 도입

(1) 사건의 발단

2015년 7월5일에 이탈리아 밀라노에 본사를 두고 있는 IT기업 '해킹팀'이 발칵 뒤집혀졌다. 누군가 메인 컴퓨터에 접근해 내부정보를 통째로 빼 인터넷에 올려버렸다. 트위터 계정까지 탈취한 뒤 '해킹당한 팀'이라고 이름을 바꿔놓고 조롱했다. 이탈리아 해킹팀은 컴퓨터와 스마트폰을 몰래 들여다 볼 수 있는 해킹 프로그램인 RCS(Remote Control System)를 개발도상국에 판매하는 것으로 악명이 높았다. 예를 들어 에티오피아의 경우, 정부기관이 이 프로그램을 구입해 정부에 비판적인 언론인과 활동가들을 사찰했다(이하 한겨레, 2015년 7월 16일 및 시사IN, 2015년 7월 30일의 수정).

이탈리아 해킹팀의 RCS를 세계에서 가장 잘 아는 세 그룹이 있다. 해킹팀 본사 직원, 국정원처럼 RCS를 구매한 고객, 그리고 RCS 실체를 쫓았던 컴퓨터 전문가들이다. 특히 세 번째 그룹인 캐나다 토론토 대학의 비영리 연구팀인 시티즌랩(Citizen Lab)은 2014년 2월17일 '해킹팀의 추적 불가능한 스파이웨어 지도 만들기(Mapping Hacking Team's Un-traceable Spyware)'라는 연구 보고서를 공개했다. 해킹팀에 대한 종합 보고서로, 이들이 한국을 포함한 세계 21개국에 RCS를 판매한 의혹이 있다는 내용이 담겨 있었다. 당시 〈워싱턴 포스트〉는 에티오피아 등 일부 국가가 RCS를 구매해 인권활동가 · 정치인 · 기자들에게 사이버 공격을 가했다고 비중 있게 보도했다. 1년 뒤 해킹팀 자료가 유출되면서 이들의 연구는 모두 '팩트'로 확인되었다.

시티즌랩(Citizen Lab) 연구진은 2012년부터 해킹팀을 추적했다. 모로코 · 아랍에미리트 · 에티오피아 등의 인권운동가, 사회단체 컴퓨터가 해킹을 당했는데, 여기에서 모두 RCS 파일이 나왔다. 이때부터 연구진은 해킹 시도가 있던 시비를 조사해 일종의 '지문(fingerprints)'을 만들었다. 해킹팀 스파이웨어의 고유한 특징을 찾아낸 다음, 약 40억 개의 인터넷 IP에 이 지문을 보냈다. 마치 증거물에 묻은 지문을 용의자와 대조하듯, 이 지문과 일치하는 IP를 찾았다. 스파이웨어의 감염 경로를 숨기기 위한 '프록시 경로(proxy chain)'를 역추적한 결과, 그 끝에는 최종 사용자인 '엔드 유저(end user)'의 서버가 있었다. 당시 시티즌랩이 찾은 IP 가운데 하나가 한국 KT IP(211.51.OOO.OOO)였다.

2015년 7월에 공개된 정보에는 바로 그 문제의 해킹 프로그램 소스코드가 그대로 담겨 있었다. 소스코드는 프로그램의 설계도 같은 것이다. 뿐만 아니라 각국 고객들과 주고받은 이메일, 음성 파일, 직원들이 쓰는 암호 등이 송두리째 노출됐다.

덕분에 "감시 프로그램은 정부와 정부기관에만 판매하고, 국제기구에 반인권 정부로 지목된 정부들과는 거래하지 않는다"던 해킹팀의 해명은 거짓임이 드러났다. 유엔 무기 금수 조치를 받은 수단은 이 프로그램으로 유엔 평화 유지군을 해킹하려 했던 정황이 드러났다. 그 밖에도 정부에 비판적인 인사들을 도청하고 감시한다는 의혹을 받아온 사우디아라비아, 러시아, 아랍에미리트, 레바논 등이 고객 명단에 올라 있었다. 또한 우리나라의 국가정보원도 고객이었다. '육군 5163부대'라는 고객명을 썼는데, 국정원의 위장용 이름으로 널리 알려진 이름이다.

(2) RCS(Remote Control System)

RCS, 즉 '원격 제어 시스템'이라고 불리는 이 해킹 프로그램은 감시 대상이 컴퓨터와 스마트폰을 통해 보고 듣고 교류하는 모든 내용을 그대로 감시자에게 보여준다. 쉽게 말하자면, 내 컴퓨터의 모든 정보를 가로채 뿌려준다고 생각하면 된다. 컴퓨터에 웹캠이 달려 있다면 사용자 몰래 사진을 찍어 보낸다. 스마트폰이라면 몰래 통화내용을 녹음해 전송하는 일도 가능하다. 이 모든 일이 사용자는 알 수 없는 상태에서 이루어진다. 운영체제의 알려지지 않은 허점(뒷문)을 이용하기 때문에 백신에도 드러나지 않는다고 해킹팀은 광고한다. 심지어 운영체제와 플랫폼도 가리지 않는다. 마이크로소프트의 윈도, 리눅스, 구글 안드로이드, 애플의 아이오에스(iOS), 블랙베리 및 심비안 등 모든 운영체제를 해킹할 수 있다. 해킹팀은 이 프로그램의 최신 버전에 '갈릴레오'라는 이름을 붙여 판매해 왔다.

그런 방식이라면, 암호화된 메신저를 사용한다고 해도 아무 소용이 없다. 키보드 입력 단계에서 정보를 가로챌 수 있기 때문이다. 보안에 강하다는 텔레그램 메신저에 시간이 흐르면 자동 폭파되는 '비밀대화' 기능을 썼더라도, 무슨 말을 치는지 다 볼 수 있다. 자주 사용하는 아이디, 비밀번호 역시 입력하는 순간에 노출된다.

다만 이 프로그램엔 한계가 있다. 감시 대상자의 컴퓨터나 스마트폰에 이 해킹 프로그램이 설치되어 있어야만 한다. 해킹팀 쪽은 감시 대상자의 무선공유기를 조작해 RCS를 설치하거나, 문서파일, 파워포인트 파일 등으로 위장한 악성코드 설치 파일을 보내거나, 일반 웹사이트로 보이는 변조된 설치 링크를 보내는 식으로 설치할 수 있다고 설명하고 있다.

(3) 진행과정

국가정보원이 이 해킹 프로그램 구입을 시도한 것은 2010년 말이다. 국가정보원은 특히 휴대전화 감시 기능에 관심을 보였고, 오랜 가격 협상 끝에 2011년 12월 계약이 체결되었다. 이후 2015년 7월, 문제가 불거질 때까지 다섯 차례의 애프터서비스를 받았다. 국가정보원은 이 업체에 8억여 원을 지불했다.

2011년부터 2015년까지 국가정보원과 이탈리아 해킹팀 사이에 오간 메일을 보면, 한국 쪽의 주요 요구는 다음과 같다. 첫째, 국가정보원은 스마트폰 국내용 모델 해킹에 초점을 맞췄다. 2013년 2월에는 당시 출시된 지 7개월여 지난 갤럭시S3 국내 모델을 이탈리아에 보내 몰래 음성녹음이 가능한지 살펴달라고 주문했다. 외국에 출시된 모델은 기본 애플리케이션 등이 국내용과 다르다. 국정원이 타깃으로 삼은 감시 대상자가 국내용 모델을 쓰고 있었을 가능성이 있다. 이후로도 갤럭시 최신형 등이 나올 때마다 기술지원을 요청했다. 안랩의 'V3 모바일 2.0'과 같은 국내용 백신을 회피하기 위한 방법을 문의하기도 했다.

둘째, 국가정보원은 이와 별도로 카카오톡을 해킹하길 원했다. 2014년 3월, 해킹팀 내부 메일에는 "한국에서 가장 일반적으로 사용되는 카카오톡에 대한 (해킹 기능 개발) 진행상황에 대해 물었다"는 대목이 나온다. RCS를 사용하면 감시 대상의 컴퓨터를 일일이 볼 수 있지만, 그뿐 아니라 카카오톡 자체에 대한 해킹 기능을 요구했던 것으로 보인다.

셋째, 지방선거를 앞두고 안드로이드 스마트폰 공격을 요청했다. 2014년 3월께 오간 해킹팀의 '출장보고서'를 보면 "그들(국정원)의 주된 관심사는 원격의 안드로이드, 아이폰에 대한 공격"이며 "특히 6월에 안드로이드 공격을 이용하길 원한다"고 적고 있다. 2014년 6월은 지방선거가 있던 시기이다.

이 밖에도 '서울대 공대 동창회 명부'라는 제목의 한글로 된 MS 워드 파일에 악성코드를 심어달라고 요청하거나, 〈미디어오늘〉 기자를 사칭한 천안함 보도 관련 문의 워드 파일에 악성코드를 심어달라고 요청한 기록도 나온다. 천안함 관련 연구진, 서울대 출신 고위관계자 등이 감시 대상자였을 가능성이 커지는 대목이다.

일반 국민을 대상으로도 광범위한 사찰이 이뤄졌을 가능성도 엿보인다. 국정원이 해킹팀 쪽에 '악성 코드를 심어 달라'며 보낸 설치 파일 링크를 살펴보면, 네이버 맛집 소개 블로그, 벚꽃축제를 다룬 블로그, 삼성 업데이트 사이트를 미끼로 내건 주소가 나온다. 일반인들이 흔히 관련 정보를 얻기 위해 누를 법한 링크들이다. 메르스가 극성을 부리던 지난 2015년 6월에는 메르스 정보 링크를 위장한 악성코드를 요청하기도 했다. 애니팡2, 모두의 마블 및 드래곤 플라이트 같은 인기 애플리케이션에 악성 코드를 심는 실험도 진행했다.

또 해킹팀과 거래할 때 썼던 국정원 직원의 이메일 아이디를 추적한 결과, 핸드폰에서 무료로 영화나 드라마를 볼 수 있는 앱('영화 천국')의 설치파일(apk 파일) 등을 다운받을 수 있도록 구글 블로그 등에 공개했던 것이 발견됐다. 물론 이 앱 속에는 스파이웨어가 숨어 있었다.

국가정보원은 국내용이 아니라 북한을 상대로 하는 해킹이었다거나, 중국의 조선족이 대상이었다거나, "남파 간첩이 카카오톡을 쓰고 있다"며 해명했다. 이에 대하여 누리꾼들은 "북한 사람들이 단통법이 없어서 갤럭시 최신형을 사서 쓴다", "간첩들은 바보라서 카톡을 쓴다"며 국정원의 해명을 비웃었다. 결국 이 사건으로 대한민국의 국가 안보를 책임져야 하는 정보기관이 국민들의 신뢰를 잃고 조롱의 대상으로 전락하게 되었다.

국가정보원이 해킹팀으로부터 구매해 사용했던 스파이툴은 국내서 스미싱, 피싱, 파밍 등에 악용되는 해킹수법을 그대로 활용하고 있었던 것으로 확인됐다. 사이버범죄자들이 금전적인 이득을 취하거나 산업기밀을 빼가기 위해 악용하는 수법이 국익을 위해 도감청을 하는데 사용됐다는 점만 다를 뿐이다.

(4) 대응

국가정보원의 RCS구매에 대하여 국회 차원에서 진상조사가 진행되었다. 국회는 2015년 10월에 국정감사에서 국가정보원 해킹 현장을 검증하기로 합의했다. 핵심은 RCS를 사용한 국정원의 컴퓨터에 남은 디지털 기록인 로그파일 분석이었다. 야당은 전문가가 로그파일을 열람할 수 없으면 의미가 없다고 주장했으나, 국정원은 국회의원 외에는 열람할 수 없다는 방침을 고수했다. 결국 야당이 현장검증에 불참하면서 국회 차원의 진상조사는 무산됐다.

관련자들의 처벌과 관련하여 당시 야당은 2015년 7월 23일 전 · 현직 국정원장과 중개회사를 비롯한 해킹 관련자들을 통신비밀보호법 위반 등의 혐의로 검찰에 고발했다. 그러나 검찰 조사는 지지부진하다. 서울중앙지검 공안2부에 사건을 배당한 뒤 고발인 조사를 한 차례씩 했을 뿐 진척이 없는 상태이다.

제도 개선과 관련하여 야당은 국정원 해킹 사건을 계기로 국정원에 대한 감시와 통제를 강화해야 한다고 주장하는 반면, 여당은 오히려 국정원의 감청 권한을 확대하자는 입장을 내놓았다. 당시에 여당이 추진한 '사이버테러 방지 및 대응에 관한 법률안(대표 발의 이노근)'은 국정원이 민간업체의 정보통신망 · 소프트웨어 취약점을 보고받게 되어 있어서, 사찰 위험이 더 높아졌다는 지적을 받았다.

쉬어가기: 3장 1절

공공기관 영상정보처리기기 설치 · 운영 가이드라인

1. 제정 목적

이 가이드라인은 공공기관의 영상정보처리기기 설치 · 운영 및 개인영상정보 보호에 대하여 공공기관이 준수하여야 할 사항을 업무담당자가 쉽게 이해할 수 있도록 기준을 제시함을 목적으로 합니다.

2. 용어 정의

"영상정보처리기기"란 일정한 공간에 지속적으로 설치되어 사람 또는 사물의 영상 등을 촬영하거나 이를 유 · 무선망을 통하여 전송하는 일체의 장치

폐쇄회로 텔레비전(CCTV) 및 네트워크 카메라*

"개인영상정보"라 함은 영상정보처리기기에 의하여 촬영 · 처리되는 영상정보 중 개인의 초상, 행동 등 사생활과 관련된 영상으로서 해당 개인의 동일성 여부를 식별할 수 있는 정보

3. 기본원칙 및 주요내용

영상정보처리기기를 설치 · 운영하려는 공공기관은 개인의 사생활이 침해되지 않도록 영상정보처리기기를 최소한으로 설치 · 운영하여야 하며, 개별 구체적 사안에서 아래의 각 원칙이 구현될 수 있도록 적용 · 운영하여야 함

- 영상정보처리기기 설치 · 운영 제한 및 필요 최소한 촬영
- 영상정보처리기기 임의조작 · 녹음 금지
- 설치 시 의견수렴 및 안내판 설치를 통한 설치 사실 공지
- 영상정보처리기 운영 · 관리 방침 수립 · 공개 및 책임자 지정
- 영상정보의 목적 외 이용 · 제공 제한 및 보관 · 파기 철저

* 1. 폐쇄회로 텔레비전: 다음 각 목의 어느 하나에 해당하는 장치

가. 일정한 공간에 지속적으로 설치된 카메라를 통하여 영상 등을 촬영하거나 촬영한 영상정보를 유무선 폐쇄회로 등의 전송로를 통하여 특정 장소에 전송하는 장치

나. 가목에 따라 촬영되거나 전송된 영상정보를 녹화 · 기록할 수 있도록 하는 장치

2. 네트워크 카메라: 일정한 공간에 지속적으로 설치된 기기로 촬영한 영상정보를 그 기기를 설치 · 관리하는 자가 유무선 인터넷을 통하여 어느 곳에서나 수집 · 저장 등의 처리를 할 수 있도록 하는 장치

- 영상정보처리기기의 설치 · 운영 위탁 시 관리 · 감독 철저
- 정보주체의 자기영상정보 열람권 보장
- 개인영상정보의 안전성 확보 조치 및 자체 점검 현황 등록

자료: (행정자치부, 2015년 1월 12일. 2차 개정).

제2절
기업에 의한 전자감시 현황

1. 외국의 사례 – 국가를 초월한 빅브라더 기업들

구글 · 페이스북 · 애플 · 아마존 등의 기업에 '21세기 빅브라더'란 수식어가 붙으면서 전 세계적으로 우려의 목소리가 나오고 있다. 빅브라더인 그들이 우리를 감시하거나 통제하지 못하도록 경계해야 한다는 비판도 따라 커지고 있다(백봉삼, 2014). 하나의 계정으로 다양한 서비스들이 연동되고, 위치기반 서비스들이 늘면서 이제 빅브라더는 우리가 누군지, 어디에서 누굴 만나고 무엇을 좋아하는지 까지 파악할 수 있게 됐다. 빅브라더로 불리는 그들은 수년 간 수집한 '빅데이터'를 활용해 '은밀하고 위대하게' 우리를 살펴보고 있다.

1) 구글

먼저 구글은 빅브라더 논란에 중심에 서 있는 가장 대표적인 기업이다. 강력한 정보수집력을 가진 구글인 만큼 개인정보 수집 및 도용 위험에 대한 세계 각국의 비판과 제재도 가장 거세다. 구글은 세계 1위의 트래픽 순위를 가진 사이트이다. 구글사는 검색, 메일(Gmail), 문서(Google Docs), 사진(Picasa), 동영상(Youtube), 지도(Google Maps), 일정(Calendar), 브라우저(Chrome), 모바일(Android) 등 사용자의 라이프스타일과 결합하여 관심사항을 가장 잘

획득할 수 있는 플랫폼을 확보하고 있다. 또한 구글은 Analytics 서비스를 통해 웹사이트의 사용자 행동을 추적할 수 있는 분석 툴을 제공한다(김승현 · 진승헌, 2012).

미국의 트래픽 순위 상위 50개 중 45개에 구글의 추적코드가 탑재되어 있다. 2010년의 실적보고서에 따르면, 구글은 수익의 96%를 광고에서 얻고 있다. 구글은 빅브라더가 될 수 있는 위치에 있다. 이 때문에 주위의 많은 경계를 받고 있으며, 내부적으로도 '악해지지 말자(Don't Be Evil)'라는 모토로 비즈니스를 추구하고 있다. 광고 또한 개인을 타깃팅하기 보다는 단순한 검색 내용이나 메일 내용에 기반한 문맥(Contextual) 광고만 수행한다고 주장한다. 하지만 최근 들어 구글은 갈수록 치열해지고 있는 업계에서 주도권을 유지하기 위해 이전과는 다른 전략을 추구하고 있다. 2008년 DoubleClick사를 인수하여 Cookie를 이용한 행동기반(Behavioral) 광고를 시작하였다. 비록 종교/성적취향/건강/금융 등 민감한 정보를 연결시키지는 않았지만, 이전의 구글 검색 기록이나 애플리케이션 다운로드 내역, 웹사이트 방문 내역을 활용하여 타깃팅을 수행한다. 사용자는 관심기반 온라인 광고 설정 페이지를 방문하여 구글 이 사용자에게 할당한 카테고리, 인구통계, 쿠키를 확인하고 제어할 수 있다.

쿠키(Cookie)는 특정 서버에 국한되어 동작하기 때문에 사용자의 전체적인 온라인 활동 내역이 노출되기 어렵다. 하지만 광고 서버의 경우, 사용자가 방문한 웹사이트에 광고가 설치되어 있다면 광고 서버 또한 사용자의 활동을 수집할 수 있다. 광고 서버는 사용자가 어느 웹사이트의 어떤 페이지에서 광고를 요구하는지를 알 수 있다. 이에 따라 시간대별로 사용자의 행동과 관심사 등의 정보를 획득할 수 있다. 만일 사용자가 특정 광고 서버의 광고가 설치된 웹사이트만 방문한다면, 사용자의 전체적인 온라인 활동 내역이 노출되는 것이다.

웹사이트 뿐만 아니라, 스마트폰의 애플리케이션을 사용할 경우에도 광고 서버에게 정보가 축적된다. 대부분의 스마트폰 애플리케이션은 무료로 제공되며, 대신 구동 중에 화면에 띄워지는 광고의 수익으로 이익을 창출한다. 광고는 사용자가 실행하는 애플리케이션의 이름, 종류, 시간 그리고 휴대폰

ID 와 같은 식별정보를 광고 서버에게 전달하여 타깃팅된다. 실제로 광고 서버들은 사용자의 개인정보를 활용한 타깃팅을 지양한다고 공식적으로 발표하지만, 언제든지 관련 정보를 수집할 수 있는 능력을 보유하고 있어 주의가 필요하다. 대표적인 광고 서버로는 Overture, 구글사의 AdSense/AdMob/DoubleClick, 퓨처스트림 네트웍스사의 Cauly, Daum사의 Ad@m이 있다.

또한 2008년 월스트리트저널에 의해 공개된 구글의 비밀문건에 따르면, 구글은 자사가 보유한 정보를 교환/판매할 수 있는 플랫폼을 구축하여 개인들이 이를 직접 구매자에게 판매할 수 있도록 하겠다는 내용을 담고 있다. 이미 '스트리트뷰' 서비스를 준비하면서 공개된 WIFI 정보와 로그인 ID/패스워드, 이메일 등의 사생활 정보를 수집하여 개인정보를 침해한 혐의로 각국의 수사를 받았으며, 2011년 3월에는 미연방거래위원회(FTC)가 구글을 20년 동안 개인정보 관련 감사 대상 기업으로 지정한 바 있다.

2012년 6월 1일부터 구글은 Screenwise 프로젝트를 시행한다. Chrome 브라우저 사용자들의 사이트 방문 기록과 인터넷 이용내역과 관련된 개인 정보를 수집하며, 이에 동의한 사용자들에게는 3개월마다 최대 25달러의 상품권을 준다. 크롬 브라우저의 확장(extension) 기능을 설치하면 인터넷 검색활동에 대한 개인식별 정보가 수집되며, 이 정보는 사용자 단말에 설치된 구글의 DoubleClick 을 비롯한 여러 쿠키 정보와 결합되어 활용된다.

또한 구글은 2012년 3월 1일자로 프라이버시 정책을 변경하였으며, 이는 자사의 60여개 서비스에 산재된 개인정보를 통합하여 개인화된 서비스를 제공하려는 의도이다. 사용자 정보와 평소의 검색 패턴을 감안하여 검색의 맥락을 이해하고 결과를 제시하는 검색이나 구글 캘린더의 정보, 지역 교통 데이터, 현재 위치, 지역 날씨 정보, 스마트폰의 위치 정보 등을 통합 사용하는 시나리오가 가능해졌다.

하지만 구글의 새 프라이버시 정책과 관련하여 전세계 국가들은 자국의 개인정보보호법을 침해했다는 이유로 반발하고 있다. 우리나라 방송통신위원회는 우리나라 정보통신망 이용촉진 및 정보보호 등에 관한 법률(정보통신망법)에 따라 서비스 제공자는 이용자 개인정보를 이용하려고 수집할 때 이용자 동의를 받아야 하고, 서비스 제공자는 이용자에게서 '최소한의 정보'를 수집해야 하며, 그 외 개인정보를 제공하지 않는다고 해서 해당 서비스 제공을 거부하면 안 된다는 지침을 보였다. 미국의 경우 2012년 2월 전자사생활정보센터(EPIC)가 미연방거래위원회(FTC)에 구글의 사생활 통합관리정책 변경을 막아달라고 고소하였다. EPIC는 소장에서 "구글의 사생활 보호정책 보호관행의 변경은 광고사업자들이 이전에는 접근할 수 없었던 개인정보에 접근할 수 있도록 할 것"이라는 우려를 표명하였다.

2014년 5월에는 유럽사법재판소가 '잊힐 권리'를 인정하는 판결을 내리면서 구글의 과도한 개인정보 수집이 개인의 인권과 충돌한다는 논란이 일었다. 2014년 초 프랑스와 스페인은 구글의 개인정보 수집 정책이 사생활 보호규정을 위반했다는 이유로 각각 벌금 15만 · 90만 유로를 물리기도 했다.

또한 구글은 광고 활용 목적으로 자사 교육용 앱을 사용하는 학생들의 개인정보 수집과 지메일을 검열했다는 비판도 들었다. 구글은 2006년부터 교육용 앱을 사용해온 학생과 교사 약 3천만 명의 지메일 계정과 달력, 클라우드에 보관된 자료 등을 검열해온 것으로 알려졌다.

구글 글래스와 스트리트 뷰노 사생활 침해와 무단 정보 수집의 우려가 있는 대표적인 서비스다. 이 중 스트리트 뷰는 동의 없이 제3자의 이미지를 촬영해 영상에 표출되는 이슈가 불거져 사생활 침해 문제가 일었다. 여기에 스트리트 뷰를 촬영하는 와이파이 차량이 무단으로 이메일과 비밀번호 등 개인정보를 수집한 정황이 알려져 큰 파장이 일기도 했다.

구글 글래스는 타인이 모르는 사이 사전 허가 없이 영상 및 사진을 촬영할 수 있다는 점에서 개인정보와 콘텐츠 저작권 도용, 사생활 침해 우려가 크다. 구글 글래스는 다른 사람이 눈치 채지 못할 정도로 간단한 손동작만으로도 녹화 기능을 활성화할 수 있어 불법으로 영화 복제 및 몰래카메라에 악용될 가능성이 높다.

2) 페이스북

페이스북은 세계 2위의 트래픽 순위를 가진 사이트로, 2004년에 설립된 전 세계 최대의 소셜 네트워크 서비스이다. 페이스북은 사용자 개인정보를 이용한 타깃팅된 광고를 수행하고 있으며, 이는 자사의 가장 큰 수익모델이다. 리서치업체 E 마케터는 페이스북의 수익이 매년 급증하고 수익의 90% 정도가 광고를 통해 창출될 것이라고 예측하였다. 경쟁사인 구글과 야후에 비해 디스플레이 광고 분야에서는 3배 이상의 점유율을 보인다.

페이스북은 사용자의 프라이버시를 충분히 보호하지 않아서 여러 가지 문제를 일으키고 있다(김승현 · 진승헌, 2012). '스폰서 스토리(Sponsored Stories)'라는 페이스북의 광고 서비스는 사용자가 Facebook에 개설된 특정 식당이나 상점의 사이트를 방문할 경우, 그 사용자의 프로파일 페이지에 특정 상점이나 레스토랑 사이트를 방문한 사실을 자동적으로 알려 주도록 설계되어 있다. 나아가 광고주가 원할 경우에는 해당 식당과 상점의 광고물을 사용자의 프로파일 페이지에 게시할 수도 있다. 친구관계를 맺은 사람들에게도 해당 식당이나 상점의 광고물이 전달되고 있어 사용자의 동의 없이 광고가 노출된다. Facebook은 광고 페이지에서 특정지역에 사는 사람들이나 특정 연령대의 사람들 그리고 특정 분야에 대해 관심이 많은 사람들만을 대상으로 한 맞춤 광고 서비스를 제공한다며 광고주를 유인한다.

또한 페이스북은 복잡한 프라이버시 설정으로 많은 개인과 시민 단체의 항의를 받고 있으며, 2009년 12월 이용자들의 이름, 사진, 위치, 성별, 친구목록 등의 프로필 정보들이 자동적으로 공개되도록 개인정보 설정정책을 변경하여 개인정보가 노출되고 임의로 광고에 활용되는 문제가 발생한 바 있다. 이에 따라 2011년 11월 페이스북의 창업주인 Mark Zuckerberg는 공식 블로그를 통해 사과의 글을 올렸다. 이후 미국 공정거래위원회(FTC)와의 합의에 따라 페이스북은 앞으로 개인 정보 설정을 변경할 때 사용자의 동의를 얻어야 하며, 20년간 독립적인 감사를 받게 되었다.

페이스북 앱을 이용한 개인정보 노출 또한 우려된다. 스마트폰용 페이스북 앱은 사용자의 SMS는 물론 위치나 스마트폰에 저장된 연락처, 브라우저 히스토리 등 이용자 개인 정보에 접근할 수 있으며, 때로는 이를 광고회사 등 제 3자와도 공유한다. 페이스북 측은 이와 관련 "사용자의 문자메시지를 읽고 있는 것이 아니라 이동통신사의 요금 결제 등 모바일에서의 SMS 기능을 위해 사용자에게 이 같은 이용약관에 대한 허가를 받고 SMS 읽기/쓰기 기능을 테스트 중"이라며 "많은 커뮤니케이션 앱들이 이 같이 하고 있다"고 해명하였다.

RapLeaf사는 개인화 서비스를 제공하는 애플리케이션을 Facebook에 등록한 뒤, 확보된 Facebook 사용자들의 ID를 마케팅/데이터 회사에 판매한 이유로 삭제되었다. Facebook ID 를 통해 사용자의 이름과 공개 정보를 획득하고, 친구 관계, 대화 내용, 쇼핑이력 같은 온라인 활동을 추적하여 프로파일링이 가능하다.

Facebook은 또한 '소셜 위젯(Social Widget)'이라는 기능을 통해 사용자의 온라인 활동을 추적할 수 있다. 소셜 위젯은 Facebook이 아닌 웹사이트의 내용에 '좋아요' 또는 '게시'를 쉽게 퍼갈 수 있는 기능이다. 소셜 위젯을 이용하여 1개월 내에 Facebook에 1번 이상 로그인한 사용자는 추적이 가능하다. 브라우저를 닫거나 컴퓨터를 끄더라도, 사용자가 Facebook에서 제대로 된 로그아웃 과정을 밟지 않은 이상 위젯은 계속해서 웹브라우징 데이터를 수집한다. 방문순위 상위권 1,000개의 사이트 중 331개의 사이트가 추적가능하다. 더욱이 일부 Facebook 위젯은 Facebook 홈페이지에 한 번도 방문한 적 없는 사용자의 웹브라우징 데이터를 수집하였으며, Facebook 측은 "일부 쿠키 파일에 문제가 발생해 트래킹이 이뤄졌다"고 인정한 바 있다.

또 다른 빅브라더 이슈로는 페이스북의 '감정 조작 실험'이 있다. 사생활을 침해하거나 개인정보를 도용한 것은 아니나 사전 고지 없이 페이스북 사용자들을 대상으로 실험하고, 개인의 실험결과 정보를 추출해갔다는 점에서 거센 비난이 일었다(백봉삼, 2014).

페이스북은 2012년 초 68만9천3명의 뉴스피드를 조작해 긍정적이거나 부정적인 내용의 피드를 보여주고 사용자들의 심리 반응을 살펴 SNS상에서의 감정전이 현상을 비밀리에 연구했다. 이는 사용자들이 올리는 게시물을 인위적으로 바꿔 영향을 끼칠 수 있다는 점에서 사용자 데이터 보호 측면의 문제가 제기됐다.

스마트폰의 위치추적 시스템(GPS) 정보를 기반으로 페이스북 친구들끼리의 위치를 알려주는 '니어 바이 프렌즈'는 사생활 침해가 우려되는 페이스북의 대표 기능 중 하나다. 사용자 위치를 알려주는 '체크인' 기능과 달리 니어 바이 프렌즈는 실시간으로 위치정보를 추적해 자동으로 알려준다는 점 때문에 세세한 개인 일정이 전부 노출될 수 있다.

페이스북은 위치정보를 공개할 친구들을 따로 선택하는 기능을 추가했지만 앱을 끈 상태에서도 위치정보가 계속 추적된다는 점, 정보이력을 삭제하지 않는 한 해당 정보가 페이스북 서버에 계속 남게 된다는 점 등에서 여전히 문제의 소지를 안고 있다.

2014년 5월 개발된 페이스북의 '소리 인식 기능' 역시 사생활을 침해할 수 있다는 의혹을 받고 있다. 소리 인식 기능은 스마트폰 사용자가 페이스북 앱을 사용할 때 기기 내장 마이크가 사용자 주변의 소리를 인지한다.

페이스북은 이 기능으로 수집한 사용자 정보를 광고주에게 제공할 수도 있다. 이로써 성별과 나이, 주소 등 사용자의 기본정보를 넘어 기분과 상태까지 파악할 수 있는 진정한 빅브라더로 군림할 우려가 있다.

미국 페이스북은 2014년 1월 고객정보를 광고주에게 팔아넘겼다는 의혹을 받아 사용자들로부터 제소를 당했다. 고객정보를 광고주에게 팔기 위해 사용자의 메시지 내용을 '감시'한 혐의가 의심된다는 주장에 페이스북은 "소송인단의 주장은 사실과 다르다"고 해명했지만 개인정보의 노출이나 도용이 가능하다는 경각심을 일으켰다.

3) 애플

빅브라더 논란에서 애플 역시 자유롭지 못하다. 2014년 6월 재판부는 아이폰 사용자가 위치서비스 기능을 '끔'으로 설정한 상태에서도 위치정보가 수집되는 버그가 발생, 2010년 6월 22일부터 2011년 5월 4일까지 이용자들의 동의 없이 아이폰을 통한 위치정보 수집이 이뤄졌다고 밝혔다.

하지만 고객이나 고객의 아이폰을 특정하지 않았기 때문에 애플이 수집한 위치정보가 특정 개인의 위치정보는 아니라고 판단했다. 이에 아이폰 사용자 집단 측의 손해배상 청구를 기각했다.

데이터 수집이 가능한 iOS 백도어 역시 애플 사용자들의 정보 유출을 의심케 하는 대목이다. iOS 보안을 연구해온 조나단 지드자스키는 미국 뉴욕에서 개최된 '해커스 온 플래닛 얼스' 컨퍼런스에서 애플이 iOS에 사용자를 모니터링할 수 있는 백도어를 숨겨놓았다고 주장해 파문이 일었다.

애플은 "iOS 진단기능은 사용자의 개인 정보 및 보안을 침해하지 않고 기업의 IT 부서, 개발자, 애플이 기술적 문제 해결을 위해 필요한 정보를 제공하게끔 설계돼 있다"며 "결정적인 진단 데이터에 접근하기 위해서는 사용자가 자신의 단말기 잠금을 해야 한다. 당연히 이에 동의가 없다면 데이터 전송은 있을 수 없다"고 반박했다.

그러나 지드자스키는 애플이 '진단 데이터 전송'이라는 말을 사용했다는 자체만으로도 백도어 존재 여부를 인정하는 것으로 해석 가능하다고 주장했다.

4) 아마존

'유통공룡'으로 불리는 아마존도 빅브라더로 대표되는 비판의 대상이다. 아마존은 그동안 고객들이 구입한 물건 뿐 아니라 사려고 하는 물품, 쇼핑을 하긴 했지만 사지 않은 물품 및 다른 사람들에게 추천한 물품 등에 대한 정보를 수집해 왔다.

고객들이 좀 더 많은 물건을 구입할 수 있도록 유도하는 아마존의 추천기능 역시 이 같은 정보 수집 덕분에 가능한 서비스 중 하나다. 아마존의 'A9' 웹 검색 엔진은 고객들이 검색한 모든 것을 기억하는 것이 특징이다. 아마존은 이렇게 수집한 정보를 자회사, 제휴회사들끼리 공유하고 있다.

나아가 아마존은 최근 실용화한 무인 소형 택배기 드론에 대해 사생활 침해 문제로 운용 가이드라인을 만들라는 행정명령을 받았다. 상업용 드론을 취미생활용으로 활용하는 것은 물론 일반 기업들도 마케팅 수단이나 사업 용도로 사용하려는 계획을 갖고 있어 앞으로 사용범위가 넓어질 전망이다.

하지만 드론을 활용해 남의 집을 엿본다든가 타인의 동의 없이 무단 촬영 등이 가능할 우려도 크기 때문에 반대론자들의 비판을 받고 있다. 드론으로 인한 사생활 침해 우려가 커지자 미국 버락 오바마 대통령은 2014년에 드론에 대한 가이드라인을 만들라는 행정명령을 내리기도 했다.

2. 국내 사례 – 스마트 전자 노동 감시

앞에서 살펴 본 외국 기업들은 정보통신기술과 관련하여 모두 플랫폼을 보유하고 있는 거대 기업들이다. 이들 기업들이 자사의 시스템을 활용하여 고객들의 민감한 개인정보 등을 포함하는 빅데이터를 수집하는 것은 기업 고객의 확대를 위한 영업 전략의 차원이다. 하지만 국내의 경우, 이러한 기업 성장 전략이 아닌 사무실과 작업장 내에서의 전자적 노동감시가 큰 사회적 문제로 대두되고 있는 실정이다.

현재 국내에서는 제약회사들이 영업사원들에게 스마트폰의 고객관리 앱을 통한 위치추적을 활용하여 전자감시를 하는 사례가 적발되었으며, 국내 굴지의 제철회사가 시설 보안의 이유로 전자감시를 실시하고 있다. 따라서 이러한 전자적 노동감시의 사례를 정리하면 다음과 같다(최영철, 2014).

전자적 노동감시는 편리하자고 공개한 위치정보가 GPS를 통해 다른 사람 손에 들어가면서부터 시작된다. 이미 국내 많은 기업은 물론 다른 이의 위치정보가 필요한 사람은 GPS나 무선 인터넷망을 이용해 필요한 대상의 동태를 손금 보듯 살피고 있다. 스마트폰 앱의 위치정보 사용에 동의하는 순간 기업의 전자적 노동 감시를 받게 된다.

심지어 일부 기업은 위치 확인을 통해 직원의 영업실적을 평가하고 유류비를 지급하기도 한다. 영업관리나 고객관리, 첨단기술 보호, 공장 내 보안을 위해서라면 빅 브라더가 되는 것을 두려워하지 않는다. 이제 스마트폰 앱은 직원 정보를 수집하는 숙주가 됐고, 위치 추적 앱은 정보 수집 도구가 된 지 오래다.

국내 한 제약회사는 그 자회사를 포함해 모든 영업직원에게 CRM(고객관리) 모바일 프로그램을 스마트폰에 깔게 했는데, 그 프로그램 안에 위치 추적 앱이 포함된 것으로 밝혀졌다. 앱 명칭은 '활동관리'. 영업직원들에게 다음 날 만날 사람, 장소, 시간을 미리 '활동관리' 앱에 입력하게 하고 당일 영업직원이 그 장소의 좌표값과 일치하는 위치에서 앱을 연 뒤 '확인' 버튼을 누르면 '성공'이라 뜨고, 벗어난 곳에서 '확인' 버튼을 누르거나 아예 버튼을 누르지 않으면 '이탈'이라는 글자가 영업직원의 스마트폰 화면에 선명하게 뜬다.

이러한 개인의 위치정보 추적 문제는 2000년대 들어 GPS 기술이 발전하면서 사회적 논란이 됐다. 그러나 주문한 물건의 배달 경로와 도착시간 또는 수리기사의 도착시간을 알고 싶어 하는 소비자의 요구, 인력을 효율적으로 배치하고자 하는 업체 측의 필요성, 산불 감시 등 정부기관의 공익적 사용 필요성이 맞아떨어지면서 각 개인의 위치정보는 동의가 있는 경우 기업이나 개인이 추적할 수 있는 법적 장치가 마련됐다. 바로 2005년 7월부터 시행된 '위치정보의 보호 및 이용 등에 관한 법률'이 바로 그것이다. 각 기업은 이 법률을 근거로 "직원들에게 개인 위치정보 동의서를 받았기 때문에 법적 하자가 없다"고 주장한다.

하지만 위치정보 추적을 통해 노동 감시를 당한다고 주장하는 근로자들은 "회사 측은 직원들이 자발적으로 개인 위치정보 확인에 동의했다고 주장하지만, 사실 강요나 마찬가지다. 동의하지 않으면 위치 추적 앱을 깔 수 없고, 위치 추적 앱이 없으면 실질적으로 영업이 불가능한 구조여서 회사 측의 동의 요구를 거부하는 것은 곧 회사를 그만두거나 입사를 포기하는 것과 마찬가지"라고 호소한다.

근로자의 동의하에 개인 위치정보를 수집한다 해도 그 동의가 대등한 사이에서 완전한 자유의사에 의해 이뤄진 것이라고 볼 수 없으며, 근로자의 동의 범위 해석과 관련해서도 견해차가 있을 수 있다. 또 동의 범위를 넘어 취득한 정보를 처리하는 문제가 있으며, 근본적으로 사생활 보호라는 기본 권리의 본질적 부분을 침해할 여지도 있다.

최근에는 다수의 국내 굴지의 그룹이 첨단기술 보유 시설과 국가가 지정한 보안 시설, 고객 정보 저장 시설이 있는 각 공장과 사무실 종사자를 대상으로 스마트폰 통제 프로그램 MDM(Mobile Device Management · 모바일 기기관리)[1] 솔루션 앱을 스마트폰에 깔도록 권고한 것과 관련해 "이것 또한 스마트기기를 이용한 노동 감시가 아니냐"라는 논란이 일고 있다. 이 앱은

1 원격으로 휴대전화나 모바일 기기를 못 쓰게 잠그거나 그 속에 든 데이터를 삭제하는 등 통제용 모바일 기기관리 솔루션이다. 원래 단말기의 펌웨어 업데이트, 애플리케이션 설치 등을 위한 기술이었지만 모바일 기기가 발달하고 보안에 대한 관심이 높아지면서 단말기 통제 시스템으로 발전했다.

GPS를 이용한 개인정보 추적 시스템이 아니라, 일종의 근거리 무선 통신망과 전자태그(RFID) 솔루션을 이용해 공장과 사무실 등 작은 공간 안에서 직원의 위치를 파악하고 직원의 스마트폰 카메라 등 정보 유출과 관련된 모바일 앱 실행을 통제할 수 있도록 설계됐다.

쉽게 말해 이 앱을 스마트폰에 깔면 회사가 설정한 보안구역에 들어갈 경우 스마트폰 카메라앱이 자동으로 작동 정지되고, USB 등 각종 정보를 빼내갈 수 있는 모든 앱의 실행이 중단된다. 또한 공장 내 직원의 동선을 정확히 확인할 수 있어 회사 측으로선 정보 유출의 가능성을 원천적으로 통제할 수 있다.

각 노동단체는 "이 솔루션 앱이 스마트폰에 깔린 앱을 원격 통제할 수 있는 데다 외부에서도 사용 가능하기 때문에 실질적으로 회사에 의한 '노동 감시'일 뿐 아니라 사생활 침해 가능성도 있다"고 우려를 내비친다. 최근 금속노동조합 P그룹 사내 하청지회는 "회사가 국가 보안 시설이라는 점을 내세워 사내에서 사진과 동영상 촬영 금지 및 송신 금지 조치에 동의를 요구하지만 실질적으론 강제성을 띤다. 이 앱은 개인정보를 마음대로 변경, 수정할 수 있기 때문에 더 우려된다. 회사가 보안 강화를 핑계로 직원의 사생활을 침해하고 개인정보 전체를 감시 통제하고자 하는 것은 아닌지 의문"이라고 주장했다.

"MDM을 활용한 보안 시스템 강화는 산업기밀 유출이라는 명목으로 직원들과 제3자의 헌법상 보장된 인권인 사생활의 비밀자유, 통신비밀자유, 행동의 자유, 인격권 등을 과도하게 침해하는 것이며, 심지어 기업 내부의 노조 설립 내지 노조활동 내용까지 모두 감시할 수 있어 노동3권을 침해할 개연성도 농후하다. 대기업이 우월적 지위를 이용해 과도하게 인권 침해를 하지 않도록 이에 대한 규제 수단을 조속히 마련해야 한다."

국가인권위원회는 2007년 11월 GPS나 CCTV 같은 전자감시 장치로 근로자 인권이 침해될 수 있다고 판단, 당시 노동부(현 고용노동부) 장관에게 사업장의 전자감시를 적극 규제할 특별법을 제정할 것을 권고했다. 하지만 고용노동부는 6년이라는 시간이 흐르는 동안 아무런 대책도 내놓지 못하고 있다.

1) 전자노동감시의 개념

과거 산업화시대에 있어 작업현장에서의 감독 · 감시는 주로 관리자 또는 현장감독자(supervisor)들에 의해 가시적인 방식으로 수행되었던 반면, 정보통신기술의 발전을 통해 작업현장에 '전자노동감시(electronic labor surveillance)'가 새롭게 등장 · 확산되고 있다(한국노동사회연구소, 2008). 전자노동감시의 개념은 다음의 세 가지 요소를 고려하여 재정립할 수 있다.

(1) 감시대상(What)

전자노동감시의 대상은 감시영역과 감시대상범주 그리고 구체적인 대상물로 나누어 살펴볼 수 있다. 감시영역은 주로 작업현장 및 주변 사업장 부대공간이 되겠지만, 노조활동과 관련하여 작업일과 이후 노동자들의 활동 및 생활공간에 대해 감시활동이 전개될 수 있다. 감시대상 범주로는 노동자들의 작업활동 및 그 직무성과, 직무태도 및 생활방식 그리고 의식성향과 가치관 등이 포괄될 수 있을 것이다. 끝으로, 감시대상물로는 노동자들로부터 의식적으로 수집될 수 있는 음성, 영상, (컴퓨터) 데이터 정보들이 모두 포함될 수 있다. 구체적인 예로는 전화 통화기록, 음성녹취록, E-mail 메시지, 컴퓨터파일, 폐쇄회로 감시영상, 인터넷접속기록, 근태 및 생산활동 관리 컴퓨터데이터, 그리고 위성위치추적 데이터 등이 포함된다.

(2) 감시수단(How)

전자노동감시는 정보통신기술이 핵심수단으로 활용되고 있다. 보다 구체적으로 전자감시기술을 크게 3개 요소로 구성되어 있다(조돈문, 1996). 첫째로 관찰 · 감시자의 노출없이 감시대상의 개인정보를 다량 수집할 수 있는 기술요소이다. 둘째는 통신네트워크를 통한 정보전송으로 공간을 초월한 정보 공유를 가능케 하는 기술 요소이다. 셋째는 분산된 개인신상정보를 연결-통합하여 관리하는 체계적인 DB을 구축할 수 있는 기술요소가 해당된다. 이러한 기술요소들이 투영된 현실적인 전자감시기제로는 CCTV, 전자ID카드, RF카드, Active Badge, 인터넷 및 이메일 이용통제 관리시스템, 전화 및 특정 공간의 감청설비, 전화모니터링시스템, 위성위치추적장치(Global Positioning

System, GPS), 생체인식기(예: 정맥, 지문, 홍체, 얼굴, 음성, 서명, 유전자감식), 그리고 생산라인관리시스템(예: Data Acquisition System, Enterprise Resource Planning) 등을 꼽을 수 있다.

(3) 감시목적(Why)

전자노동감시를 시행하게 된 사용자들의 의도하는 목적은 다음의 일곱 가지 측면에서 정리될 수 있다. ① 업무생산성을 제고하기 위한 작업공정의 통제강화, ② 생산설비 및 자재의 도난방지와 기업정보의 유출방지, ③ 사업장내 안전사고의 사전 예방과 사후 신속대처, ④ 기업 내 컴퓨터시스템 및 생산설비에 대한 개인적 유용 방지 및 장애발생 행위 차단, ⑤ 노동자의 개인적 또는 집단적 반기업활동 및 불법행위 (조직규율 위반행동)에 대한 규제, ⑥ 업무성과의 객관적 측정 및 보상연계, ⑦ 대고객 서비스 품질 개선 등이다. 이와 같이 전자감시의 다양한 추구 목적을 간추리면 사용자의 재산권 보호 및 노동인력에 대한 통제력 강화로 요약될 수 있을 것이다.

이상의 논의를 종합하면, 전자노동감시란 "사용자의 재산권 보호과 노동력 통제력 강화를 위해 정보통신기술에 의존하여 작업장 안팎에서 노동자들의 작업활동, 생활태도 그리고 의식성향에 대한 음성 · 영상 · (컴퓨터)데이터 정보를 취득 · 수집 · 전송 · 저장 · 가공 · 분석하는 일체의 사용자 행위"를 지칭하는 것으로 정의할 수 있다.

국가인권위원회는 이와 관련하여 사업장의 전자감시란 사용자가 각종 정보통신기술을 활용하여 사업장내외에서 근로자의 작업과정은 물론 일상생활에 이르기까지 각종 정보를 수집 · 저장 · 전송 · 가공 · 분석하는 모든 행위로 정의하고 있다. 그리고 이를 위한 기술적 장치를 전자감시기술로 보며, 이러한 기술을 업무 및 자원통제와 연계하여 통합 · 관리할 수 있도록 구축한 정보시스템을 정보통신기기에 의한 감시시스템으로 정의할 수 있다. 정보통신기기에 의한 노동감시는 도입과 운영에 있어서 근로자에게 고지하지 않고 일정 공간이나 개인에 대한 전면적인 생활감시가 가능하며, 네트워크를 통한 통합관리의 용이성으로 감시가 평가와 연동하여 실질적인 감시기제가 나타날 수 있다.

2) 정보통신기기에 의한 노동감시의 변화

조지 오웰(George Orwell)의 '1984년'에서 언급된 '빅브라더'와 제르미 벤담(Jeremy Bentham)의 '판옵티곤'이라는 감시체계가 알려진지는 꽤 오래되었지만 노동의 현장에까지 이러한 감시체계의 위험성을 경고한 바는 최근의 일이다. 또한 과거의 노동감시와 달리 전자적 노동감시는 감시자가 공개되지 않는다는 특징이 있다. 이러한 은밀성이 확보되는 이유는 스마트폰을 통한 위치추적 등 정보통신기술의 발전 때문이다. 오늘날 노동 현장에서 일부 현업 및 기능직을 제외한 대부분의 직무는 컴퓨터와 스마트폰 등으로 수행되고 처리되기 때문에 이에 대한 감시 장비도 첨단성을 가질 수밖에 없다(한국법제연구원, 2013).

결국 최근 컴퓨터 기술의 발달이 도리어 노동과정을 '정보 판옵티콘(information panopticon)'화하고 있다는 주장의 맥락이 여기에서 부터 출발하는 것이다. 더구나 컴퓨터, PDA단말기, 스마트폰 등 전자기기를 사용하지 않는 업무에 종사하는 근로자라고 할지라도 일정한 전자적 노동감시시스템에 노출되어 있다. 가령 지문인식기 등 생체정보를 이용하거나 IC칩이 장착된 사원증의 경우에 근로자의 생체 및 위치정보를 어렵지 않게 수집하고 분석 · 가공할 수 있다. 이러한 기술적 특징으로 감시수단의 첨단성이 날로 발전하고 있는 가운데, 근로자 개인의 인격권과 사생활 침해의 폭도 넓어질 수 있다.

특히 감시수단이 첨단화되면서 원격감시, 전면적 감시, 초정밀감시, 실시간 감시가 가능해져 감시의 범위가 폭넓어지고 있다는 점에서도 그러하다. 또한 이러한 감시를 통해 수집되는 정보는 종합적이고 통합적으로 운용할 수도 있다. 이러한 특징들로 인해 근로자 개인의 인격권과 사생활 등이 침해될 수 있는 위험도 커지게 되었다.

최근 연구에서는 이러한 기술적 특징들로 인해 나타나는 전자적 노동감시의 양상을 몇 가지로 특징화하고 있다. 간단히 요약하면 감시의 시간적 · 공간적 확장(극대화)과 감시 강도의 심화, 신체에 대한 감시에서 정신영역에 대한 감시로 이전, 정보의 비대칭성 및 차별과 배제의 심화, 감시의 은밀함 · 내면화와 규제의 어려움 등으로 나타난다고 한다. 이러한 특징들은 결과적으로 직무와 관련되지 않거나 직무에 필요치 않은 정보들의 수집을 목적으로 하거나 설사 직무와 관련성이 있다고 하더라도 사회통념상 과도하게 직무몰입이나 현장관리를 강화함으로써 다양한 문제가 발생될 수 있음을 추정케 한다. 특히 노동감시가 근로자 개인 혹은 집단에 대해 시행될 경우, 수집된 정보에 대해서도 접근이 용이하지 않아 불이익에 대한 사전 · 사후적으로 법적인 방어 또한 어렵다는 점에서 법적인 규제가 필요하다.

3) 작업장 감시 현황 조사 내용

2013년 10월에 한국법제연구원은 국가인권위원회의 인권상황 실태조사 연구 용역을 수행하면서 정보통신기기에 의한 노동인권의 침해 실태를 조사하였다. 이 조사의 내용을 간략하게 정리하면 다음과 같다(한국법제연구원, 2013).

조사는 2013년 10월 7일부터 31일까지 24일간 수행되었다. 근로자들을 대상으로 하는 실태조사는 만 15세에서 59세 사이의 피고용 근로자를 대상으로 하여 진행되었다.[2]

주요 조사내용은 〈표 3-1〉과 같이 ① 정보통신기술의 발달로 인한 노동강도의 변화, ② 정보통신기술의 종류별 사용 실태, ③ 정보통신 기술에 대한 근로자의 인식, ④ 개인정보보호법에 대한 인지 정도, ⑤ 스마트기기에 의한 노동인권 침해 방지를 위한 제도개선 방안 수용여부 등이다.

총 700명의 응답자 중에서 정규직은 503명, 비정규직은 197명, 관리자 83명, 전문직 61명, 사무직 170명, 서비스/판매직 155명, 기능직 151명, 단순

2 유효표본 700명이며, 통계청의 경제활동 인구통계(2013년 1분기)를 바탕으로 성, 연령, 지역, 직업별 비례 할당하여 표본 추출하였으며, 표본오차는 95% 신뢰수준에서 ±3.7%였다. 조사는 한국리서치에서 주관하여 진행하였으며, 온라인 조사(CAWI: Computer Assisted Web Interview)의 방식으로 진행되었다. 다만 온라인 조사가 어려운 단순노무 종사자 일부 샘플(61명)은 대면면접 조사로 대체하여 진행하였다.

표 3-1 작업장 감시 현황 조사 내용

구분	세부 항목
스마트기기의 발달과 업무 환경 변화	업무상 활용하는 스마트기기의 종류 • 스마트기기의 도입으로 인한 업무량 변화 • 스마트기기 도입에 대한 태도 및 이유
정보통신기술의 종류와 사용 실태 및 효과	사업장내 감시 정도 • 사업장 내 사용되는 정보통신 기술의 종류 • 사업장 내 정보통신 기술 설치에 대한 고지 여부 • 정보통신기술별 사생활 침해 정도 • 정보통신기술의 사용 효과 • 사업장내 정보통신기술로 인한 불이익 경험
사업주와 근로자의 권리에 대한 인식	사업주의 감시권과 근로자의 사생활 보호권이 충돌한 경험 • 사업주의 영업 비밀권과 근로자의 감시 사실에 대한 알권리가 충돌한 경험 • 보안각서 작성 경험
관찰 감시에 대한 규제의 필요성과 대책	근로자 감시를 규제하기 위한 제도의 필요성 • 사업장내 경영진과 노동자의 상호 신뢰 정도 • 노동자 감시에 대한 의견
개인정보 보호실태 및 개인정보 보호법	개인정보 침해 발생 경험 • 개인정보 침해 발생시 대응 방안 • 개인정보 침해 신고센터 운영 인지 여부 • 개인정보법 세부 내용 인지 여부 • 개인정보 보호에 대한 의견
인구사회학적 특성	직업 • 학력 • 월평균 가구 소득 • 노동조합 가입 여부

자료: (한국법제연구원, 2013).

노무직 80명으로 구성되었다. 또한 화이트칼라 직종은 314명, 블루칼라 직종은 386명이다.

개인정보 침해 경험이 있는 사람은 95명으로 전체의 13.6%이며, 직장내 종업원 수는 29인 이하가 298명, 30인에서 299인까지가 223명, 300인에서 1000명까지가 179명으로 구성되었다. 조사 결과의 내용을 요약하면 다음과 같다.

(1) 정보통신 기술의 직장내 사용의 확산과 사생활 침해의 확산

정보통신기술을 사용하는 회사의 증가와 함께 다양한 유형의 정보통신 기술들이 직장에서 사용되고 있다. 2005년 자료와 비교해서도 전 분야에 걸쳐 정보통신 기술의 사용이 보편화 되고 있으며, 새롭게 개발된 기술들도 사용이 증가하고 있다는 것을 확인하였다. 이와 같은 정보통신기술의 사용의 증가는 업무 유연성 등 스마트 근무환경의 구축이라는 측면에서 접근할 수도 있으나, 근로자의 노동 감시와도 연관되어 이해될 수 있다. 근로자의 31.0%는 회사에서 개인에 대한 감시가 이루어지고 있다고 응답했으며, 24.9%는 회사에서 개인에 대한 감시가 없는 편이라고 응답해서 근로자들은 회사의 감시에 더 큰 인식을 하고 있는 것으로 나타나고 있다.

그러나 정보통신 기기의 설치에 대해 구체적인 사전 안내 없이 설치 후 공지하거나 아무런 논의 없이 도입되는 등 정보통신 기기가 안내나 공지 없이 도입되는 현상이 아직도 많은 영역에서 나타나고 있다. 특히 사생활 침해에 대한 논란이 많은 위치추적, 전화 내역 기록, 컴퓨터나 인터넷 모니터링 등은 사전 논의나 공지 없이 설치되고 도입되고 있는 편으로 조사되었다.

뿐만 아니라 직장내외에서의 정보통신 기기의 사용 목적과 수집되는 정보의 내용, 수집된 정보의 활용에 대해서 근로자들의 인지율은 낮아지고 있고 있다. 전체 근로자의 31.9%만이 직장 내에서 사용되고 있는 정보통신기술의 구체적인 목적에 대해 알고 있으며, 수집되는 정보의 종류에 대해서는 전체 근로자의 23.3%가, 수집된 정보의 활용 방안에 대해서는 응답자의 22.6%가 인지하고 있는 것으로 조사되었다.

근로자들은 다양한 형태의 정보통신기술 중 'GPS등을 통한 위치 추적'이 가장 사생활 침해 정도가 심각하다고 생각하고 있으며, 다음으로는 '전화 송수신인 것으로 나타났다.

(2) 스마트기기 이용을 통한 업무의 연장과 개인 사생활의 침해

최근 스마트기기의 보급이 보편적인 것이 되면서 스마트기기를 직장 내의 업무와 연계하여 사용하는 사례가 크게 증가하고 있다. 업무용 사용 기기와 관련하여 스마트기기의 경우 전체 근로자의 76.3%가 업무용으로 사용하고 있으며, 노트북은 55.3%가 업무용으로 이용한다고 응답하였다. 스마트기기를 활용한 노동 활동의 연계가 늘어나고 있으며, 동시 많은 부작용들이 근로 현장에서 발생하고 있는 것을 조사 결과 확인할 수 있었다. 스마트기기의 활용으로 노동 강도는 증가하고 있으며, 보호 받아야 할 근로자들의 사생활에도 많은 영향을 주고 있는 것으로 본 조사를 통해 확인할 수 있었다.

업무상 활용하는 스마트기기의 종류와 관련해서는 '카카오톡, SNS를 통한 업무 지시 전달 및 확인'이 63.0%로 가장 높았으며, 다음으로는 '스마트기기와 회사 이메일 연동'(35.9%), '인터넷을 통한 원격 지원 시스템 이용'(35.7%) 순으로 높게 나타났다.

근로자의 36.6%는 스마트기기 등 정보통신기술의 발달로 업무량이 증가했다고 느끼고 있지만, 전체 근로자의 절반 이상인 52.6%가 업무환경에 스마트기기를 활용하는 것에 대해 긍정적인 태도를 보이기도 하였다. 스마트기기를 활용에 긍정적인 이유는 '시간과 장소에 구애받지 않고 업무할 수 있기 때문에' 가 67.7%로 가장 높게 나타났으며, 반대로 스마트기기 활용에 부정적인 이유로는 '개인의 사생활이 침해되기 때문에'(36.3%)가 가장 높게 나타났다.

전체 근로자의 58.6%가 퇴근 이후에도 근무한 경험을 가지고 있으며, 67.0%는 휴대전화나 이메일을 통해 휴일/퇴근 이후에 업무 지시를 받은 경험이 있는 것으로 나타나 스마트 미디어의 보급이 전체 근로자들에게 노동시간의 연장과 사생활의 일부분을 침해하는 방향으로 영향을 주고 있는 것으로 나타났다.

근로자들이 업무시간 이후에 반드시 이용하라고 지침을 받은 경험과 관련해서는 정보통신 기기 중에서 블랙박스의 경우가 24.1%로 가장 높았으며, 다음으로는 노트북(21.7%)과 스마트기기(21.5%)가 높게 나타났다. 특히 서비스 판매직과 기능직 등 블루칼라의 경우 퇴근시간 이후 블랙박스를 이용하라고 지침을 받은 경험이 비교적 많은 편이며, 전문직의 경우 스마트기기 이용 지침을 받은 경험이 전체 대비 많은 편으로 조사되었다.

(3) 정보통신기술의 직장 내 사용에 따른 효과

정보통신기술 발전의 긍정적 효과에 대해 근로자들은 '회사의 보안성이 강화된다'에 59.7%로 응답하였다. 나머지 긍정적 효과에 대해서는 절반 이하의 동의율을 보였다. 생산성의 향상이나 인사평가의 합리화 같은 부분에 있어서는 30% 이하의 긍정응답률을 보였다.

정보통신기술의 부정적 효과에 대해서 근로자들이 가장 많이 동의한 것은 '개인의 사생활이 침해된다'로 64.0%로 나타났으며, 다음으로는 '노동통제가 강화된다'가 53.7%로 높은 동의를 얻었다.

직장에서 정보통신 기술을 이용한 전자시스템으로 불이익을 당한 경험이 있는 경우는 전체 조사 근로자의 28.3%로 나타났다. 그 중에서 노동 통제가 강화됐던 경우가 19.3%로 가장 많았고, 다음으로는 인사상의 불이익(10.6%), 노동조합 활동의 저해(7.3%) 순으로 나타났다.

(4) 사업주와 근로자의 권리에 대한 인식

근로자의 31.6%가 사업주의 근로자 감독 · 관리권을 인정하고 있지만, 조사대상근로자의 68.1%는 사업장에서도 사생활 보호권을 가져야 한다고 생각하여, 사업주의 관리 · 감독권 보다는 근로자의 사생활 보호권에 대하여 보다 강화된 조치가 필요하다는 점이 폭 넓게 인식되고 있는 것으로 보인다.

사업주의 근로자 관리 · 감독권과 근로자의 사생활 보호권이 충돌했던 경험은 전체 근로자 중 17.3%가 경험이 있었으며, 충돌의 주 내용은 'CCTV 설치/감시'(18.2%), '컴퓨터 및 인터넷 사용 모니터링'(13.2%), '근무시간 및 근태'(12.4/%)로 인한 충돌로 조사되었다.

전문직 종사자의 경우 26.2%가 사업주의 근로자 관리 · 감독권과 근로자의 사생활 보호권이 충돌한 경험이 있는 반면 단순노무직은 5.0%만이 충돌 경험이 있는 것으로 나타났다. 개인정보 침해를 당한 근로자의 43.2%는 사업주의 근로자 관리 · 감독권과 근로자의 사생활 보호권 충돌 경험이 있다고 응답하였으며, 근로자의 사생활 침해에 대한 경험이 사업주의 근로자 관리 · 감독에 대해 민감한 반응을 발생시키고 있는 것으로 보인다.

전체 근로자의 67.4%가 사업주의 영업 비밀 보장권에 대해 인정하는 반면에 75.9%의 근로자들은 자신이 감시되고 있는 것에 대해 알권리를 가진다고 생각하는 것으로 나타났다. 전체 근로자의 4.3%가 사업주의 영업 비밀 보장권과 본인 감시에 대한 알 권리가 충돌했던 경험을 가지고 있다고 응답하였다.

근로자의 절반 정도인 50.9%가 보안각서를 작성해 본 경험이 있으며, 보안각서를 작성해 본 경험이 있는 근로자의 21.3%가 각서의 내용 중 부당한 내용이 포함되어 있다고 생각하는 것으로 응답하였다.

GPS를 통한 기업의 전자감시 사례

"누군가 끊임없이 내 위치를 감시한다고 생각해 보세요. 마음이 편하겠어요?"

회사원 양길상 씨(가명 · 30)는 제약업계에서 손꼽히는 기업에 입사해 석 달째 근무하고 있다. 낮은 연봉과 잦은 야근에 반복되는 회식으로 주말만 되면 파김치가 되지만 양 씨를 진짜 힘들게 하는 것은 다름 아닌 '감시의 시선'이다. 회사가 지급한 태블릿PC에 수시로 자신의 위치 정보가 노출되면서 느끼는 심적 압박감은 상당할 수밖에 없다. 매일 14곳의 병원을 의무적으로 방문해야 하는 그로서는 병원에 들어갈 때와 나올 때 모두 28회에 걸쳐 위치 정보가 사측에 전송된다. 당연히 감시당하는 느낌이 들 수밖에 없다. 하지만 3년의 취업준비생 딱지를 떼고 어렵게 취업한 곳이라 뭐라 반박할 수도 없다. 그는 "만연한 위치추적 관행에 많은 영업사원들이 인권침해라고 호소하고 있다"며 "목구멍이 포도청이라 불만이 있어도 꾹 참고 있다"고 한숨을 쉬었다.

위성항법장치(GPS) · 폐쇄회로(CC)TV 등 기술이 발전하면서 효율적으로 근로감독을 하려는 기업들의 업무 관행과 이를 인권침해라고 여기는 직원들 사이의 갈등이 점점 커지고 있다. 민간(기업)이 개인의 인권을 침해하는 새로운 상황이 빈발하고 있는 셈이다. 그러나 현행 법에는 이를 규제하는 조항이 없다. 을의 입장인 근로자는 불만이 많지만 회사의 위치추적에 대해 동의를 할 수밖에 없는 것이 현실이다.

매일경제 취재 결과 제약 · 택배 · 식품업계 상당수 기업들이 태블릿PC에 깔린 앱을 통해 사원들의 위치를 전송받고 있었다. 일부 회사는 영업사원의 차량에 GPS를 달아 수시로 위치를 확인한다. 위치추적에 관한 규제 조항이 없는 근로기준법 현실과 함께 정보수집 동의에 대한 사측의 요구를 직원이 실질적으로 거부하기 어렵다는 점을 악용하고 있다는 지적이다.

A제약회사 직원 조수호 씨(가명 · 28)는 "위치정보 제공 동의를 하지 않으면 인터넷상에서 결제 업무가 처리가 안 된다. 사실상 강제로 내 위치정보 제공에 동의해야 한다"고 분통을 터뜨렸다. 사내에서 인권침해 논란이 불거진 일부 제약회사는 태블릿PC에서 위치추적 기능을 없애기도 했다. 해당 제약회사 직원 남송근 씨(가명 · 28)는 "업계에서 드물게 우리 회사는 위치 보고 기능을 완전히 제거했다"며 "회사 측에서 인권침해적인 요소가 있음을 고려해 제거한 것으로 안다"고 말했다. 제약회사는 아니지만 한 유명 식품업체는 회사에서 지급하는 차량에 GPS 장치를 부착했다. 차량 유류비를 파악하고 분실을 예방하기 위한 조치라는 설명이다.

그러나 GPS 부착 용도를 넘어 언제 어디서든 차량 위치를 파악하고 업무 지시를 내리는 사측의 행태에 "발가벗은 느낌"이라고 거부감을 내비친다.

실제로 국가인권위원회가 2014년 한국법제연구원과 함께 전국 근로자 700명을 상대로 실시한 정보통신기기 노동인권 침해 실태조사 결과를 보면 사생활 침해 정도가 가장 높은 행태는 ΔGPS · 내비게이션 위치추적 Δ전화 송수신 기록 Δ컴퓨터 디스크 모니터링 ΔCCTV 감시 순으로 근로자들이 사생활 침해 정도를 높게 보고 있었다.

인권위 관계자는 “최근에도 전자감시에 대한 문제가 종종 있는 것으로 안다”면서도 “인권위는 국가기관에 의한 인권침해를 다루고 있어서 개별 회사에 대해 시정 요구를 할 수 없는 한계가 있다”고 말했다. 다만 업종 특성에 따라 위치추적에 대한 거부감이 달라질 수 있다. 택배업계의 경우 택배 배송용 애플리케이션을 설치한 휴대폰을 통해 실시간 위치 추적이 이뤄지고 있다. 그러나 고객의 편의를 위해 물품 배송 상황이 신속하게 조회돼야 하고, 실적과 직접적으로 연계되는 만큼 사생활 노출 부담은 덜한 편이다.

근로자들의 인권침해 논란에 대해 개인정보보호법 전문가인 김경환 변호사(법무법인 민후)는 “을의 입장인 근로자들은 위치정보 제공에 동의하지 않으면 여러 불이익을 받을 수 있다”며 “바로 이런 부분을 명확히 관리 감독하는 고용노동부의 가이드라인이 필요하다”고 지적했다. 정치권에서도 문제의 심각성을 파악하고 관리감독 주체로 고용노동부의 적극적인 역할을 주문하고 직원의 동의가 실질적으로 이뤄지도록 하는 내용으로 개인정보보호법 개정안을 준비 중이다. 더불어민주당 은수미 의원실은 “노사, 정보 전문가, 시민단체 등 이해관계자 의견을 들어 고용부를 책임부처로 고발, 징계권 등을 두는 세부 개정 작업을 진행 중”이라며 “고용노동부가 근로자의 개인정보 침해 신고를 접수해 회사를 상대로 시정 및 고발 조치 등을 하고 위치정보 동의 과정에서 근로자들의 ‘집단적 동의’가 이뤄질 수 있도록 개선할 계획”이라고 전했다.

자료: (매일경제신문, 2016년 2월 6일자).

제3절
전자감시의 대표적 국내 사례

우리나라에서 전자감시와 관련하여 다양한 사건들이 발생하였는데, 지금까지 가장 영향을 미치고 있는 대표적인 국내 사례들을 정리하고자 한다. 우선 초원복국 사건으로 우리나라에서 통신비밀보호법이 제정되는 계기가 마련되었다. 이어서 전자주민카드의 도입 시도는, 이 사태를 겪으면서 개인정보 보호 및 프라이버시 침해에 대한 국민적인 공감대가 확산되는 전기가 마련되었다. 이어서 국가정보원의 미림팀 사건은 국민들에 대한 도청과 감청을 국가가 지속적으로 해 왔다는 것으로 정부에 대한 국민 신뢰가 낮아지게 된 사례이다.

1. 초원복국 도청 사건

초원복국 사건은 1992년 대통령선거를 1주일 앞둔 12월 11일, 정부 기관장들이 부산의 '초원복국'이라는 음식점에 모여, 민주자유당 후보였던 김영삼을 당선시키기 위해 지역감정을 부추기고, 정주영 통일국민당 후보, 김대중 민주당 후보 등 야당 후보들을 비방하는 내용을 유포시키자는 등 관권 선거를 모의한 것이 도청에 의해 드러나 문제가 된 사건이다(이하 위키피디아 내용 수정). 이 비밀회동에 참가한 기관장들은 다음과 같다.

김기춘 당시 前 법무부 장관
김영환 부산직할시장
박일용 부산지방경찰청장
이규삼 국가안전기획부 부산지부장
우명수 부산직할시 교육감
정경식 부산지방검찰청 검사장
박남수 부산상공회의소장

이 비밀회동의 발언 내용들이 정주영을 후보로 낸 통일국민당 관계자들에 의해 도청되어 언론에 폭로되었다. 이 비밀회동에서 "다른 사람이 (대통령에 당선) 되면 부산 · 경남 사람들 영도다리에 빠져 죽자.", "민간에서 지역감정을 부추겨야 돼."와 같은 지역감정을 부추기는 발언이 나왔다. 아파트 값을 반으로 내리겠다는 공약 등으로 보수층을 잠식하던 정주영 후보 측이 민주자유당의 치부를 폭로하기 위해 전직 안기부 직원등과 공모하여 도청 장치를 몰래 숨겨서 녹음을 한 것이었다.

하지만 김영삼 후보 측은 이 사건을 음모라고 규정했으며, 주류 언론은 관권선거의 부도덕성보다 주거침입에 의한 도청의 비열함을 더 부각시켰다. 그러면서 경상도 지역의 지역감정을 더욱 자극하였다. 이 때문에 통일국민당이 오히려 여론의 역풍을 맞았고, 김영삼 후보에 대한 영남 지지층이 결집하는 결과를 낳았다.

당시 보수언론은 '초원복집' 사건의 본질인 권력기관과 고위공직자의 '불법선거개입' 보다는 상대 후보측의 '불법도청'을 집중적으로 부각했다. 김영삼 후보를 노골적으로 편들다시피 한 보수 언론은 선거 당일인 그해 12월 18일 '부산 모임과 도청과‥'라는 제목의 사설을 통해 '공작정치'를 소리 높여 비판했다,

조선일보는 "이번 도청사건은 목적과 관계없이 부도덕한 것이며 앞으로 우리 사회의 관행과 시민생활에 적지 않은 부작용을 파급시킬 것"이라면서 "기관장모임을 도청함으로써 국민당은 선거전략 상 호재를 잡았는지는 모르겠지만, 공공사회와 국민생활에 미칠 정보정치의 악영향을 고려할 때 도청행

위는 비판받아 마땅하다"고 비난했다.

이처럼 부산지역 기관장모임에서 나온 '우리가 남이가'라는 지역감정 조장발언은 영남권 표를 결집시켰고 이 여세를 몰아 김영삼이 14대 대통령에 당선되었다. 결국 대선 승리의 견인차 역할을 한 '초원복집' 사건 연루자들은 이후 보은 인사 혜택을 누렸다.

이후에 법의 심판은 폭로내용과 정반대로 진행됐다. 불법선거 개입 고위공직자들은 면죄를 받은 대신 불법선거를 고발한 사람은 '주거침입죄'로 처벌됐다. '통신비밀보호법'이 제정되지 않은 당시 상황에서 법원은 음식점 주인 허락 없이 불법 도청한 행위를 '주거침입죄'로 규정한 것이다.

'주거침입죄'가 적용된 국민당 관계자와 도청에 관여한 안기부 직원은 벌금 90만원을 선고받았다. 또 정몽준 당시 국민당 정책위원회 의장은 '초원복집' 사건 관련자에게 도피자금을 제공한 혐의로 불구속 기소됐다. 반면 선거법 위반으로 기소된 김기춘 전 장관은 무죄를 선고받았다.

2002년 대선에서 '국민통합21' 후보로 나선 정몽준씨는 그해 10월 관훈토론에서 "불법을 고발하는 방법이 불법이라도 불법을 저지른 분들을 먼저 기소해야 하는데 당국은 그들을('초원복집' 사건 관련자) 전혀 기소하지 않고 나만 기소했다"며 "우리나라가 법의 기본과 양식을 갖추고 있는지 지금도 의구심을 갖고 있다"고 적반하장식 '초원복집' 사건처리를 꼬집었다.

당시 재판결과를 지켜본 사람들은 "도둑은 무죄이고 도둑을 잡으려다가 장독을 깬 사람은 유죄다"라는 판결에 어이없어 했다. 공정선거의 파수꾼이 되어야 할 사법부가 불법선거에 개입한 고위공직자들은 아무런 처벌도 하지 못한 채 면죄부만 주고 만 것이다.

1992년 불법도청으로 대권의 꿈을 날릴 뻔했던 김영삼 후보는 대통령선거 당선 직후 기자회견에서 "(초원복집) 도청을 반드시 밝혀내겠다. 그리고 법의 엄정한 처벌을 받도록 할 것이다."라고 말했다. 측근의 불법선거 개입보다 불법도청이 더 큰 범죄라는 인식을 드러낸 것이었다. 그 후로 1년이 지난 1993년 11월 30일 불법도청을 처벌하는 '통신비밀보호법'이 국회를 통과했다. 이 법 제정으로 공개되지 않은 타인의 대화를 녹음 또는 청취할 경우 최고 10년의 징역형을 받게 됐다.

김영삼 대통령은 불법도청을 막기 위해 법까지 만들었지만 김영삼정권도 불법도청의 유혹을 이겨내지는 못했다. 안기부의 '미림팀'을 재건하여, 운영하면서 정계 · 재계 · 언론계 등 주요 인사들의 대화내용을 도청했고, 청와대 핵심라인에게 직보됐다. 또한 이후에 김영삼의 아들 김현철이 '미림팀'에 깊숙이 관여한 것으로 밝혀지면서 김영삼 정부도 불법도청 정부라는 오명을 남기게 되었다.

2. 전자주민카드의 도입 사례

전자주민카드 사업은 교육행정정보시스템(NEIS) 구축사업과 함께 우리나라 전자정부 사업의 추진 시에 프라이버시의 문제점들이 가장 중요하게 부각되었던 사례이다. 이러한 전자주민카드 사업의 진행과정을 간략하게 살펴보고자 한다(정충식, 2015: 545-548).

전자주민카드 사업은 행정의 효율성추구라는 명분과 인권침해의 가능성이라는 두 주장이 부딪쳐 우리나라 전자정부 사업 중에서 가장 첨예하게 문제가 야기되었던 사례이다.

1) 전자주민카드 사업의 경과

- 1988년 12월 한국전산원에서 다목적 통합신분증에 관한 연구보고서를 발간하여 당시 전산망조정위원회에 전자주민카드 시행을 건의
- 1994년 2월 행정쇄신위원회에서 주민등록증을 IC카드로 전면 교체하는 방안 제시
- 1995년 4월에 '주민등록증 갱신 기본계획'을 국무회의에 보고
- 1996년 6월 정보화추진위원회에서 '정보화추진 기본계획 및 시행계획'으로 확정하여 추진하기로 결정
- 1996년 10월 청년정보문화센터 및 참여민주사회시민연대 등 5개 단체와 민주사회를 위한 변호사 모임 등이 '전자주민카드 반대를 위한 공동대책위원회'를 발족

- 1997년 11월 전자주민카드 제도의 도입을 내용으로 하는 주민등록법이 국회 본회의에서 통과되어, 1998년 12월부터 발급에 착수하여 2004년부터 완전 시행에 들어가기로 결정
- 1997년 12월 김대중 대통령 후보는 전자주민카드제도 실시 반대입장 표명
- 1998년 2월 대통령직인수위원회는 감사원의 특감결과시까지 사업의 중단을 요청
- 1998년 7월 감사원 특감 결과 발표(전자주민카드 사업의 포기를 권고)
- 1998년 7월 기획예산위원회는 전자주민카드 사업의 전면 보류를 결정

전자주민카드 사업은 당시 내무부(현 행정자치부)가 총 사업비 2,675억 원의 주민등록증 갱신사업을 1999년에 전면 시행하는 것을 목표로 1996년부터 3개년간 추진하기로 1995년 4월에 국무회의에 보고함으로서 공식적으로 추진되었다. 이어 1995년 5월에 내무부, 안기부, 정보통신부, 경찰 등으로 '전자주민카드추진단'을 구성하였고, 1996년 6월 이 사업을 정보화촉진 10대 중점과제에 포함시켰다.

2) 시민단체의 반대

그러나 1996년부터 시민단체들이 개인정보유출에 따른 사생활 침해와 새로운 국가통제수단이 된다는 점을 들어 전자주민카드의 도입에 반대의사를 표명하였다. 1996년 10월 시민단체들은 '전자주민카드 도입반대와 국민의 사적 권리 보호를 위한 시민사회단체 공동대책위'를 구성하고 전자주민카드제도 시행의 전면 철회를 요청하게 된다.

이들의 반대주장은 크게 두 가지였다. 첫째는 개인정보(당시 41개 항목)를 하나의 카드에 모았을 때 보안장치에도 불구하고 도난, 분실, 해킹 및 고의적인 유출의 경우에 광범위한 정보가 유출되므로 위험성이 높아진다는 것이다. 둘째는 모아진 개인정보 데이터베이스(DB)가 자칫 주민통제수단으로 악용되고 개인의 사생활이 침해될 가능성이 높아진다는 것이다.

3) 정부의 대응

이에 대해서 내무부는 시민단체들의 주장이 상당부분 오해에서 비롯되었다고 다음과 같이 반박하였다. 첫째, 도난과 분실의 경우에 개인 ID와 비밀번호가 부여되어 공공기관의 경우라도 사용이 어렵게 된다. 또한 담당공무원 등 내부자에 의한 유출위험 가능성은 카드에 수록된 정보를 소관 부서만 열람하므로 담당공무원의 작업이 기록되어 유출될 경우에는 책임소재가 분명해진다. 둘째, 위조와 변조의 위험은 카드내부에 위조와 변조를 방지할 수 있는 특수장치가 있으므로 위조하더라도 사용이 불가능하다. 셋째, 카드에 수록되는 41개 항목은 대부분 민원서류 등에 나와 있는 개인 정보들로 유출되더라도 습득가치가 없는 것이라고 주장하였다.

이어 내무부는 전자주민카드 사업을 적극적으로 추진하면서, 전자주민카드가 국민들에게 다음 〈표 3-2〉와 같이 기대효과가 있다고 홍보하였다.

이처럼 정부는 전자주민카드가 이용되면 국민 개개인의 입장에서는 의료보험증이나 주민등록증 등을 따로 소지할 필요가 없어지므로 간편해질 뿐만 아니라, 의료보험관련 기관의 업무가 내무부 주민등록 데이터베이스와 자동으로 연계되므로 데이터베이스를 중복하여 구축할 필요도 없고 기존의 수작업 업무에서 해방되어 업무의 능률을 기할 수 있게 될 것이라고 홍보하였다.

표 3-2 전자주민카드의 기대효과

구분	내용
국민편익 도모	• 통제개념의 신분증제도를 선진국형 민주적 관리제도로 전환 • 개인정보의 휴대화로 국민의 시간적 · 경제적 부담 대폭 경감 ※ 전국에 IC판독기를 설치 주민등록등 · 초본 및 인감증명서 대체 • 초고속정보통신망과 연계하여 One-stop 민원서비스 구현
행정의 능률화	• 신분증의 위 · 변조 방지로 각종 범법행위 차단 • 민원서류 대폭감축과 제증명 발급의 무인화 및 신고절차의 간소화 • 각종 신분증을 제각기 경신할 경우 소요되는 예산 · 행정력의 절감
정보화 사회의 조기실현	• 정보고속도로의 열쇠역할 부여로 정보화사회의 진입 가속화 • 최첨단 전자신분증의 휴대 및 사용을 통한 대국민 정보마인드 확산 ※ 2천년대는 전자주민카드가 사회생활의 필수도구가 될 것으로 전망
국내 정보 산업 육성	• IC카드 국산화 추진을 통한 반도체 산업의 국제경쟁력 제고 • 최첨단 분야의 국내 기술육성과 해외시장 진출의 교두보 마련

이러한 공방 속에서 내무부는 1996년 10월 공청회 개최 이후에 1997년 2월에 기존 사업계획을 수정하였다. 수정된 주요 내용은, 시행일을 당초의 1999년 1월 1일에서 10월 1일로 9개월 연기하고, 전국민 동시 시행에서 1998년에 제주도에서 시범실시 후 전국에 확대 시행하는 것이었다. 수록 범위도 당초 42개 항목(이 중 개인정보는 41개 항목)에서 개인의 사생활 침해가 우려되는 항목(국민연금 총불입액, 가입금액 등)은 제외하고 인감은 원하는 사람만 선택해서 수록하도록 하여 35개 항목으로 축소하였다. 자료관리도 주민카드 발급센터의 종합관리에서 일제 발급시에만 종합관리하고 그 후에는 분산 관리하도록 하여, 주민카드에만 7개 기능을 수록하여 본인이 원할 때만 확인, 열람, 증명발급이 가능하도록 하였다.

그러나 1997년 11월 17일 국회에서 주민등록법 통과과정에서 당초 주민카드에 수록하기로 했던 7개 기능 가운데 운전면허, 의료보험, 국민연금 등 3개 기능은 완전히 제외하고, 주민등록증과 주민등록 등 · 초본, 지문 등 3개 기능만 수록하고 인감은 본인이 희망할 경우에만 수록할 수 있도록 대폭 축소되었다. 아울러 실시 시행일도 1999년 10월에서 2000년 4월로 6개월 연기되었다.

한편 1997년 12월 김대중 대통령 후보는 TV토론에서 전자주민카드에 대한 반대 입장을 표명하였고, 선거 후 구성된 '대통령직인수위원회'는 전자주민카드의 시행에 대해 사생활 침해 논란이 일고 있는 점을 감안하여 정부측에 감사원의 특감결과가 나오기까지 사업을 중단하도록 요청하였다. 감사원은 1998년 4월부터 전자주민카드 사업의 불법 예산집행 의혹을 밝히기 위한 감사를 실시하여 1998년 7월에 행정자치부에 소요비용 증가에 따른 경제성을 고려하여 비용이 적게드는 방법을 모색하도록 권고하였다.

이어 기획예산위원회는 전자주민카드 사업의 당초 총사업비가 2,675억원이 책정되어 있었으나 유지관리비를 포함할 경우에 총 6,547억원으로 당초 예산의 두 배가 넘는 것으로 추정하여 사업을 전면보류하고 프라스틱카드의 도입을 추진하기로 하였다. 따라서 행정자치부가 운영하려던 주민카드발급센터는 해체되고 주민정보는 지방자치단체에서 분산 관리되는 시스템으로 전환되었다.

4) 시사점

이처럼 오랜 기간 준비된 전자주민카드 사업이 무산된 주요 이유는 경제성의 측면보다는 개인에 대한 사생활 침해의 가능성이 중요하게 작용했기 때문일 것이다. 우선 정부는 사업의 추진과정에서 시민단체들의 거센 반대를 미리 예상하지 못하고 무리하게 사업을 추진하였다. 시민단체들의 반대 주장에는 개인정보누출 및 오용, 주민감시 및 통제수단 등이 포함되어 있으며 이들 중 상당수는 오해나 불신에서 야기된 것이었다. 따라서 만일 사업추진의 처음부터 시민단체들을 참여시켰다면 이러한 점을 해소할 수 있었을지도 모른다.

3. 국가정보원의 도청 역사

우리나라의 도청 역사에는 늘 국가정보원이 자리 잡고 있다. 따라서 이러한 국가정보원을 중심으로 하는 국가의 국민에 대한 도 · 감청으로 인하여 국민들의 정부에 대한 신뢰는 지속적으로 추락하였다(고성학, 2005; 장여경 · 김지성, 2009).

1) 박정희 · 전두환 · 노태우 정부

과거 군사정권에서부터 당시 중앙정보부가 불법 도청을 실시하였다. 군사쿠데타로 집권한 박정희 정부 하에서는 1961년 중앙정보부 내에 20명으로 구성된 과(課) 단위의 도청 조직이 유선전화 도청을 시작하였고, 1968년에는 60명의 단(團) 규모가 약 70만 명의 전화가입자를 대상으로 도청을 실시하였다.

이어서 전두환 정부와 노태우 정부에서는 중앙정보부와 1980년에 이를 개편한 국가안전기획부(안기부), 국군보안사, 검찰 · 경찰 등의 국가기구들이 당시의 체신부, 한국전기통신공사와 같은 하위기구를 체계적으로 구축하여 감시기술을 활용해 왔다. 1988~89년에는 국회 국정감사에서 국가에 개발되었다고 추정되는 감청 기술, 일명 '블랙박스'를 둘러싼 논쟁이 일었다. 당시 야당의 주장에 의하면 전두환 정부에서부터 '비음성 통신용 전송품질 측정시스템'이 전국에 44개나 설치되어 있는데, 이것이 전화를 감청하는 일명 '블랙박스'라고 하였다. 이 주장에 따라 국회는 1989년 9월 28일 광화문국제전화국의 통신시설들에 대해 현장검증을 실시하였지만 관련자들은 이 시설이 감청 장비가 아니라고 부인하였다.

2) 김영삼 정부

앞에서 살펴본 1992년 12월의 제14대 대통령선거를 앞두고 발생한 이른바 초원복국 사건은 온 국민에게 큰 충격을 주었다. 따라서 당시 여당 후보였던 김영삼은 대통령에 당선되자마자 집권 초기부터 도청을 방지하기 위한 법률 제정을 논의하기 시작하였다. 1993년 12월에는 마침내 통신비밀보호법이 제정되어 법률적 근거없이 시행되던 정보/수사기관의 도청이 제도화하기에 이른다.

그러나 2005년 7월 21일 안기부의 불법도청 테이프(일명 X-파일) 사건이 언론 보도를 통해 밝혀지면서 한국 사회는 또다시 큰 충격에 휩싸였다. 통신비밀보호법에도 불구하고 김영삼 정부는 1994년부터 이전의 군사정권과 마찬가지로 도청을 시작 하였으며, 안기부(1999년 1월 국가정보원으로 개편)에서 불법적인 도청전담 조직을 유지하면서 정치적 목적으로 도청하였다는 사실이 드러난 것이다.

안기부의 비밀 도청 조직인 미림팀은 유선전화 도청 부서인 과학보안국에서 대상자의 회동에 대한 도청 자료를 넘겨받은 후 회동 장소에 미리 가서 송신기를 설치한 뒤 대화 내용을 도청했다. 검찰이 전 미림팀장의 집에서 압수한 도청 테이프 274개와 녹취록 13권에 나타난 도청 건수는 총 554회에 달했다. 도청 피해자 가운데는 정치인이 273명으로 가장 많았고, 고위 공무원 84명, 언론계 인사 75명, 재계 57명, 법조계 27명, 학계 26명, 기타 104명 등이었다.

안기부 과학보안국은 유선 전화에 대해서 법원 허가 없이 광화문, 혜화, 영동, 신촌, 신사, 목동 전화국에서 매주 1~2회씩, 1회에 감청 대상자 유선전화 회선 2~3개를 안기부 회선에 연결했다. 전화국 협조가 필요했기 때문에 보안상 대규모 도청은 어려웠지만, 주요 인사들에 대해서는 빠짐없이 도청이 이뤄졌다고 검찰은 전했다. 해당 전화국 관련자에게는 보안 유지 대가로 매달 10만~50만원이 지급됐다.

김영삼 정부는 1996년 1월부터는 이탈리아 B사로부터 아날로그 휴대전화 감청 장비 4세트를 구입하여 1999년 12월 아날로그 휴대전화 서비스가 중단될때까지 사용하였다. 이 장비는 1~2개월 단위로 수십 차례 불법 사용됐고, 사용자가 현장에서 번호를 입력하는 식으로 활용됐다.

안기부 외에도 대검찰청, 경찰청, 세관, 국방부 등 다수의 기관이 역시 정부로부터 인가받지 않고 기업체를 통하여 감청 장비를 불법적으로 수입하였다는 사실이 밝혀지기도 하였다. 2005년 8월 24일 당시 법무장관은 국회 예산결산특별위원회에서 대검찰청이 1995년 3월 미국산 휴대전화 감청기를 도입하는 등 1998년까지 총 8대의 아날로그 휴대전화 감청기를 구입하여 불법적으로 사용하였다고 밝혔다.

3) 김대중 정부

처음으로 야당으로서 집권한 김대중 정부 하에서도 도청이 계속 이루어진 것으로 드러났다. 1998년과 1999년 언론을 통해 "CDMA 휴대전화는 기술적으로 감청이 불가능"하다고 누차 확언하였던 김대중 정부는 이면에서 CDMA 휴대전화 감청 장비를 직접 개발한 것으로 밝혀져 주목을 끌었다. 2005년 검찰의 수사에 따르면, 당시 국가정보원(국정원)은 1996년 1월부터 디지털 휴대전화가 상용화되자 유선중계통신망 감청장비인 'R2'(1998년 5월 개발 완료)와 이동식 휴대전화 감청장비인 'CAS(CDMA Analysis System)'(1999년 12월 개발 완료)를 직접 개발해 20대를 만들어 도청에 활용했다.

국가정보원은 이러한 도청 사실을 은폐하였고, 실제 2005년 초반까지는 그 시도가 성공하는 듯 했다. 2002년 당시 한나라당이 제기한 불법도청 의혹과 관련해 검찰은 2005년 1월 국정원의 휴대전화감청은 기술적으로 불가능하다는 결론을 내리며 무혐의 처분을 내리기도 했다.

그러나 2005년 7월 미림팀의 실체가 폭로되고 재수사가 이루어지면서 국가정보원이 감청장비를 이용해 당시에 주요 인사 1,800여명을 도청을 했다는 사실이 밝혀지게 되었다. 이에 따라서 당시 국가정보원 2차장은 도청을 하도록 국정원 8국 직원들에게 지시한 혐의로 구속되었고, 두 전직 국정원장도 새로운 기종의 감청장비의 도입에 대한 지시, 묵인 등의 혐의로 구속되었다. 이 과정에서 국정원 요원들이 상관에게 진술을 번복하라는 지시를 받는 등, 은폐 시도가 있었다는 사실도 폭로되었다.

이처럼 통신비밀보호법상의 여러 규제 속에서도 정보 · 수사기관의 불법 도청이 계속되는 가운데 정부는 야당의 불법 도청 의혹에 맞서는 과정에서 2005년 8월까지 휴대전화 음성통화에 대한 감청 가능성을 계속 부인해 왔다. 이러한 규제의 공백을 틈타 민간 영역에서의 불법 도청이 기승을 부렸다. 통신 이용자가 늘어나는 상황과 비례하여 이에 대한 불법 도청 사례가 증가하였으며, 특히 휴대전화 단말기의 고유번호를 복제하여 통화를 엿듣거나 문자 메시지를 엿보고 위치를 추적하는 경우가 많았다.

문제가 심각해지자 정부는 2003년부터 휴대전화 동시수신 차단프로그램 운영, 통신비밀보호법 개정으로 휴대전화 단말기의 전자적 고유번호(ESN) 제공 금지, 휴대폰 인증서비스 도입, 단속강화 등의 방지대책을 시행하였다. 2005년 3월에는 신규 단말기에 휴대폰 인증서비스를 무료제공하고 통화도용 방지시스템(FMS : Fraud Management System)을 도입하는 등 휴대전화 불법복제 방지 대책을 강화하면서 휴대전화 음성 통화에 대한 도청이 불가능해졌다고 장담하였다. 하지만 2005년 7월 안기부 X-파일 사건이 공개되자 휴대전화 감청에 대한 사회적 우려가 더욱 커졌고 정부는 2005년 8월에야 비로소 휴대전화 감청이 기술적으로 가능하다는 점을 시인하면서 이에 대한 안전성 대책을 발표하였다. 새로운 암호 방식을 도입하고 착 · 발신 때도 인증서비스를 도입하는 한편 단속을 강화하겠다는 내용이었다.

4) 패킷감청

사회 전반적으로 인터넷 및 스마트폰의 활용과 함께 도청과 감청의 기술도 급속하게 변모하고 있다. 특히 국가정보원의 경우, 인터넷의 보급과 함께 이러한 인터넷을 감청하기 위하여 패킷감청을 도입하였다.

패킷감청이란 인터넷 전용회선에 대한 감청이다. 인터넷 회선을 통해 한 뭉치(Packet)씩 나뉘어 전송되는 정보를 중간에서 가로채는 방식이다. 패킷감청을 이용하면 접속한 웹페이지 주소 목록과 이동 경로, 로그인 정보, 접속 시간은 물론 인터넷 전화의 경우 통화까지 무차별 · 무제한으로 엿들을 수 있게 된다. 감청 대상이 인터넷 회선을 통해 주고받는 모든 정보가 수사기관의 컴퓨터에 실시간으로 '복사'되는 것이다.

국가정보원은 이 패킷감청을 이용해 피의자를 감청하고 있다. 이러한 국가정보원의 감청 정황은 최근에 여러 사건에서 패킷감청을 실시한 것으로 확인되었고, 오늘날의 카카오톡 실시간 감청 및 RCS의 도입으로 이어졌다. 국정원이 이탈리아 업체를 통해 구입한 RCS는 특정 대상의 컴퓨터 또는 스마트폰에 해킹프로그램을 침투시켜 그 컴퓨터와 스마트폰의 모든 것을 파악, 조종할 수 있게 하는 프로그램이다.

패킷감청이 인터넷 회선을 통해 주고받는 정보만을 감청 대상으로 한다면, RCS는 컴퓨터나 휴대전화를 사용하는 '상황'까지 감시한다는 점에서 한 단계 더 진화한 수법이다. RCS는 더 나아가 관리자 권한을 훔쳐 대상 컴퓨터나 스마트폰을 조종할 수도 있다.

이렇듯 논란이 되고 있는 패킷감청과 관련하여 일각에서는 패킷감청은 일반 감청과 달리 피의자와 대상을 특정하는 것이 불가능하고 감청하는 입장에서 현재 컴퓨터 앞에 앉아 인터넷 회선을 사용하는 사람이 피의자인지 여부를 알 수 없기 때문에 피의자뿐만 아니라 관련자의 사생활까지 광범위하게 침해한다고 주장하고 있다. 즉 패킷감청은 증거수집이 아니라 사찰과 감시를 위한 것이라 주장이 제기되고 있다.

때문에 패킷감청이 사생활의 비밀과 인간으로서의 존엄과 가치, 행복추구권을 침해한다는 취지의 헌법소원이 제기되어 있는 상황이다. 공안기구감시네트워크는 2011년 3월 29일 오전 헌법재판소 정문 앞에서 '국가정보원의 패킷감청에 대한 헌법소원 심판청구' 기자회견을 갖고, 헌법소원 심판청구서를 헌법재판소에 제출했다.

공안기구감시네트워크는 기자회견문을 통해 "패킷감청은 감청대상이나 내용을 특정하여 감청할 수 없다는 점에서 특히 인권침해적인 감청기술이다"면서, "국정원은 특히 감청을 통한 자료가 공개재판에서 피의자 범죄혐의를 입증하기 위한 증거자료나 수사자료로 제출된바 없는데 이는 결국 패킷감청이 사찰과 감시를 위한 광범위한 정보 수집이라고 밖에 볼 수 없다"고 강조했다.

민주사회를 위한 변호사모임은 "패킷감청은 헌법의 영장주의 원칙, 적법절차의 원칙및 통신과 사생활의 비밀과 자유 그리고 인간으로서의 존엄과 가치 및 행복추구권을 침해하는 것"이라고 설명했다. 이에 대하여 헌법재판소는 5년이 지난 지금까지 결정 결과를 내 놓지 못하고 있다.

교육행정정보시스템(NEIS)의 구축 사례

교육행정정보시스템(National Education Information System: 이하 NEIS) 구축사업은 국민의정부 시절인 2001년부터 2002년까지 전자정부 11대 사업의 하나로 추진되었다. NEIS 역시도 전자주민카드 도입사업과 마찬가지로 인권침해 가능성으로 인하여 시민단체의 반대에 직면하여 시행에 차질을 빚었으며, 이로 인하여 개인정보 보호의 중요성을 일깨우는 계기가 마련되었다. 이를 간략하게 살펴보면 다음과 같다.

1. 사업의 목표

NEIS의 구축은 우선적으로 각급학교 및 교육행정기관에서 보유한 교육행정정보를 인터넷을 통해 국민에게 제공함으로써 '국민의 알 권리'를 충족시키는 데 중점을 두었다. 아울러 졸업증명서 등 연간 800만 건에 이르는 교육행정관련 각종 증명서를 전국의 모든 교육기관에서 온라인 발급할 수 있도록 하여 원거리 이동으로 인한 국민의 불편함을 최소화 하고자 하였다. 또한 서식의 표준화와 업무처리 절차 및 방식의 개선, 이에 따른 법령 및 제도 정비를 통해 행정의 효율성을 높이고, 교원의 잡무 처리 시간을 줄여, 교원이 본연의 업무인 가르치는 일에만 전념할 수 있도록 하는 데 그 목표를 두었다.

2. 사업의 추진 경과

1) NEIS 도입 이전 시기(1996년 8월~2001년 5월)

우리나라는 초, 중등학교에서의 교육행정 정보화의 일환으로 1996년 8월 초·중등학교 종합정보관리시스템(C/S) 개발에 관한 기본 계획 수립을 시작으로 학교생활기록부의 전산화를 시작으로 하였다. 1997년 10월 C/S의 1차 프로그램 개발을 완료하고 150개 시범 운영 고등학교에 적용시켜 운영하였다. 김대중 정부 초기인 1999년 9월 C/S 2차 프로그램 개발이 완료되어 일선 학교에 보급되는 가운데, 2000년 7월 전국단위 교육행정정보시스템(NEIS) 구축을 위한 기본 계획을 수립하게 된다. 이것이 2001년 5월 전자정부 구현을 위해 우선 추진할 11대 중점 추진 과제로 선정되면서 C/S 프로그램과 NEIS 프로그램은 충돌하게 된다.

2) NEIS 구축 시기(2001년 5월~2003년 3월)

2001년 5월에 전자정부 11대 업무 중 중점과제로 선정된 NEIS 사업은 2002년 3월에 시스템 설계를 완료했고, 6월에 시스템 구축업체와 사업계약을 체결하여 시행에 착수했다. 초기에 이 사업의 목표 완료 시점은 다른 11대 과제들과 마찬가지로 2002년 10월이었다. 그러나 2002년 7월 실시된 교사대상 사용자교육 초기에 문제점이 제기되었다. 즉 시스템 접속 불량 및 중단 사태 발생으로 인하여 교사들이 새 시스템에 따른 불안과 업무 부담에 대한 우려가 증폭되고, 학생들의 인권 침해 소지가 있다는 이유로 전교조에서 NEIS에 대한 전면적인 반대 운동을 펼치기 시작하였다.

이에 교육인적자원부는 2002년 9월부터 교원 단체들과 협의에 들어갔다. 하지만 합의점을 찾지 못하고, 2002년 10월 조기 개통을 앞두고 2002년 8월 27일 전교조에서 전 언론기관에 NEIS 사업에 대한 보도 자료를 배포하고 교무/학사 시행에 대해 교원단체들이 시범기간 연장 및 시스템 개선을 건의하였다.

이때부터 NEIS에 대한 거부운동이 전교조와 일부 시민단체, 학부모단체를 중심으로 확산되었고, 교총과 정보교사들 등 NEIS 도입에 찬성하는 학부모 단체들도 활발한 찬성 운동을 벌이며 NEIS 문제가 이슈화되기 시작했다. 이런 상황에서도 교육부는 전교조와의 협의를 하는 기간에도 2002년 11월에는 인사, 예산, 회계, 시설 등 22개 영역의 1단계 서비스사업을 시범으로 실시하였고, 같은 해 12월에는 경력증명서, 졸업증명서, 검정고시 등 13종의 인터넷 민원서비스를 실시했다. 전교조와의 협의 기간이 끝난 2003년 2월 전교조는 NEIS의 인권침해 가능성을 이유로 국가 인권위원회에 제소하였다. 그 과정에서 2003년 2월 25일 참여정부가 출범하고, 참여정부하에서 이 문제를 해결하기 위해 교육행정정보화 위원회가 구성되었다. 교육인적자원부는 2003년 3월부터 재학증명, 성적증명, 학교생활기록부 등 7종의 인터넷 민원 서비스를 실시하였다.

3) 대안모색 및 해결 단계 (2003년 3월 이후)

교육인적자원부는 2003년 4월 11일 NEIS 27개 전 영역을 전면 개통하였고, 이에 전교조는 NEIS 시행을 전면 거부키로 입장을 발표하고 국가인권위원회에 제소하기에 이르렀다.

국가인권위원회는 NEIS가 인권침해의 가능성이 있다고 지적하면서 2003년 5월에 다음과 같이 세 가지 요지의 권고사항을 발표했다. 첫째, 27개 영역 중 사생활의 비밀 침해 등 인권 침해 소지가 있는 교무/학사, 입(진)학 및 보건 영역은 입력 대상에서 제외하고, 둘째, 교원인사기록 중 별지 목록 기재 사항은 사생활의 비밀침해 등 인권침해 소지가 있으므로 입력 항목에서 제외하며, 셋째, 개인정보의 누출로 인한 사생활 비밀 침해 등 인권 침해가 없도록 C/S 시스템에 인한 보안체계 강화조치를 요구했다. 이러한 국가 인권위원회의 결정은 사실상 과거의 C/S 체제로의 복귀를 주장한 것이었다.

이어서 11월 27일, 48개 교육 · 인권 단체로 구성된 'NEIS 반대와 정보인권 수호를 위한 공동대책위원회'는 정보인권을 중심내용으로 하는 8개 항의 '교육정보 수집 · 활용 · 관리 원칙'을 발표하였다. 국무총리실 산하 교육정보화 위원회는 2003년 12월 15일 NEIS 운영과 관련해서 교무 · 학사, 보건, 입학 · 진학 등 3개영역은 학교별 서버에 담아 민간 · 국가 기관 · 학교 등이 공동관리(Co-location)하기로 결정했다. 이와 함께 보안성을 높이기 위해 공개키기반구조(Public Key Infrastructure: PKI) 기술을 도입, 자료를 암호화하고 기록은 실시간으로 남기도록 했다.

이후 2004년부터 최근까지 NEIS의 시행과 관련하여 정부와 시민단체들 간에 수 없이 많은 협의가 진행되어 왔으며, 이를 바탕으로 하여 민감한 부분은 분리하여 운영하는 등 개인정보보호의 측면에서 시스템을 지속적으로 수정하여 왔다.

3. 시사점

1) 사업 추진 시 국민과의 파트너십

NEIS 사업은 국민적 합의를 도출해내지 못한 상태에서 정책 추진은 앞으로 국민들에게 엄청난 저항을 불러올 수 있다는 것을 보여준다. 향후 전자정부 사업의 추진 시에 국민들의 요구와 필요를 제대로 파악하지 못하고 Top-Down식의 정책을 추진하면, 정책의 실패를 가져오고 많은 예산을 낭비하게 된다.

2004년 9월 23일 교육부와 전교조는 새 시스템* 방안에 합의를 했다. 따라서 NEIS에서 문제가 되는 3개의 영역을 분리키로 최종 결정하고 새 시스템 구축에 새로이 520억의 예산을 쓰기로 결정했다. 이처럼 전자정부 사업은 정보화 정책의 특징상 타 정책보다 몇 배의 예산이 낭비될 수 있으며, 궁극적으로는 국가의 경쟁력에도 영향을 끼치게 된다.

이러한 문제를 해결하기 위한 방법 중 하나로 공공토론(public deliberation)의 제도화가 논의되고 있다. 공공토론은 정보화가 유발할 수 있는 변화의 바람직한 방향에 대한 합의를 도출하는 메커니즘이다. 공공토론의 제도화는 정보화에 대한 상호학습(mutual learning)의 장을 마련할 것이고, 정보화 추진과정에 일반시민들의 참여를 보장하는 방안의 하나가 될 수 있을 것이다.

2) 개인정보보호에 관한 법 제도적 기반

향후 전자정부 사업추진 시, 개인의 식별정보(성명, 주민번호 등)는 암호화기법 등을 활용하여 유출되더라도 식별하지 못하도록 기본원칙을 세워야 할 것이다. 이외에 공무원을 대상으로 하여 개인정보보호 의식교육을 강화하고, 사생활 침해 피해에 대한 구제책을 제도화하고, 개인정보의 분류체계도 명확한 정립하여야 한다.

최근에 자기 정보 통제권과 같은 적극적 의미의 프라이버시권이 등장하고 있으나 이러한 정보인권은 국가의 행정작용과의 관계에서 충분히 보호되기 어려운 측면이 많다. 왜냐하면 국가가 대국민서비스를 제공하거나 국가 고유 업무를 수행하기 위해서는 일정정도의 개인정보가 필요하며, 국가업무를 효율적으로 수행하기 위해서 정보의 통합화가 추진되고 있기 때문이다. 문제는 행정업무와 정보 인권 사이에 어느 지점에서 조화를 이룰 것이냐에 있다.

그러므로 개인정보의 중요성에 대한 사회적 인식과 민감성(sensitivity)의 제고를 위한 사회 전반의 노력이 요구된다. 그 방법으로 정보 주체의 정보자기결정권과 개인정보 수

---

* 새로 도입된 시스템은 NEIS 중 교무, 학사, 보건, 입학, 진학 3개 영역을 담당한다. 이들 영역은 교육행정, 예산 등 총 27개로 구성된 NEIS의 일부지만 전체 데이터의 약 70%를 차지하는 핵심 부분이다.

집기관의 책임성에 대한 적극적 홍보와 교육이 실시되어야 할 것이다.

자료: (정충식, 2015: 548-551).

제 4 장

스마트 전자감시사회의 정책 방향

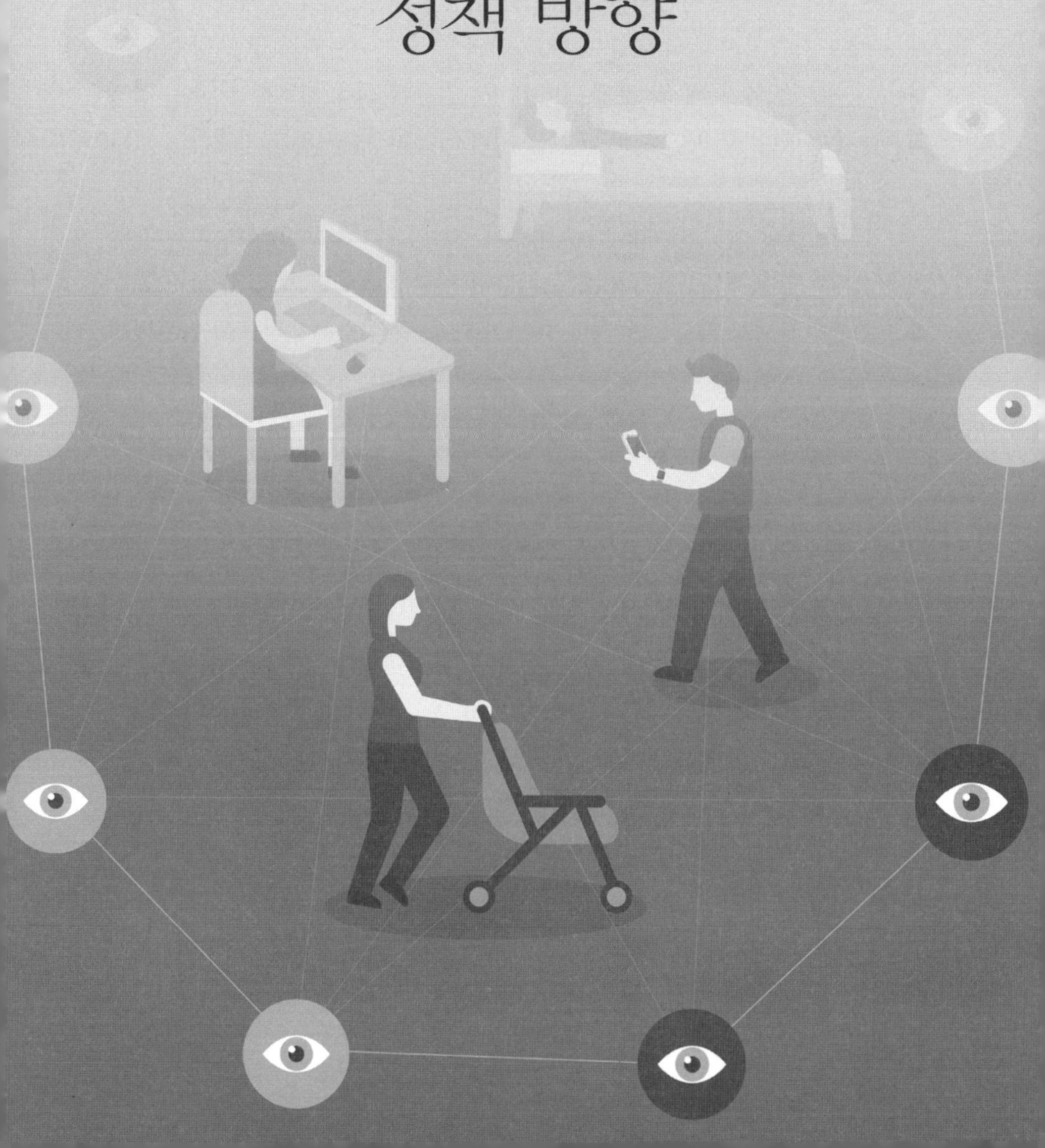

최근에 국내에서 판매되고 있는 스마트폰의 대다수가 지문과 홍채를 통한 본인확인 기능을 제공하고 있다. 이처럼 생체인식이 본인 확인의 수단으로 자리 잡을 경우에 전자감시의 새로운 패러다임이 창출될 것이다. 따라서 우리나라에서 앞으로는 생체인식이 공공부문과 민간부문을 막론하고 거의 모든 분야에서 이용이 활성화될 전망이다.

2017년부터 정부기관이 운영하는 인터넷 사이트에 홍채와 지문 등 생체 인증을 포함하는 비대면 본인확인 서비스가 본격적으로 도입될 예정이다. 2017년 상반기에 국내 최초로 "신규 온라인 본인 확인 서비스" 시범사업이 추진된다. 이것은 기존의 공공아이핀이나 공인인증서를 대체하고 온라인과 모바일 기반의 비대면 인증 수단을 대거 늘리겠다는 취지이다. 정부 관계자는 "신용카드와 홍채 및 정맥 등 다양한 인증 방식을 허용해 달라는 업계 의견을 수용했다"고 하여 새로운 인증 서비스가 활성화되기를 기대하고 있다(전자신문, 2016년 12월 26일).

그러나 결국 이러한 사회 전반의 생체인식의 활성화로 인하여 이제 개인의 사생활은 더욱 더 지켜지기 힘든 환경이 조성될 것이다. 따라서 이러한 스마트 전자감시사회 확산 가능성에 대하여 대응 방안이 선제적으로 마련되어야 한다. 이 장에서는 이러한 스마트 전자감시사회의 도래에 대응하기 위한 인식 변화 및 법과 제도의 현황 그리고 정책 방안들을 살펴보고자 한다.

제 1 절

스마트 전자감시사회 도래에 대응하는 인식변화

최근 스마트폰과 각종 ICT기기를 포함하는 디지털 기술의 급속한 발전으로 인하여 과거와는 완전히 다른 차원의 세상이 도래하고 있다. 이러한 사회적 변화는 이제 제4차 산업혁명으로 명명되면서 지능정보사회로의 진입을 예고하고 있다. 따라서 이러한 지능정보사회에서 새로운 전자감시에 대응하기 위해서는 국민 모두에게 이제까지와는 다른 차원의 인식의 변화를 요구한다. 이것은 디지털 프라이버시의 중요성에서 시작하여 개인정보의 자기결정권으로 귀결된다. 더 나아가 잊힐 권리에서 설명을 요구할 권리에 이르기까지 다양하게 변화해 오고 있다. 이러한 내용을 정리하면 다음과 같다.

1. 디지털 프라이버시의 중요성

지능정보사회에서 다양한 ICT기술의 활용으로 인하여 '디지털 프라이버시'가 보다 중요해지고 있다. 즉 과거와는 다른 기술의 활용으로 개인의 사생활이 급속도로 침해됨으로 인하여 프라이버시의 내용이 변화하고 있다. 특히 가상공간에서 개인을 식별할 수 있는 개인정보의 중요성이 부각되고 있다. 이제까지 프라이버시와 관련해서는 개인정보의 유출을 막는 것이 중요했다. 그러나 이제 다양한 소셜네트워크서비스(SNS)를 활용하기 위해서는 더 많은 개인정보의 공개와 활용이 필요한 실정이다. 특히 사물인터넷과 인공지능이 결합한 초연결사회에서는 사회적 연결과 개인의 자율에 따른 정보의 개방성을 추구하기 때문에 프라이버시와 충돌하는 상황이 발생하고 있다.

1) 지능정보사회의 디지털 프라이버시

디지털 기술과 인터넷의 발전으로 온라인 가상공간의 '디지털 프라이버시'가 중요해지고 있다. 과거에는 없던 제품과 기술이 개인의 사생활을 침해하게 되면서 프라이버시의 내용이 변화하고 있는 것이다. 특히 온라인에서 개인을 식별할 수 있는 개인정보의 중요성이 부각되고 있다. 실제로 각 국가와 기업들은 해마다 증가하고 있는 개인정보 유출 및 침해 사건을 막는데 주력하는 상황이다.

디지털 정보기술의 발전에 따른 지능정보사회의 등장은 프라이버시 관련 환경을 급격히 변화시키는 계기가 되었다. 지능형 CCTV와 스마트폰 위치추적 등을 통하여 개인의 모든 행적이 디지털 정보로 변환되어 저장되고 있기 때문이다. 최근에 논란이 되고 있는 국정농단 사건에서도 테블릿PC의 위치 추적을 통하여 소유자가 입증되고 있는 세상이다. 즉 제자리에 앉아서 컴퓨터로 간단히 데이터를 검색하기만 하면, 어떤 사람이 어디에 가서 누구를 만나고 무슨 대화를 나누었는지 그리고 어떠한 물건을 구매했는지 확인해 보는 것이 가능하게 되었다. 개인의 안전과 편의를 높이기 위해 개발된 수많은 디지털 기기들이, 프라이버시를 침해하는 양면의 결과를 낳게 된 것이다.

이처럼 과거에는 없던 제품과 기술이 개인의 사생활을 침해하는 경우가 늘면서 보호해야 할 프라이버시의 내용도 변화할 필요가 있게 되었다. 더 나아가 이제 프라이버시의 개념도 고전적인 혼자 있을 수 있는 권리에서 벗어나서 새로운 국면을 맞이하고 있다. 따라서 이처럼 정보통신기술이 급속하게 발전하는 지능정보사회에서는 새로운 디지털 프라이버시의 관점에서 개인정보의 침해와 위협을 접근하여야 한다.

2) 디지털 프라이버시의 특징

이전의 프라이버시는 오프라인의 실제 생활과 관련이 있었다면, 디지털 프라이버시는 온라인의 가상공간과 밀접한 연관이 있다(성낙환, 2010). 이전까지 프라이버시는 헌법에 보장된 기본권의 하나로서 정부로부터의 부당한 수색과 압류, 그리고 언론에 의한 사생활 노출을 막는 등의 실생활에 관련된 상황이 많았다. 반면에 디지털 프라이버시는 인터넷의 확대와 디지털 기술 발전에 따라 가상의 네트워크 상에서 이루어지는 사생활 침해에 대한 것이 주를 이루고 있다. 범죄를 막기 위해 거리마다 설치된 지능형 CCTV와 빅데이터와 결합된 다양한 기술들 앞에 모든 시민들의 프라이버시가 노출되어 있다.

또한 현재 세계 인구 가운데 절반이 인터넷에 연결되어 있으며 이제 모바일이 PC를 역전한 상황이다. 최근의 조사자료에 의하면, 2016년말 현재 전 세계에서 인터넷을 쓰는 사람은 37억7천730만명으로 지난 12개월 사이 10%가 늘었다. 소셜미디어 이용자는 같은 기간 21% 늘어난 27억8천900만명으로 세계 인구의 37%를 차지했다. 특히 모바일 소셜미디어 이용자는 1년 만에 30% 늘어 25억명을 돌파했다. 소셜미디어를 쓰는 사람 10명 가운데 9명이 모바일로 접속하는 것이다. 세계의 휴대전화 이용자는 1년 전보다 5% 증가한 49억1천700만명으로 전체 인구의 66%다.

따라서 이러한 인터넷과 모바일 소셜미디어 사용 환경에서는 온라인 네트워크 상에서 이루어지는 사생활 침해가 급속하게 증가하고 있다. 실제로 인터넷에는 불특정다수의 익명성을 지닌 수많은 사람들이 존재하기 때문에 프라이버시를 침해할 소지가 많다. 인터넷 상에서는 대부분 ID 계정으로 사람을 식별하기 때문에 다른 사람이 비밀번호를 알기만 한다면 ID 계정의 원래 주인 행세를 할 수 있다. 게다가 실명을 밝히지 않기 때문에 자신의 의견을 표현하는데 있어서, 상대방을 인신공격하거나 프라이버시를 침해할 소지가 높다. 각종 욕설과 비속어가 포함된 포탈의 공개 게시판과 블로그에 올라오는 글을 보면 인터넷 익명성의 부정적인 면을 확인해 볼 수 있다. 인터넷 실명제가 개인의 표현의 자유를 침해함에도 불구하고 끊임없이 논의되어 온 것은 바로 이러한 이유 때문이다.

또 인터넷에서는 수많은 정보가 시공간을 초월하여 빠르게 확산되기 때문에 프 라이버시 문제는 더욱 민감한 사안이 되고 있다. 인터넷상의 정보는 24시간 내내 국경을 초월하여 불특정 다수에게 삽시간에 전파된다. 게다가 쏟은 물을 다시 컵에 주워담을 수 없듯이, 특정 사이트에 회원가입을 하거나 글을 남기는 등 인터넷에 흔적을 남긴 사람은 이후에 이를 삭제 하더라도 자기가 모르는 다른 누군가에 의해 저장된 정보가 남아 있게 된다. 이러한 정보 저장 및 전달 속성이 개인 프라이버시와 연관되어 문제를 더욱 심각하게 만들 수 있는 것이다. 최근 정치인이나 인기 연예인들이 과거에 작성했던 인터넷 글로 곤욕을 치르는 사례를 심심치 않게 볼 수 있는 것도 이러한 이유다.

3) 스마트폰과 SNS로 인한 디지털 프라이버시 문제

최근 스마트폰과 SNS(Social Network Service) 확대는 디지털 프라이버시에 새로운 도전이 되고 있다(이하 성낙환, 2010의 수정). 지금까지의 디지털 프라이버시는 어떻게 하면 개인정보를 외부에 유출시키지 않고, 엄정하게 관리 · 감독할 수 있느냐의 수동적인 입장을 유지해 왔다. 그런데 이용자의 참여와 공유를 바탕으로 하는 스마트 기기나 SNS는 기본적으로 개인정보의 적극적 활용과 밀접하게 관련이 있기 때문이다. 실제로 소비자의 니즈를 충족시키는 스마트한 서비스를 제공하기 위해서는 개인의 선호사항을 포함한 많은 개인정보를 기업에 제공해야 한다. 마찬가지로 SNS는 가상의 온라인에서 정보공유, 인맥관리, 자기표현 등을 통해 사회적 네트워크를 구축하기 때문에 성별, 출신학교, 거주지역 등의 개인정보를 공개할 수밖에 없다.

스마트폰의 대표적 서비스인 위치기반서비스(LBS, Location-based Service)는 기기에 장착된 GPS를 이용하여 가까이 있는 친구 찾기, 맛집 위치 검색, 네비게이션 등 고객에게 다양한 편의 서비스를 제공한다. 이 때 서비스 사업자는 사용자의 위치정보와 같은 개인정보를 수집하게 되는데, 사용자의 움직임을 세세히 파악할 수 있다는 점에서 프라이버시 침해 논란을 가져올 수 있다.

불특정 다수가 복잡한 관계로 얽혀 있는 SNS에서는 프라이버시 문제가 더욱 심각하다. SNS 사이트에서는 개인용 웹 페이지에 자신의 글, 사진, 문서 파일 등을 게재하고 외부와 공유한다. 이 때 프라이버시 환경설정 기능을 통해 정보의 공개 범위를 제한할 수 있으나 이름, 이메일 주소, 성별 등의 기본 프로필은 일반적으로 모두 공개되고 있는 상황이다.

이러한 환경에서는 타인에 의해 무단으로 사용되거나 관리 소홀로 개인정보의 유출이 발생하는 경우가 잦다. 나와 친구를 맺은 사람의 친구들까지 서로 정보공유가 되면, 원치 않는 타인에게까지 개인정보 공개 상황에 당면할 수도 있다. 또 SNS에서 제공하는 여러 서비스도 프라이버시를 침해할 수 있다. 예를 들면 취미, 주소지, 성별 등의 개인 정보를 이용한 타깃광고, 본인의 현재 위치와 가까운 온라인 친구 찾기 서비스 등 모르는 사이에 나의 정보가 사용될 소지가 많다.

'모든 것을 공개하는 세대(Tell-all generation)', 뉴욕 타임즈가 최근 SNS로 자신의 일상을 외부에 공개하고 소통하는데 익숙한 젊은이들을 일컬어 사용한 단어이다. 확실히 어렸을 때부터 인터넷에 친숙한 디지털 세대들은 개인정보를 공개하거나 활용하는 것에 관대한 편이다.

따라서 이처럼 모든 것을 공개하는 세대들에게는 새로운 디지털 프라이버시의 규범이 적용되어야 한다. 이러한 지능정보사회의 환경에서는 앞으로 개인정보 활용의 증가와 개인의 프라이버시 침해 가능성 사이에서 개인들이 능동적으로 자신의 개인정보를 구분하여 공개수준을 결정하게 될 것이다.

2. 잊힐 권리 및 삭제 청구권

앞에서 살펴 본 디지털 프라이버시는 구체적으로 잊힐 권리 및 삭제 청구권으로 나타나고 있다. 이러한 잊힐 권리는 유럽에서 시작된 것이지만 2014년 5월의 유럽사법재판소의 판결 이후에 세계적인 관심사가 되었다. 이러한 잊힐 권리(the right to be forgotten)는 링크 삭제 청구권으로 보다 구체화되어 시행되고 있다.

1) 잊힐 권리(Right to be Forgotten)

현재 잊힐 권리는 지능정보사회의 다양한 개인정보 유출 및 확산에 대응하는 방안의 하나로 제기되고 있으며, 지속적으로 논의가 진행 중인 사안이다. 정보에 대한 공유가 광범위하게 이루어지는 디지털 환경에서 개인의 신상에 관한 정보를 삭제하거나 검색되지 않도록 조치할 수 있는 권리가 보장되는지, 그 제도적 효능을 두고 다양한 헌법적 쟁점이 거론되고 있다. 특히 지난 2014년 5월 유럽사법재판소가 이 권리를 구체적으로 인정하는 판결을 내리면서 이에 대한 찬반의 견해가 첨예하게 대립하고 있는 양상이다.

(1) 전개 과정

곤잘레스라는 스페인 변호사가 1998년에 La Vanguardia라는 신문에 게재된 자신에 관한 기사가 상황이 변화한 현재의 관점에서 볼 때 자신의 프라이버시를 침해할 수 있는 것이고, 또 이 기사가 자동적으로 검색되는 구글의 검색 시스템 또한 프라이버시 침해성 기사로 인도하는 안내자의 역할을 하고 있으므로 역시 프라이버시 침해라는 주장을 2010년 스페인 법원에 제소하였다. 해당 기사의 내용은 1998년 사회보장 분담금 채무를 상환하기 위하여 자신의 주택에 대하여 이루어질 경매와 매각을 공고한 것이었다. 부끄러운 과거의 경제적 상황이 구글을 통해 계속 기사로 검색되는데 대한 불만에서 이 문제가 시작되었다.

스페인 정보보호국은 2012년, 신문 기사가 법원의 경매정보에 바탕을 둔 것이므로 삭제할 수 없다고 판단하였지만, 구글의 검색결과와 링크를 삭제하라고 결정하였다. 구글이 스페인 고등법원에 항소하였고 법원은 EU의 1995년 개인정보보호지침 규정을 구글 검색서비스에도 적용할 수 있는지 여부를 유럽사법재판소에 질의하였다.

유럽사법재판소는 2014년 5월에 스페인 정보보호국의 손을 들어주었다. 검색서비스사업자의 검색엔진 운영은 개인정보보호지침의 '개인정보처리(processing of personal data)'에 해당하고, 검색엔진은 개인정보처리시스템(filing system)으로 보았다. 따라서 검색 서비스 사업자로서 이 지침의 적용을 받는 구글은 개인정보처리자(controller)에 해당한다는 것이다. 이를 바탕으로 구글은 사용자가 원하지 않는 검색결과 등을 삭제하여야 한다는 내용의 잊힐 권리를 받아들였다. 관할권 문제에 있어서도 구글 스페인 지사는 본사와 서버의 외국 소재에도 불구하고 EU의 관할권 내에 있다고 보았으며, 이 사건에서 인터넷을 이용하는 일반적인 이용자들이 가지는 정당한 이익(legitimate interest)보다 개인의 프라이버시가 더 중요하다는 취지의 판단을 내렸다.

(2) 유럽의 법적 토대

잊힐 권리의 토대로서 "정보프라이버시권"(data privacy right)은 1995년 11월 24일 유럽연합(EU)에서 제정된 "개인정보의 처리와 관련한 개인의 보호에 관한 지침"에서 처음 도입된 개념이었다(박정훈, 2013). EU개인정보보호지침에서 "정보프라이버시권"은 개인정보(personal data)와 관련하여 EU에 거주하는 정보주체인 개인들에게 부여된 정보이전에서의 동의원칙, 중대한 이익의 보호를 위한 필요한 조치요구 등 정보에 관한 여러 권리를 말한다. "정보프라이버시권"은 EU회원국과 비회원국 사이에 "정보의 유통"(flows of information)도 통제한다.

즉, 만일 미국의 회사가 EU 시민들의 개인정보를 처리할 경우 이 지침의 영향을 받게 된다. 다만 2000년 미국과 EU는 "안전항"(safe harbor) 원칙에 동의하였고, 미국 회사들과 개인들은 계약에 의해 1995년 유럽연합 지침의 "정보봉쇄"(data blockages)를 회피할 수 있었다. 미국을 제외한 유럽연합 등 다른 국가에서는 정보프라이버시권을 사람들의 "개인정보"(personal information)에 대한 "모든 이용자들"(all subsequent users)이 준수해야할 구속력이 있는 권리로 개념을 정의하고 있다. 반면, 미국의 경우 "정보프라이버시권"(information privacy right)은 유럽연합에 비해 포괄적이지 못하다. 하지만 미국도 연방법 및 주법에 의해 금융기관 · 의료기관, 13세미만의 아동에 대한 개인정보 등의 보호에 대해 입법을 강화하고 있는 중이다.

2012년 1월 25일 유럽위원회(European Commission: EC)가 유럽연합에 제안한 새로운 "정보프라이버시권"(data privacy right)의 확장, 즉 "잊힐 권리"(a right to be forgotten)의 도입은 최근 수년간 뜨거운 논의주제로 되고 있다. 즉, 잊힐 권리에 의하면 다음 · 네이버 · 구글과 같이 검색엔진서비스를 제공하는 포털웹사이트에 사람들의 과거에 관한 개인적인 게시기록 · 사진 등이 광범위하게 퍼져있음에도 이를 검색엔진서비스에서 검색되지 않도록 삭제하는데 실패할 경우 전 세계 매출액의 2%에 달하는 과태료를 부과

할 수 있었다. 따라서 만일 이 규정안이 정식으로 채택되었다면 국내 포털뿐만 아니라 페이스북이나 구글 역시 그러한 책임조항으로 인해 부정적인 위험요소가 되고, "잊힐 권리"는 "표현의 자유(freedom of speech)"에 중대한 위협이 될 수 있었다.

(3) 구글의 대응

구글은 이 판결에 대응하여 '잊힐 권리 자문위원회(The Advisory Council to Google on the Right to be Forgotten)'를 구성하여 개인의 잊힐 권리와 공중의 정보 접근권을 조율하는 데 사용할 기준점 4가지를 2015년 2월에 발간한 보고서를 통해 천명하였다(문소영 · 김민정, 2016).

이러한 기준들에서 공통적으로 언급되고 있는 요소들은 ①링크 삭제를 요청한 정보 주체가 공인인지 사인인지, 혹은 성인인지 미성년자인지와 같은 정보 주체의 성질에 관한 판단, ②링크 삭제의 대상이 되는 정보가 1995년 지침에 규정된 민감 정보 (sensitive information)에 해당하는 은밀한 성격의 정보인지 등과 같은 정보의 성질에 대한 고려, ③저널리즘 관행을 준수하는 언론사 혹은 신뢰도가 높은 블로거가 게시한 정보인지와 같은 정보 발간의 맥락 및 출처에 대한 판단, 그리고 ④과거의 경미한 범죄 기록 등과 같은 시간의 흐름에 대한 고려들이다.

구글은 곤잘레스 판결 직후인 2014년 5월 29일부터 링크 삭제 요청들을 공식적으로 접수하기 시작했고 자사의 잊힐 권리 집행 현황을 투명성 보고서를 통해 밝히고 있다. 2016년 3월 11일에 업데이트 된 구글 투명성 보고서에 따르면, 현재까지 구글에 접수된 링크 삭제 요청 건수(request)는 총 401,066건이다. 하나의 링크 삭제 요청이 여러 개의 링크들을 삭제해 달라는 경우도 있으므로 삭제 요청된 링크 수(URL)로는 총 1,407,774개라고 한다(Google, 2016). 구글은 지금까지 삭제 요청된 링크들 중에서 42.6%의 링크들을 삭제하였으며, 이러한 링크 삭제로 가장 영향을 많이 받은 사이트 10개를 밝혔다. 그 1위는 페이스북(Facebook)이며, 이들 10개의 사이트들 모두가 소셜네트워크 서비스 혹은 인명/주소 검색 서비스였다.

영국의 가디언(Guardian)지는 구글 투명성 보고서의 소스 코드에 숨겨져 있던 데이터를 발견하여 구글의 잊힐 권리 집행 현황을 보여 주는 추가 자료들을 2015년 7월에 공개 하였다. 가디언이 공개한 자료에 따르면, 2014년 5월부터 2015년 3월까지 구글이 접수한 전체 요청의 95.6퍼센트는 사인들이 개인적이고 사적인 정보(private and personal in formation)를 보호하기 위해 요구한 것이며, 구글은 이러한 요청들 중 48%를 받아들여 링크들을 삭제하였다(Guardian, 2015. 7. 14)

'구글 스페인 링크 삭제' 결정 이후의 잊힐 권리 집행 현황의 통계 자료들이 보여 주는 것은 유럽에서 잊힐 권리는 그 개념적 시작이 그러했듯이 개인정보 보호에 초점이 맞추어져 있다는 점이다. 소셜네트워크 사이트나 온라인 인명/주소 검색 서비스에 나타나는 과도한 개인 정보들의 노출이 주요 쟁점이라는 것을 확인할 수 있다. 즉, 인격권을 보호하기 위해 명예훼손적인 정보에 대한 링크를 삭제하는 것은 아니라는 점이다.

물론, 구글의 잊힐 권리 집행이 표현의 자유를 침해한다는 문제의식은 지속적으로 제기되고 있다. 대표적으로 영국의 텔레그래프(Telegraph)와 BBC 등의 언론사들은 구글 검색 결과 목록에서 삭제된 자사의 기사 목록을 제시하고 있다(BBC, 2015. 6. 25; Telegraph, 2015. 9. 3).

(4) 미국의 대응

미국에서는 표현의 자유 보호를 이유로 잊힐 권리를 받아들일 수 없다는 견해가 대세이다(장철준, 2014). 미국 사회에서 연방수정헌법 제1조가 가지는 위상과 가치를 생각하면 충분히 이들의 태도를 이해할 수 있다. 또한 구글, 페이스북, 트위터, 위키피디아 등 전 세계에 걸쳐 막강한 영향력을 발휘하고 있는 미국 인터넷 기업을 보호하기 위한 조치라는 분석도 있다. 어찌 되었든 기본적으로 잊힐 권리가 미국에서 환영받지 못하는 제도임은 분명하다. 프라이버시 보호를 위하여 인터넷 에서 타인의 표현의 자유를 제약하는 것에 대한 근본적 거부감이 자리 잡고 있기 때문이다.

더구나 여기에 국가의 적극적 역할이 개입된다면 더욱 환영받지 못할 것이다. 이는 유럽에서 프라이버시를 인격권의 일종으로 이해하는 방식과 달리 다른 일반적 기본권 실현을 위한 전제로서 프라이버시를 이해하고 있기 때문으로 볼 수 있다. 경쟁하는 다른 기본권 및 공익에도 불구하고 프라이버시를 더욱 보호하여야 할 합리적인 이익이 제시되지 않는다면 굳이 프라이버시에 먼저 손이 가지는 않는다. 물론 여기에는 유럽이나 아시아 국가들에 비하여 훨씬 개인주의적 사고방식이 만연한 상태에 있는 미국 사회의 특성을 먼저 이해할 필요가 있다. 굳이 프라이버시를 기본권으로 문제 삼지 않더라도 상대적으로 이미 높은 수준으로 보호가 되고 있기 때문이다.

2) 삭제 청구권(Right to Erasure)

이러한 잊힐 권리는 보다 구체화되어 삭제 청구권으로 나타나고 있다. 이러한 삭제 청구권은 이제 지능정보사회에서 새로운 기본권으로 인식되어야 한다.

(1) 잊힐 권리에서 삭제 청구권(Right to Erasure)으로

'잊힐 권리' 논의가 본격적으로 시작된 것은 2012년 1월 25일, 유럽연합집행위원회(European Commission)가 현행의 「개인정보보호지침」(EU Data Protection Directive 95/46/EC)2)을 대체하는 「개인정보보호규칙 초안」(Proposal for General Data Protection Regulation)3)을 제출하면서 부터이다. 1995년에 제정된 현행의 「개인정보보호지침」은 그 이후에 전개된 소셜 네트워크(social networks)나 클라우드 컴퓨팅(cloud computing)과 같은 기술발전을 충분히 반영하지 못하고 있었고, 지침(Directive)의 성격상 회원국들 사이에 개인정보보호법의 통일성을 충분히 확보하지 못하는 결함을 가지고 있었다. 이러한 결함을 보완하여 유럽연합의 시민들에게 직접 적용되는 단일의 개인정보보호법을 확립하고자 2012년의 규칙(Regulation) 초안이 만들어진 것이다.

이 규칙 초안은 제17조에서 '잊힐 권리와 삭제 청구권'(right to be forgotten and to erasure)이라는 제목 하에 정보주체가 갖는 권리를 규정함으로써 '잊힐 권리'라는 명칭을 직접 사용하였다. 그렇지만 '잊힐 권리'의 정확한 의미가 무엇인지 밝히지 않고 있고, '잊힐 권리'와 '삭제 청구권'이 어떻게 구별되는지에 대하여도 조문에서 확인할 수 없었다. 그러나 2014. 3. 12. 유럽연합 의회(European Parliament)가 채택한 「개인정보보호규칙 수정안」(Amendments to the General Data Protection Regulation)에서는 '잊힐 권리'라는 용어가 삭제되었다. '잊힐 권리'의 실체가 명확하게 밝혀지지 않은 상태에서 회원국에게 직접 적용될 규칙(regulation)으로 규율하기에는 상당한 비판과 부담이 작용했던 것으로 보인다.

수정안이 채택된 가장 큰 원인 가운데 하나는 미국 NSA에 의한 PRISM과 같이 광범위한 국제적 온라인 감시체제로부터 유럽회원국 국민의 정보인권을 보장하기 위한 것으로, 특히 유럽 시민의 개인정보의 보호가 핵심 이슈로 논의된 것으로 알려지고 있다. 이러한 유럽 「개인정보보호규칙 수정안」의 수정 문안에서는 삭제 청구권(Right to Erasure)이 잊힐 권리(Right to be Forgotten)를 포괄하는 개념으로 소개되고 있다.

(2) 잊힐 권리의 새로운 정의 – 링크삭제 청구권

많은 학자들이 '잊힐 권리'에 대하여 다양한 의견을 제시하여 왔다. 학자들은, '잊힐 권리'를 "개인에 관한 정보의 삭제를 청구할 수 있는 권리", "인터넷상에서 잠재적으로 나타나 있는 자신과 관련된 정보를 포함하는 각종 자료의 삭제를 요구하며 해당 자료로부터 자유로워질 수 있는 권리", "광범위하게 오픈된 인터넷상에 존재하는 자신과 관련한 정보의 삭제를 요구할 수 있는 권리", "권리주체가 스스로 인터넷상에서 지속적으로 검색되는 자신과 관련된 정보자료를 삭제하거나 검색차단을 할 수 있고, 정보제공 서비스와 관련하여 권한이 있는 자(ISP 등)에 대하여 정보삭제나 검색차단, 변경된 정보의 공시와 같은 일정한 조치를 요구할 수 있음으로써 기존의 정보로부터 정보주체의 의지대로 자유로워질 수 있는 권리", "인터넷 이용자들이 웹에 남겨둔 자신의 정보를 통제하고 정보를 지우는 것이 가능한 권리"라고 정의하고 있다.

이러한 정의들을 종합해보면, '잊힐 권리'란 "온라인에서 자신과 관련된 정보의 삭제를 요구할 수 있는 권리"를 말한다. 이 개념은 현재 우리나라에서 진행되고 있는 '잊힐 권리'와 관련된 논의들에서 전제가 되고 있다.

이상을 종합해 보았을 때, '잊힐 권리'란 "개인정보처리자에게 자신과 관련된 정보의 삭제와 전파방지를 요구할 수 있는 정보주체의 권리(개인정보

삭제 청구권)이자, 동시에 제3자에게 그 정보의 복제본이나 링크의 삭제를 요구할 수 있는 정보주체의 권리(링크삭제 청구권)"라고 할 수 있다.

따라서 '잊힐 권리'는 제3자에게 자신과 관련된 정보의 링크의 삭제를 요구할 수 있는 정보주체의 권리, 즉 링크삭제 청구권으로 새로이 정의되고 있다.

(3) 지능정보사회의 새로운 기본권

이제 지능정보사회에서 프라이버시의 강화를 위해서는 '잊힐 권리'를 새로운 기본권의 관점으로 이해할 필요성이 있다. 지금까지 발전해온 정보프라이버시권 또는 개인정보자기결정권으로는 모든 유형의 개인정보를 온전히 보호하기 어렵고, "19세기 말 '혼자 있을 권리'라는 프라이버시권이 새롭게 주장되었던 것처럼, 1970년대 개인정보자기결정권이 세계 주요 국가에서 입법되던 것처럼, 새로운 유형의 프라이버시권이 필요하다"는 의견이 대두되고 있다.

아울러 "잊힐 권리가 문제시되는 영역은 더 많은 경우에 권리주체 스스로가 생성하고 공개했던 정보가 문제될 수 있다는 점에서, 그 정보의 현실적 유동성과 잠재적 유동성이 정도와 범위에 있어서 계산될 수 없다는 점에서, 권리주체의 미래의 삶이 과거와 현재의 정보로 인해 치유될 수 없는 치명적 상황에 이르게 될 수도 있다는 점에서, 잊힐 권리는 개인정보자기결정권의 문제를 초월하는 또 하나의 새로운 기본권으로 정립되어야 할 필요성이 있다"는 것이다.

3. 설명을 요구할 권리(Right to Explanation): 알고리즘의 규제

앞에서 살펴본 디지털 프라이버시 관점의 권리들은 이제 지능정보사회에서 설명을 요구할 권리로 발전해 나가고 있다. 최근 인공지능 기술 · 서비스가 크게 확산되면서 정보의 생산과 유통 주체가 사람이 아닌 인공지능 알고리즘에 의해 가능해지기 시작했다. 그런데 인공지능의 산업적 편익 못지않게 그것에 대한 반작용으로 인공지능의 기술적 · 사회적 부작용이나 역기능에 대한 규범적 대응, 예컨대 '알고리즘 책무성(algorithmic accountability)' 또는 '알고리즘 투명성'을 규범화하려는 논의도 활발하게 전개되고 있다.

그러한 논의의 출발점은 인공지능 알고리즘이 공정하고 중립적인 것이 아니라 특정한 알고리즘의 선택이나 알고리즘 기반의 의사결정이 차별적 · 배제적인 결과를 초래한다는 데 있다. 예컨대 최근 미국 대선에서도 논란이 있었듯이, 구글이나 페이스북의 추천 및 검색 알고리즘이 정치적으로 편향된 여론 형성을 초래할 수도 있다는 우려인 셈이다. 그래서 미국 오바마 행정부는 널리 상용화된 빅데이터 분석 알고리즘이 사회적 편견과 왜곡, 특히 성차별, 인종 차별의 문제를 야기 시킬 수 있음을 경고하기도 했다.

따라서 알고리즘도 인간의 판단이나 선택에 의해 구성되므로 편향성, 차별성을 내포할 수밖에 없기 때문에 알고리즘 설계 · 개발 및 활용과정 전반에 대한 규제의 필요성이 자연스럽게 제기된다. 알고리즘 규제(algorithmic regulation)와 관련한 본격적 논의는 최근 유럽연합 (EU)의 '개인정보보호규정(GDPR: General Data Protection Regulation)'이 알고리즘 투명성(algorithmic transparency)과 관련해서 프로파일링 (profiling) 등 자동화된 개인적 의사결정에 대해 '설명을 요구할 권리 (right to explanation)'를 적극 포함한 데서 비롯되었다. 알고리즘이 단순히 자동화되어 작동하는 '기계의 영역'이 아니라 '공공의 영역'에서 사회적 감시와 규제를 받아야 하는 존재로써 부각되기 시작한 셈이다(이하 이원태, 2016의 수정).

1) 지능정보사회의 알고리즘

'알고리즘'이란 "컴퓨터 혹은 디지털 대상이 과업을 수행하는 방법에 대한 설명으로 명확히 정의된 한정된 개수의 규제나 명령의 집합" 으로 정의된다. 즉 특정한 값(value)이나 값의 집합을 받아 처리해 또 다른 값이나 값의 집합을 내놓은 사전에 잘 정의된 계산 절차, 즉 '데이터를 처리하는 규칙'이라고 할 수 있다. 그런데 알고리즘의 사회경제적 활용이 급증하고 있지만 알고리즘이 과연 공정하고 중립적이고 객관적인가에 대한 문제들이 지속적으로 제기되고 있다.

알고리즘이 내리는 자동화된 의사결정에는 우선순위 결정, 분류, 관련짓기, 필터링이라는 과정이 존재하는데, 이 과정이 인간 개입에 따른 오류와 편향성, 검열의 가능성 등 본질적으로 차별적인 성격을 내포하기 때문이다. 특히 알고리즘은 정의된 명령에 따라서만 작동하는 것이 아니라 이용하는 사람 혹은 객체와의 상호작용 속에서 끊임없이 수정 및 조정 되므로 인간(소프트웨어 개발자)의 편견이나 선입견이 반영될 가능성이 상존한다. 또한 알고리즘은 과거로부터 쌓여온 데이터를 학습하면서 인종차별, 성차별 등 역사적 편향성을 반영할 가능성도 매우 높은 실정이다.

알고리즘을 구축하는 단계에서 개발자의 성향과 판단, 사회적 풍토, 외적인 압력이 개입되기 때문에 알고리즘은 편향적일 수밖에 없으며, 기술적이든 제도적이든 알고리즘의 책임성, 공정성, 투명성을 제고하기 위한 사회적 제어 노력이 요구도고 있다. 따라서 알고리즘은 사회적 상호작용과 독립된 것이 아니라 그 자체가 사회적 상호작용의 한 기능이므로, 사용자들의 피드백이 어떻게 시스템에 선입견이나 편향을 주입하는지에 대한 철저한 고려가 필요하다.

실제로 미국 정부는 잘못된 데이터를 학습한 빅데이터 알고리즘의 부작용(차별, 편견, 배제 등)을 우려하고 이에 대한 정책 대응의 필요성을 역설하였다.(FTC, 2016.1; Executive Office of the President, 2016.5)

특히 유럽연합(EU)은 개인정보보호 차원에서 알고리즘 규제를 제도화하려는 노력을 적극 추진하고 있는데, 2016년 4월에 개인정보의 수집, 저장, 사용에 대한 포괄적인 규제를 담고 있는 법안인 '개인정보보호규정(General Data Protection Regulation, 이하 GDPR)'을 발표하였다.

유럽연합의 GDPR은 머신러닝이나 의사결정 알고리즘 등 새로운 ICT기술에 대비하기 위한 규제의 일환으로 정보주체에게 알고리즘 의사결정에 대해 '설명을 요구할 권리(right to explanation)'를 제안하였다. 따라서 이러한 알고리즘 규제의 흐름은 이제 알고리즘이 단순히 자동화되어 작동하는 '기계의 영역'이 아니라 '공공의 영역'에서 사회적 감시와 비판을 받아야 하는 존재임을 시사하고 있다(최수진, 2016).

2) EU 개인정보보호 체제의 전환

유럽연합(EU)은 1980년에 제시된 OECD의 "프라이버시 보호와 개인정보의 국경 간 이동에 관한 가이드라인"을 참고하여, 1995년에 개인정보보호 규범인 '데이터 보호 지침(Data Protection Directive: DPD)'을 제정하였다. DPD의 주요 목적은 EU의 '기본권헌장(Charter of Fundamental Rights)'의 제8조에 따라 개인정보의 가공 시 개인을 보호하고, EU 내 개인정보의 자유로운 이동을 보장하는 것이었다. 이어서 2010년 11월 4일에 디지털 기술이 일상에 미치는 영향력이 급증함에 따라 EU는 개인정보 보호를 강화하고, 개인정보의 자유이전을 보장하기 위하여 DPD 개정 계획을 발표하였다.

이러한 DPD 개정의 주요 내용은 ① 개인정보의 수집과 사용 최소화, ② EU의 단일시장(single market) 강화, ③ 형사법적 분야에서의 개인정보보호 규범 개선, ④) EU 역외로의 개인정보 이전 절차 개선 및 개인정보 보호수준 제고, ⑤ 정보보호당국의 권한 및 역할 강화 등이다.

따라서 제4차 산업혁명과 지능정보사회의 대두로 인하여 인공지능 등 새로운 기술 확산, 국경 간 개인정보 유통 급증 등 개인정보 보호 환경의 급변으로 인하여 2016년 4월에 기존의 DPD 체제에서 GDPR 체제로 전환하였다. 이러한 GDPR는 약 2년의 이행기간을 거쳐 2018년 5월에 발효될 예정이다.

GDPR의 주요 추진 목적은 EU 차원의 통합된 개인정보보호 규정을 통해 27개 회원국들이 DPD에 입각해 각각의 개인정보보호 법률을 가진 기존의 법제도적 불일치 문제를 개선하기 위한 것이다. 특히 포괄적 적용 가능한 입법의 특성 외에 〈표 4-1〉과 같이 '잊힐 권리(right to be forgotten)', '정보이동권(right to portability)', '(알고리즘에 대해) 설명을 요구할 권리(Right to explanation)' 등 정보 주체의 권리를 대폭 강화하는 규정이 새롭게 포함되었다.

3) GDPR에 나타난 알고리즘 규제의 주요 내용

GDPR의 핵심 내용은 개인정보 이용을 쉽게 하는 한편, 이에 대한 통제권도 대폭 강화한다는 점인데 특히 '설명을 요구할 권리' 등과 같이 알고리즘 규제

(algorithmic regulations) 이슈가 크게 주목받고 있다. 이러한 GDPR의 알고리즘 규제는 다음과 같이 개인정보보호에 대한 기업의 책임성을 크게 강화하는 방향으로 논의되었다.

1. 기업이 고객의 민감한 개인정보를 보유할 경우 개인정보보호 책임자를 두고, 개인정보 관련 이력을 추적할 수 있는 시스템을 반드시 마련하여야 한다. 만약 이를 어기면 해당 기업이 전년 세계에서 올린 매출의 4%나 2000만 유로(257억원) 중 높은 쪽의 벌금을 내도록 하는 등 규제 강도가 대폭 강화되었다.
2. 역내 기업뿐만 아니라 역외 기업들도 GDPR의 제약을 받게 되므로 외국

표 4-1 GDPR의 주요 내용

항목	내용
잊힐 권리 (right to forgotten)	• 정보 주체가 본인의 개인정보 처리를 더 이상 원하지 않거나 개인정보를 보유할 법적 근거가 없으면 해당 정보 삭제 . 개인의 프라이버시 보호가 목적이며 언론 자유를 제한하거나 지난 사건을 없애려는 목적은 아님
본인 개인정보 열람 및 이용	• 개인은 본인의 개인정보가 어떻게 처리되는지 정보를 얻을 수 있으며 정보를 명확하고 이해하기 쉬운 방식으로 얻어야 함
본인의 개인정보 이전권(right to portability)	• 서비스 공급자 사이의 개인정보 이전이 용이
정보 유출을 고지 받을 권리	• 개인을 위험에 빠뜨리는 정보유출 사고가 발생하면 해당기업 혹은 조직은 이를 국가 감독기구에 보고하는 한편 정보 주체가 적절한 조치를 취할 수 있도록 고도의 위험이 수반되는 모든 유출사고에 대해 최대한 신속하게 통보
(상품 및 서비스) 설계 및 기본설정에 의한 개인정보보호 (Data Protection by design and by default)	• '설계 및 기본설정에 의한 개인정보 보호'는 EU 개인정보보호 규정의 필수 요소 . 네트워크나 모바일 앱과 같은 상품 및 서비스 개발 초기단계에서부터 개인정보보호 안전장치를 고려하고 기본설정을 프라이버시를 보호하는 쪽에 맞춰야 하는 것을 일컬음
개인정보 규정 집행력 강화	• EU 규정을 위반하는 경우 개인정보보호 기관은 해당 기업의 전세계 매출액의 최대 4%까지 벌금 부과 가능

자료: (유럽집행위원회, 2015. 이원태, 2016의 재인용).

의 클라우드 사업자 경우 EU 내에서 직접기반구조를 만들거나, 회원국은 2018년 5월 6일까지 GDPR 규정을 자국법에 적용해야 한다.

3. 정보제공자가 언제든지 본인의 정보 제공에 대한 동의를 철회할 수 있도록 했으며 잊힐 권리를 도입해 당사자가 원하지 않을 시, 인터넷에 올라온 본인의 개인정보를 삭제할 수 있는 권리도 부여하였다.
4. 개인이 기업에 본인의 정보 열람이나 정보처리 현황을 요구할 수 있도록 했으며 마케팅 목적으로 활용될 수 있는 본인의 개인정보처리에 대해서 거부할 권리도 명시하였다.
5. 자신의 정보 전체를 제3자로 이전을 요구할 권리도 부여했으며 민감한 정보를 주기적으로 수집하는 기업의 경우 데이터보호 관리자(Data Protection Officer)를 임명하도록 하였다.
6. EU는 제3국에 대해 개인정보보호 적정성 평가를 실시하며 보호체계가 높다고 인정된 국가에 한해서만 정보이동을 승인한다.

여기서 개인정보의 처리(processing of personal data, 혹은 processing)는 자동화 수단 여부에 관계없이 전송, 유포 또는 다르게 이용, 수집, 기록, 조직, 저장, 각색 또는 수정, 복구, 참조, 사용, 공개와 같이 개인정보에 대하여 실행되는 어떠한 작동 또는 작동행위로 구성된다.

특히 GDPR의 제22조는 '프로파일링을 포함한 자동화된 개인 의사결정(automated individual decision-making, including profiling)'에 관한 규제로 어떻게 데이터를 수집, 저장할 것인지를 다루고 있다. 이 규제는 추천 시스템, 신용 · 보험 손해자산, 컴퓨터 기반 광고, SNS 등에서 광범위하게 쓰이는 알고리즘의 범위를 금지하는 내용을 포함하고 있어 알고리즘 규제의 핵심 이슈로 급부상하고 있다.

여기서 '프로파일링(profiling)'은 자연인에 대한 일정한 개인적 측면을 평가하기 위하여 직업, 경제력, 관심사, 건강, 행태, 신뢰도, 이동, 위치 등을 분석 혹은 예측하기 위해 이루어지는 개인정보의 자동화된 처리의 모든 형태를 가리킨다. 이 규제는 개인들이 본인의 정보처리 상황을 잘 알기 어렵기 때문에 정보주체가 자율적 통제권을 행사할 수 있도록 해야 한다는 문제의식에서 제기된 것이다.

이미 기존의 DPD 제15조에서도 '자동화된 개인적 결정(Automated individual decisions)'에 관한 규정을 두었으나 GDPR에 와서 프로파일링에 대한 명시적 규정의 필요성이 재강조된 것이다.

4) 설명을 요구할 권리(제13~15조)

'설명을 요구할 권리(right to explanation)'는 GDPR의 명시적인 규정이라기보다는 영국 옥스퍼드대의 굿맨과 플랙스먼이 자신들의 논문에서 GDPR의 13~15조를 해석하고 설명하면서 유명해진 개념이다(Goodman & Flaxman, 2016). 이들에 의하면, 데이터 주체는 프로파일링을 포함한 자동화된 처리에만 의존한 결정(decision based solely on automated processing, including profiling)에 종속되지 않을 권리가 있음을 강조하고 있다.

프로파일링에 의한 자동화된 개인결정에 대해서는 반론 가능(contestable)하다고 규정하고 있는데, 알고리즘은 인간의 개입 없이 독자적으로 개인에 대한 결정을 할 수 없고, 알고리즘에 의해 행해진 결정에 대해 질문하고 반박할 수 있는 권리를 함축한다. 따라서 GDPR의 '설명을 요구할 권리'는 유럽인들에게 어떻게 특정 서비스가 특정 알고리즘 결정을 만드는지에 대한 개인(정보제공자)의 선택권을 부여한다는 것이다.

구체적으로 제13조에서 데이터 프로세서들이 정보주체들에게 언제 그리고 왜 데이터를 모으고 처리하는지를 알려야 한다고 규정하고 있다. 이어서 제14조에서는 정보주체로부터 취득하지 않을 때 제공되어야 할 정보를 규정하는데, 이는 정보주체의 권리행사를 위해 투명한 정보와 더불어 '견고하고 지능적이며 쉬운 형식'의 의사소통을 요구하는 것이라고 볼 수 있다.

이어서 '정보 주체의 액세스권'(제15조)를 신설하여 알고리즘 규제와 관련해서 본인의 개인정보 접근 외에도 회사나 공공기관이 보유하고 있는 개인정보에 좀 더 쉽게 접근하고 서비스 제공자간 개인정보 교환도 가능하도록 제도화하였다.

5) 알고리즘의 투명성 제고를 위한 대안

알고리즘 자체는 인간의 창조물이기 때문에 그 설계에 영향을 미친 주체와 목적(책임성)을 반드시 고려해야 하고 그런 점에서 투명성이 그 대안으로 제시될 수 있다. '알고리즘 투명성(algorithmic transparency)'은 사용자들로 하여금 합리적이고 공정한 판단의 기회를 제공한다는 점에서 정보의 신뢰도를 높이는 중요한 원칙이며 수단이 될 수 있다(오세욱 · 김수아, 2016).

'알고리즘 투명성'을 제고하는 데는 '인간 에디터(human editor)'와 같이 사람이 직접 관여(감시)하는 방식, 다수의 사람들이 '집단지성(collective intelligence)'으로 규제하는 방식, 알고리즘 및 기계학습을 통한 기술적 해결 등이 있다(Woolf, 2016).

'설명을 요구할 권리'를 포함한 알고리즘 규제는 ① 개방성(openness): 개인에게 영향을 미친 데이터나 알고리즘을 공개, ② 인증(authentification): 알고리즘이 민감한 용도에 유효하게 사용된다는 제3자의 인증, ③ 반증가능성(counterevidence): 알고리즘 기반의 예측이 틀렸음을 증명할 수 있는 구체적 방법 등 3가지 기준을 충족해야 한다.

앞으로 '알고리즘 책임성' 또는 '알고리즘 투명성'은 제4차 산업혁명 시대의 새로운 미디어 규제 이슈로 대두될 것이다. 우리 정부도 알파고 충격 이후 지능정보사회 관련 종합대책 및 법제의 차원에서 알고리즘의 역기능(부삭용)에 대한 규범적 대응의 필요성에 대한 공감대가 점차 형성되고 있을 인식하여 종합대책에 알고리즘 개발과 사용 시에 윤리 규정을 제정하려고 준비하고 있다(관계부처 합동, 2016b). 그러나 알고리즘 또는 코드의 사회적 책임성을 부과하기 위한 사용자 및 시민사회의 요구 및 참여 수준이 여전히 미흡하다는 문제점을 안고 있다. 하지만 2016년에 제시된 유럽연합(EU)의 '설명을 요구할 권리'는 영업적 기밀로 간주되어온 알고리즘에 대하여 사회적 규제(social regulations)의 가능성을 제시 했다는 점에서 큰 의의가 있다.

페이스북 창업자의 프라이버시 이중성

페이스북의 창업자이자 최고경영자인 마크 저커버그(Mark Zuckerberg)는 잇단 언론 인터뷰 등을 통해 "프라이버시는 더 이상 사회적 규범이 아니다", "프라이버시의 시대는 끝났다(The Age of Privacy is Over)"라고 공언하며 온라인에서 프라이버시 붕괴의 전도사 노릇을 자임해왔다. 미국의 정보기술 매체인 〈테크크런치(Tech Crunch)〉와의 인터뷰에서는 이렇게 말했다.

"2004년 내가 하버드 대학 기숙사에서 아이비리그 대학생을 대상으로 페이스북을 만들었을 때 많은 사람들은 왜 인터넷에 정보를 공개해야 하는지 의문을 제기했다. 왜 각자 웹사이트를 가져야 하는지도 이해하지 못했다. 하지만 이제 사람들은 더 많은 정보를 다른 사람과 공유하는 데 편안함을 느낀다. 개인적 프라이버시 문제는 더 이상 사회적 규범이 아니다. 사회 규범은 시대에 따라 달라진다. 페이스북 창업시에는 자신들의 페이스북 친구들에게만 개인정보를 공개할 수밖에 없던 환경이었다. 하지만 만일 내가 지금 페이스북을 창업한다면 가입자 정보를 모두에게 공개하는 것을 기본 기능으로 제공하고 싶다."

마크 저커버그의 사적인 사진 유출

프라이버시는 없다고 주장하는 페이스북 창업자이지만 그 역시 프라이버시의 영역을 갖고 있었다. 저커버그와 그 가족은 페이스북에서 신상이 털리는 굴욕을 연거푸 당한 바 있다. 마크 저커버그는 2011년 12월 초순 페이스북 계정에서 비공개 설정해 놓은 자신의 사적 사진들이 제3자에 의해 공개되는 수모를 겪었다.

공개된 사진에는 저커버그가 친구들과 할로윈 파티를 즐기는 모습, 여자친구인 프리실라 찬과 함께 있는 모습, 닭을 잡거나 주방에서 초밥을 만드는 모습 등이 포함됐다. 저커버그의 페이스북 비공개 사진이 공개된 것은 페이스북의 결함 때문이었다. 비공개로 설정된 사진이라도 제3자가 '게시' 버튼만 누르면 해당 콘텐츠를 마음대로 들여다볼 수 있었던 코드상 오류가 원인이었다. 문제가 불거진 뒤에 페이스북은 오류임을 인정하고 수정했지만, 저커버그의 비공개 사진은 이미 보도된 뒤였다. 지금도 손쉽게 검색된다.

그뿐만이 아니다. 2012년 크리스마스 때 마크의 누나인 랜디 저커버그(Randy Zuckerberg)는 한자리에 모인 저커버그 일가의 가족 파티 사진을 잠시 페이스북에 올렸다가 바로 지웠다. 하지만 게시자 의도와 달리, 사진은 삭제되지 않았고 제3자에 의해 트위터로 널리 공개되는 소동을 겪었다. 랜디 저커버그는 자신이 잠시 공개한 사진을 공유한 사람에 대해 "디지털 에티켓" 운운하며 발끈했지만, 정보기술 매체를 비롯한 많은 언론은 "저커버그 가족들조차 페이스북의 복잡한 프라이버시 설정의 덫에 걸려 넘어졌다"고 비판했다.

저커버그는 2013년 10월 3000만달러(약 320억 원)를 들여 미국 캘리포니아 실리콘밸리 지역인 팔로 알토 자신의 집 주변에 있는 주택 네 채를 사들였다. 수십조 원 넘는 재산을 보유한 세계적 거부가 합법적으로 주택 구매를 한 것이지만, 큰 화제가 됐다. 저커버그가 한꺼번에 자신의 집과 담을 맞댄 집들을 모두 사버린 이유가 프라이버시 보호를 위해서라는 점 때문이다.

자료: 네이버캐스트, 프라이버시는 끝났다 (http://navercast.naver.com/contents.nhn?rid=2871&contents_id=65073).

제2절 법과 제도의 현황 및 개선 방안

1. 통신비밀보호법

1) 제정 내용

대한민국 헌법 제18조에는 "모든 국민은 통신의 비밀을 침해받지 아니한다." 라고 하였다. 군사정부 시절 반인권적인 감시와 감청을 경험한 끝에 1993년 12월 마침내 통신비밀보호법이 제정되었다. 통신비밀보호법의 목적에는 "이 법은 통신 및 대화의 비밀과 자유에 대한 제한은 그 대상을 한정하고 엄격한 법적 절차를 거치도록 함으로써 통신비밀을 보호하고 통신의 자유를 신장함을 목적으로 한다."라고 명시되어 있다.

통신비밀보호법 (제3조)에서는 누구든지 통신비밀보호법과 형사소송법 또는 군사법원법의 규정에 의하지 아니하고는 우편물의 검열 또는 전기통신의 감청 또는 통신사실 확인자료의 제공을 하거나 공개되지 아니한 타인간의 대화를 녹음 또는 청취하지 못하도록 규정하고 있다. 또한 시행령 2조(법적용의 기본원칙)에서는 "검사, 사법경찰관 또는 정보수사기관의 장이 범죄수사나 국가안보를 위하여 우편물의 검열이나 전기통신의 감청을 하는 경우 또는 공개되지 아니한 타인간의 대화를 녹음 · 청취함에 있어서 법에서 정한 요건을 모두 갖춘 경우에만 한하며, 법에 따른 허가를 받거나 승인을 얻어 감청을 하거나 대화를 녹음 · 청취한 경우에도 이를 계속할 필요성이 없다고 판단되는 경우에는 즉시 이를 중단함으로써 국민의 통신비밀에 대한 침해가 최소한에 그치도록 하여야 한다" 고 조문화하였다.

법의 제2조(정의)에 따르면 여기서서 '통신'은 우편물 및 전기통신을 말하며 '감청'은 전기통신에 대하여 당사자의 동의 없이 전자장치 · 기계장치 등을 사용하여 통신의 음향 · 문언 · 부호 · 영상을 청취 · 공독하여 그 내용을 지득 또는 채록하거나 전기통신의 송 · 수신을 방해하는 것을 말한다. 이에 따라서 전화, 팩스, 전신은 당연히 전기통신에 포함되며, 휴대전화와 개인휴대통신도 당연히 전기통신에 해당한다. 이메일을 포함한 컴퓨터 통신상의 자료 및 정보의 전송도 전기통신에 해당한다. 한편 통화내역이나 로그기록과 같은 통신사실 확인자료의 경우 원래는 통신비밀보호법상에 관련 규정이 없고 전기통신사업법에 근거규정이 있었으나 차츰 그 중요성이 인식되면서 통신비밀보호법의 보호 범위 안으로 편입되었다.

2005년에는 수사기관이 통신회사에 통신사실 확인 자료를 요청할 때 법원의 허가를 받도록 개정되었다. 법의 제5조(범죄수사를 위한 통신제한 조치의 허가 요건)에 의하면 "감청의 허가요건은 범죄를 계획 또는 실행하고 있거나 실행하였다고 의심할만한 충분한 이유가 있고 다른 방법으로는 그 범죄의 실행을 저지하거나 범인의 체포 또는 증거의 수집이 어려운 경우에 한하여 법원이 영장을 허가할 수 있다"고 되어 있다. 다만 감청의 대상 범죄가 형법상 내란, 외환, 국교, 약취와 유인에 관한 죄, 군형법, 국가보안법, 군사기밀보호법상의 범죄 등 10개 법률 및 종류도 300가지가 넘을 만큼 매우 광범위하게 설정하여 제정 당시부터 남용 소지가 있었다.

일반 범죄 수사를 위하여 검사가 법원에 대하여 감청 허가를 청구할 때는 기간은 3개월을 초과하지 못하며 다시 3개월까지 연장이 가능하다. 긴급한 사유가 있을 경우에는 법원의 허가 없이 감청을 할 수 있으나 그로부터 36시간 이내에 법원으로부터 허가를 받도록 하였다. 이 조항은 사실상 수사기관이나 정보수사기관이 영장 없이 통화내용을 감청했다가 사후 영장을 신청하지 않고 슬그머니 감청을 중단하는 용도로 악용되어 왔다.

김영삼 정부는 통신비밀보호법을 제정하여 국가 정보수사기관의 감청을 법에 의하지 않고서는 할 수 없도록 규정하였으나, 국가 정보수사기관의 감청이 오히려 증가한 것은 물론 정치적 목적의 감청이 이루어진 것으로 밝혀졌다(진보네트워크센터, 2009).

2) 개정 과정

결국 김대중 정부 들어서서 휴대전화를 비롯한 불법 도청에 대한 의혹이 꾸준히 제기되어 2001년 12월 통신비밀보호법이 대대적으로 개정되었다. 이때 감청의 대상 범죄를 당초 390개에서 280개로 축소하였고, 감청 기간이 수사목적은 3개월에서 2개월로, 국가안보목적은 6개월에서 4개월로 축소하고 각각 2개월과 4개월의 범위 내에서 연장이 가능하도록 하였다. 긴급감청 기간을 48시간에서 36시간으로 단축하였으며, 감청조치가 집행된 사실을 당사자에게 통지하는 규정을 신설하였다.

또한 통화내역과 같은 통신사실 확인자료에 대한 제공을 통신비밀보호법의 적용을 받도록 하였으며, 감청에 대한 국회의 통제기능을 강화하여 년 2회 감청현황을 보고하도록 하였다. 또한 감청설비 도입 시 정보수사기관은 정보통신부에, 국정원은 국회 정보위원회에 신고하도록 하였다.

3) 주요 제 · 개정 이유 및 내용

통신비밀보호법은 이제까지 몇 차례 주요 개정 절차를 거쳤는데 그에 대한 요약은 다음과 같다(이하 법제처의 국가법령정보센터 자료).

(1) 1993년 12월 27일 법의 신규 제정 이유

국민의 통신 및 대화의 비밀과 자유를 보장하기 위하여 전기통신의 감청과 우편물의 검열 등은 그 대상을 한정하고 엄격한 법적 절차를 거치게 함으로써 우리 사회를 사생활의 비밀과 통신의 자유가 구현되는 자유로운 민주사회로 진전시키려는 것임.

1. 누구든지 이 법, 형사소송법 또는 군사법원법의 규정에 의하지 아니하고는 통신제한조치, 즉 우편물의 검열이나 전기통신의 감청 또는 공개되지 아니한 타인간 대화의 녹음 · 청취를 하지 못하도록 함.
2. 범죄수사를 위한 우편물의 검열과 전기통신의 감청등 통신제한조치는

검사 또는 군검찰관이 지방법원, 지원 또는 보통군사법원의 허가를 받아 하도록 함.

3. 국가안보를 위한 통신제한조치는 정보수사기관의 장이 국가안전보장에 대한 위해를 방지하기 위하여 정보수집이 특히 필요한 경우에 할 수 있도록 하되, 통신의 일방 또는 쌍방당사자가 내국인인 경우에는 검사를 거쳐 고등법원의 허가를 받도록 하고, 적국과의 통신등 그밖의 통신인 경우에는 대통령의 승인을 얻어 통신제한조치를 할 수 있도록 함.
4. 범죄수사를 위한 통신제한조치의 기간은 3월을 초과할 수 없도록 하고 필요한 경우 3월의 범위내에서 그 기간을 연장할 수 있도록 하며, 국가안보를 위한 통신제한조치의 경우에는 6월을 초과할 수 없도록 하고 필요한 경우 6월의 범위내에서 그 기간을 연장할 수 있도록 함.
5. 검사 · 사법경찰관은 범죄수사를 위한 경우로서 긴급한 사유가 있는 때에는 법원의 허가없이 통신제한조치를 할 수 있도록 하고 이 경우 48시간이내에 법원의 허가를 받도록 하며, 정보수사기관의 장은 국가안보를 위한 경우로서 긴급한 사유가 있는 때에는 소속장관의 승인을 얻어 통신제한조치를 할 수 있도록 하고 이 경우 48시간이내에 대통령의 승인을 얻도록 함.
6. 국가기관외에 감청설비를 제조 · 수입 · 판매 · 배포 · 소지 · 사용하거나 또는 이를 위한 광고를 하고자 하는 자는 체신부장관의 인가를 받도록 함.
7. 누구든지 공개되지 아니한 타인간의 대화를 녹음하거나 전자장치 또는 기계적 수단을 이용하여 청취할 수 없도록 하고, 이를 녹음 또는 청취할 경우에는 통신제한조치의 허가규정을 적용하도록 함.

(2) 2001년 12월 29일 일부개정 이유

국민이 가지는 사생활과 통신의 비밀을 보다 철저히 보호하고, 또한 통신제한조치에 대한 국회의 통제기능을 강화하기 위하여 긴급감청의 요건과 절차를 보다 엄격히 규정하고, 감청 등을 할 수 있는 대상범죄를 축소하며, 전기통신가입자에 대한 통신자료 제공의 법적 근거와 절차를 전기통신사업법이 아닌 이 법에서 체계적으로 규정하는 등 현행 제도의 운영상 나타난 일부 문제점을 개선하려는 것임.

주요골자는 다음과 같다.

- 통신제한조치는 범죄수사 또는 국가안전보장을 위하여 보충적인 수단으로 이용되어야 하며, 국민의 통신비밀에 대한 침해가 최소한에 그치고록 노력하여야 함을 명시함(법 제3조제2항 신설).
- 범죄수사를 위한 통신제한조치를 할 수 있는 대상범죄가 광범위하여 개인의 사생활을 과도하게 침해할 우려가 있어 그 대상범죄를 다음과 같이 축소 · 조정함.
- 통신제한조치의 허가청구시 "각 피의자별 또는 각 피내사자별로" 청구를 하도록 하여 허가청구의 대상을 한정함(법 제6조제1항 및 제2항).
- 통신제한조치허가의 관할법원을 "통신당사자의 쌍방 또는 일방의 주소지 · 소재지, 범죄지 또는 통신당사자와 공범관계에 있는 자의 주소지 · 소재지"로 확대함(법 제6조제3항).
- 통신제한조치의 기간을 수사를 위한 경우는 2월, 국가안보를 위한 경우는 4월로 단축하고, 그 목적이 달성된 경우에는 즉시 통신제한조치를 종료하도록 함(법 제8조).
- 긴급통신제한조치의 남용을 방지하기 위한 제도적 장치를 다음과 같이 신설 · 강화함(법 제8조).
- 통신기관의 종사자 등이 불법감청에 협조할 수 있는 경우를 방지하기 위하여
  1. 통신제한조치의 집행을 위탁하거나 집행에 관한 협조를 요청하는 자는 반드시 통신제한조치허가서 또는 긴급감청서등의 표지의 사본을 교부하도록 하고, 이를 위탁받거나 협조를 요청받은 자는 통신제한조치허가서 또는 긴급감청서 등의 표지의 사본을 보존하여야 함(법 제9조제2항).
  2. 통신제한조치를 집행하는 자 또는 이를 위탁받거나 이에 협조한 자는 통신제한조치의 집행관서 · 대상 · 집행 또는 협조일시를 기재한 대장

을 기재 · 비치하도록 함(법 제9조제3항).

3. 통신기관 등은 대상자의 전화번호 등이 사실과 일치하지 않을 경우에는 통신제한조치의 집행을 거부할 수 있도록 하며, 어떠한 경우에라도 비밀번호를 누설할 수 없도록 함(법 제9조제4항).

(3) 2004년 1월 29일 일부개정 이유 및 내용

최근 시중에서 불법적인 감청장비 판매가 성행하고, 이동전화에 대한 도청가능성이 제기되는 등 새롭게 등장하는 각종 도청 기술로부터 국민의 통신비밀을 보호할 필요성이 증대됨에 따라, 일정 자격을 갖추어 정부에 등록한 민간 업체에게 불법 감청설비 탐지 업무를 할 수 있도록 제도적 장치를 마련하고, 본인 동의 없이 위치추적 등에 악용될 수 있는 이동전화 단말기기의 복제를 원천적으로 방지하기 위하여 단말기기의 고유번호에 대한 관리를 강화하는 등 현행제도의 운영상 나타난 일부 미비점을 개선 · 보완하려는 것임.

주요내용은 다음과 같다.

- 정당한 업무의 이행을 위한 경우를 제외하고는 누구든지 이동전화 단말기기 고유번호를 제공하거나 제공받지 못하도록 함(법 제3조제3항 신설).
- 불법 도청에 대한 국민의 불안감을 해소하기 위하여 불법감청설비탐지업을 하고자 하는 자는 이용자보호계획, 사업계획 · 기술 · 재정능력 등을 갖추어 정보통신부장관에게 등록하도록 함(법 제10조의3 신설).
- 불법감청설비탐지업을 등록한 자가 거짓 그 밖의 부정한 방법으로 등록한 경우, 영업행위와 관련하여 알게된 비밀을 다른 사람에게 누설한 경우 등에는 불법감청설비탐지업자 등록을 취소할 수 있도록 함(법 제10조의5 신설).
- 정보통신부장관에게 등록하지 않거나 허위로 등록하여 불법감청설비탐지업을 한 자 및 이동전화 단말기기 고유번호를 제공하거나 제공받은 자를 처벌하도록 함(법 제17조).

(4) 2005년 1월 27일 일부개정 이유

통신사실 확인자료의 열람과 제공은 법원의 허가 없이 검사 또는 사법경찰관 등의 요청으로 가능한바, 그동안 대통령령으로 규정되어 있던 컴퓨터통신 또는 인터넷의 로그기록자료, 발신기지국의 위치추적자료, 정보통신기기의 접속지 추적자료 등을 이 법에서 통신사실 확인자료의 범위에 포함하여 직접 규정하려는 것임.

(5) 2005년 5월 26일 일부개정 이유 및 내용

범죄의 수사나 국가의 안보를 위하여 수사기관이 전기통신사업자에게 통신사실 확인자료의 열람이나 제공을 요청하는 경우 엄격한 절차를 마련함으로써 국민의 기본권을 충실히 보장하려는 것임.

주요내용은 다음과 같다.

- 범죄수사를 위한 통신사실 확인자료제공의 절차(법 제13조제2항)
  1. 검사 또는 사법경찰관이 수사 또는 형의 집행을 위하여 전기통신사업자에게 통신사실 확인자료의 열람 · 제출을 요청하는 경우 관할 지방법원 또는 지원의 허가를 받도록 함.
  2. 검사 또는 사법경찰관은 허가를 받을 수 없는 긴급한 사유가 있는 때에는 통신사실 확인자료제공을 요청한 후 지체없이 그 허가를 받아 전기통신사업자에게 송부하도록 하고, 허가를 받지 못한 때에는 지체없이 제공받은 통신사실 확인자료를 폐기하도록 함.
- 범죄수사를 위한 통신사실 확인자료제공의 통지(법 제13조의3 신설)
  검사 또는 사법경찰관은 통신사실 확인자료를 제공받은 사건에 관하여 공소를 제기하거나 공소를 제기하지 아니하는 처분 등을 한 때에는 그 처분을 한 날부터 30일 이내에 전기통신 가입자에게 이를 통지하도록 함.
- 국가안보를 위한 통신사실 확인자료제공의 절차(법 제13조의4 신설)
  정보수사기관의 장은 전기통신사업자에게 통신사실 확인자료의 열람이나 제출을 요청하는 경우 통신제한조치의 예에 따라 고등법원 수석부장판사의 허가 또는 대통령의 승인을 얻도록 함.

(6) 2009년 5월 28일 일부개정 이유

수사기관이 송수신이 완료된 전기통신에 대하여 압수 · 수색 · 검증을 집행한 사건에 관하여 공소를 제기하거나 공소의 제기 또는 입건을 하지 아니하는 처분을 한 때에는 그 처분을 한 날부터 30일 이내에 그 대상이 된 전기통신의 송신자 및 수신자에게 압수 · 수색 · 검증을 집행한 사실을 서면으로 통지하도록 하려는 것임.

(7) 2014년 1월 14일 일부개정 이유

이 법과 「형사소송법」 또는 「군사법원법」의 규정에 의하지 않고 우편물의 검열 또는 전기통신의 감청을 하거나 공개되지 아니한 타인간의 대화를 녹음 또는 청취한 자, 이를 통해 지득한 통신 또는 대화의 내용을 공개하거나 누설한 자에 대한 처벌 형량을 현행 10년 이하의 징역과 5년 이하의 자격정지에서 1년 이상 10년 이하의 징역과 5년 이하의 자격정지로 강화하려는 것임.

(8) 법 개정안 논란

통신비밀보호법의 개정과 관련하여 항상 논란이 되는 부분은 수사기관의 편의를 위하여 제3자인 통신사업자에게 자료 보관을 강제하도록 하는 것에 대한 것이다. 이는 통신사업자에 의한 개인정보의 무분별한 수집, 유출 문제가 심각한 우리 현실에서 개인정보 보호에 역행할 뿐 아니라 모든 국민을 잠재적 범죄자로 간주하고 통신의 비밀을 심각하게 제한할 수 있다. 국가인권위원회 역시 2008년 1월 16일 발표한 의견에서 "사업자가 보유한 불필요 한 개인정보를 즉각 삭제토록 하는 제도적 대책이 필요함에도 오히려 일정기간 자료를 보관케 의무화한 것은 개인의 정보보호에 역행되고, 범죄수사 목적으로 일정기간 동안 통신기록 확인의 당위성이 인정되지만, 아직 발생되지 않은 범죄 해결 목적으로 범죄 예비단계도 아닌 일반인 통신기록을 최대 1년간 보관하도록 한 것은 법제정 취지에 위배되고, 인권침해의 가능성이 높다"고 판단하였다.

특히 인터넷 로그기록은 설정하기에 따라 이용자가 언제, 어디서 접속을 했는가에 대한 정보 뿐 아니라 통신 내용에 대한 정보도 포함할 수 있는데 법령에서는 이를 세부적으로 다루지 않았다. 예를 들어 이용자가 저작권을 침해하는 파일을 업로드하거나 다운로드한 기록이 수사기관에게 필요하다는 이유로 추후 시행령 차원에서 파일 업로드와 다운로드에 대한 로그기록을 모두 보관토록 강제할 수도 있는 것이다. 이는 결국 이용자의 어떠한 통신 사실에 대한 정보이던지 방대한 양이 축적될 수 있다는 의미이며 이것이 현실화된다면 대한민국 인터넷에서 통신의 비밀이란 존재할 수 없다.

더 나아가 감청에 대한 법률적 통제를 개선하려는 노력 이면에서 인터넷 로그기록과 IP주소 등 새로운 통신 영역에 관한 감청 규정이 계속 추가되면서 사실상 감청은 더욱 확대되었다. 특히 안기부 X파일 사건에서 볼 수 있다시피 통신비밀보호법은 정보수사기관의 감청에 대한 통제에 사실상 실패하였다. 이는 통신비밀보호법에서 해결될 수 있는 문제가 아니라 정보수사기관의 비밀 권력에 대한 민주적 통제에 관한 문제이다.

2. 개인정보보호법

세계 각국은 프라이버시 관련법제 정비에 만전을 기하고 있으며, 우리나라 역시도 정부는 물론 시민단체에서 개인정보보호 법제의 개선을 위한 노력을 계속하여 왔다. 개인정보보호법제의 제정경과는 각 국가마다 전통과 문화에 따라 다르지만 OECD원칙의 수용을 통해 국제적인 개인정보 유통 활성화에 따른 개인정보보호 강화를 위한 법제 정비를 지속적으로 추진하고 있다(정충식, 2015: 561-570).

1) 개인정보보호법 제정 과정

(1) 과거 개인정보보호관련 법제

과거에 우리나라의 개인정보보호법제는 부처별 · 영역별로 산재해 있는 실정이었다. 우선 공공영역에서는 1994년 1월 7일 “공공기관의개인정보보호에관한법률”이 제정되었으며 이밖에 주민등록법, 통계법, 공공기관의정보공개에관한법률, 전자정부법 등에 개인정보보호와 관련한 조항이 담겨져 있었다.

교육부문에 있어서는 2005년 3월 24일 공표된 교육기본법중개정법률에서 학생정보의 보호에 관한 사회적 인식을 제고하기 위하여 학생 정보의 보호원칙을 규정하고 있다. 정보통신망이용촉진및정보보호등에관한법률에서는 정보통신서비스제공자가 개인정보를 취급하는 경우의 준수사항 등을 규정하고 있으며, 전기통신기본법, 전파법, 통신비밀보호법 등에서도 개인정보보호 관련규정을 두고 있다. 기타 금융 분야의 개인정보보호 관련 법률로는 신용정보의보호및이용에관한법률, 금융실명거래및비밀보장에관한법률 등이 있다.

우리나라 개인정보보호의 가장 큰 문제점은 법제가 분산되어 일관성 있는 개인정보 보호체계가 정립되지 못하고 있었다는 것이다. 따라서 각 영역의 기본적 법령에 비밀보호를 위한 규정을 두어 규제하거나, 개별적인 입법만이 이루어지고 있어 입법적 보완조치가 이루어지지 못한 분야에서는 적용할 규정이 없는 경우도 있었다.

과거에 우리나라에서는 대부분의 법제에서 OECD의 "개인데이터의 국제유통과 프라이버시 보호에 관한 가이드라인"의 목적명확화의 원칙, 관리적 · 기술적 보호조치의 원칙, 개인 참가의 원칙, 수집제한의 원칙을 거이 찾아볼 수 없는 실정이었다. 또한 개인정보보호 관련 업무를 수행하는 기관이 담당 부처별로 상이하거나 업무가 중첩되어 있었다. 따라서 사회의 제반 프라이버시 보호에 대해 일반적으로 적용될 수 있는 원칙이 제시되어야 하며, 기존의 각종 프라이버시 보호와 관련된 법률 조항들을 포괄할 수 있는 일반법 제정의 필요성이 제기되었다(권헌영, 2004).

(2) 개인정보보호법 제정 경과

시민단체와 학계에서는 오래전부터 개인정보보호에 관한 법제정비의 시급함을 지적하여 왔다. 구체적으로는 정보사회의 사회적 요구에 부합하는 기본법을 제정하여 정보주체의 참여를 보장하고 공정하고 투명하게 개인정보의 취급이 이루어지도록 현행 개인정보보호 제도의 운영상 미비점을 보완할 것을 요구하였다. 정부도 이러한 요구에 부합하기 위하여 오래전부터 개인정보보호법의 제정을 위하여 노력해왔다.

정부는 2003년 10월 국정과제회의에서 개인정보보호기본법의 제정을 추진하기고 결정하고 개인정보보호기본법(안)을 마련하여 2005년 2월 의원입법으로 국회에서 발의하게 되었다. 그러나 이 법(안)은 2008년 2월에 17대 국회가 끝나면서 폐기되어 제정되지 못하였다. 이어 이명박정부에서는 2009년 국회에 모두 3개의 개인정보보호법안이 제출되었다. 이 법안들은 행정안전위원회와 법제사법위원회에서 3년간 6차례 심사 끝에 통과되었다.

이 과정에서의 쟁점은 추진체계(개인정보보호위원회)의 소속과 성격에 관한 것이었다. 원래 정부(안)에 의하면 개인정보보호위원회는 국무총리실의 소속으로 정책의 심의를 담당하는 기구였으나, 법안의 심사과정에서 대통령 소속으로 변경되었으며 성격도 정책의 심의 및 의결기구로 바뀌었다. 또한 개인정보보호위원회는 위원장 1명 상임위원 1명을 포함한 15명 이내의 위원을 대통령, 국회 및 대법원으로부터 각 5인씩 추천을 받아 구성하고 개인정보보호위원회 업무지원을 위해 사무국을 설치하도록 하였다. 개인정보보호법(법률 제10465호)은 2011년 3월 29일 공포되었고, 공포 이후 6개월이 경과된 2011년 9월 30일부터 전면 시행되었다.

2) 개인정보보호법의 기본 내용

(1) 제정 이유

국가사회 전반을 규율하는 개인정보보호원칙과 개인정보 처리기준이 마련되지 못해 개인정보보호의 사각지대가 발생할 뿐만 아니라 최근 개인정보의 유출 · 오용 · 남용 등 개인정보 침해 사례가 지속적으로 발생함에 따라 국민의 프라이버시 침해는 물론 명의도용, 전화사기 등 정신적 · 금전적 피해를 초래하고 있는 바 공공부문과 민간부문을 망라하여 국제 수준에 부합하는 개인정보 처리원칙 등을 규정하고 개인정보 침해로 인한 국민의 피해 구제를 강화하여 국민의 사생활의 비밀을 보호하며 개인정보에 대한 권리와 이익을 보장하려는 것이다.

(2) 주요 내용

개인정보보호법은 본문 9장 75조, 부칙 7조로 구성되어 있다. 법의 내용을 간략하게 살펴보면 다음과 같다.

① 적용대상(법 제2조)

적용대상을 공공 · 민간부문의 모든 개인정보처리자로 하여 공공기관뿐만 아니라 비영리단체 등 업무상 개인정보파일을 운용하기 위하여 개인정보를 처리하는 자는 모두 이 법에 따른 개인정보보호규정을 준수하도록 하고 전자적으로 처리되는 개인정보 외에 수기(手記) 문서까지 개인정보의 보호범위에 포함한다.

② 개인정보보호위원회 설치(법 제7조 및 제8조)

개인정보보호 기본계획, 법령 및 제도 개선 등 개인정보에 관한 주요 사항을 심의 · 의결하기 위하여 대통령 소속으로 위원장 1명, 상임위원 1명을 포함한 15명 이내의 위원으로 구성하는 개인정보보호위원회를 두고 개인정보보호위원회에 사무국을 설치한다.

③ 개인정보의 수집, 이용, 제공 등 단계별 보호기준 마련(법 제15조부터 제22조까지)

개인정보를 수집 · 이용하거나 제3자에게 제공할 경우에는 정보주체의 동의 등을 얻도록 하고 개인정보의 수집 · 이용 목적의 달성 등으로 불필요하게 된 때에는 지체 없이 개인정보를 파기하도록 한다.

④ 고유식별정보의 처리제한 강화(법 제24조)

주민등록번호 등 법령에 의하여 개인을 고유하게 구별하기 위해 부여된 고유식별정보는 원칙적으로 처리를 금지하고 별도의 동의를 얻거나 법령에 의한 경우 등에 한하여 제한적으로 예외를 인정하는 한편, 대통령령으로 정하는 개인정보처리자는 홈페이지 회원가입 등 일정한 경우 주민등록번호 외의 방법을 반드시 제공하도록 의무화한다.

⑤ 영상정보처리기기의 설치제한 근거마련(법 제25조)

영상정보처리기기 운영자는 일반적으로 공개된 장소에 범죄예방 등 특정 목적으로만 영상정보처리기기를 설치할 수 있도록 한다.

⑥ 개인정보 영향평가제도 도입(법 제33조)

개인정보처리자는 개인정보파일의 구축 · 확대 등이 개인정보보호에 영향을 미칠 우려가 크다고 판단될 경우 자율적으로 영향평가를 수행할 수 있도록 하되 공공기관은 정보주체의 권리침해 우려가 큰 일정한 사유에 해당될 때에는 영향평가 수행을 의무화한다.

⑦ 개인정보 유출사실의 통지 · 신고제도 도입(법 제34조)

개인정보처리자는 개인정보 유출 사실을 인지하였을 경우 지체 없이 해당 정보주체에게 관련 사실을 통지하고 일정 규모 이상의 개인정보가 유출된 때에는 전문기관에 신고하도록 하는 한편, 피해의 최소화를 위해 필요한 조치를 하도록 한다.

⑧ 정보주체의 권리 보장(법 제35조부터 제39조까지)

정보주체에게 개인정보의 열람청구권, 정정 · 삭제 청구권, 처리정지 요구권 등을 부여하고 그 권리행사 방법 등을 규정한다.

⑨ 개인정보 분쟁조정위원회 설치 및 집단분쟁조정제도의 도입(법 제40조부터 제50조까지)

개인정보에 관한 분쟁조정 업무를 신속하고 공정하게 처리하기 위하여 개인정보 분쟁조정위원회를 두고 개인정보 분쟁조정위원회의 조정결정에 대해 수락한 경우 재판상 화해의 효력을 부여하며 개인정보 피해가 대부분 대량 소액 사건인 점을 고려하여 집단분쟁조정제도를 도입한다.

⑩ 단체소송의 도입(법 제51조부터 제57조까지)

개인정보처리자로 하여금 개인정보의 수집 · 이용 · 제공 등에 대한 준법정신과 경각심을 높이고 동일 · 유사 개인정보 소송에 따른 사회적 비용을 절감하기 위해 개인정보단체소송제도를 도입하되 단체소송이 남발되는 것을 막기 위해 단체소송 전에 반드시 집단분쟁조정제도를 거치도록 하고 단체소송의 대상을 권리침해행위의 중단 · 정지 청구소송으로 제한한다.

⑪ 개인정보 침해사실의 신고(법 제62조)

개인정보처리자로부터 권리 또는 이익을 침해받은 자는 행정안전부장관에게 그 침해사실을 신고할 수 있으며 행정안전부장관은 신고 접수 및 업무처리

지원을 위해 개인정보 침해신고센터를 설치 · 운영한다.

3) 개인정보보호법에 의한 변화 내용들

이제 개인정보보호법의 제정으로 인하여 여러 부문에서 다양한 변화가 나타나고 있다. 이 가운데서 개인정보 침해 구제기능의 강화와 분쟁조정위원회 등을 중심으로 살펴보면 다음과 같다.

(1) 개인정보 침해 구제기능 강화

과거의 개인정보는 개인의 신분을 나타내는 단순한 의미였으나, 오늘날 정보사회에서의 개인정보는 인간의 존엄과 자유를 실현하기 위하여 반드시 보호되어야 하는 필수적인 요소로서 기능하고 있다. 이러한 개인정보의 수집 및 이용이 사회 전 영역에서 다양한 형태로 확대되고 있고, 그 규모면에서 대규모로 수집 · 이용되고 있기 때문에 개인정보의 유출이나 오 · 남용 위험성도 증가되었고 그로 인한 정신적 · 경제적 피해 역시 더더욱 심각하게 되었다.

따라서 개인정보 과잉 수집과 오 · 남용에 의한 정보 주체의 권리 침해를 사전에 예방함은 물론 사후에 신속하게 구제함으로써 정보 주체의 존엄과 자유로운 인격의 보호, 안전하고 믿을 수 있는 신뢰사회 구축을 위한 예방대책 및 구제절차가 마련되어야 한다.

개인정보 침해사건의 신속하고 공정한 구제를 위하여 '개인정보 침해신고센터'와 '개인정보 분쟁조정위원회'가 설립되어 운영되어 왔으며, 2011년 9월 30일 시행된 「개인정보보호법」에 설치근거가 이관되어 공공 · 민간 영역을 아우르는 명실상부한 개인정보 침해 구제기관으로서 역할을 확대하였다.

(2) 개인정보 분쟁조정위원회

① 개인정보 분쟁조정위원회의 설립근거 및 구성

개인정보 분쟁조정위원회(이하 위원회)는 개인정보와 관련된 분쟁이 발생한 경우 당사자 간에 합리적이고 원만하게 분쟁을 해결하기 위하여 설립된 대안적 분쟁 해결기구로서, 개인정보보호법 제40조에 근거해 발족하였다. 위원회는 위원장1인을 포함한 20인 이내의 위원으로 구성되고, 위원은 행정자치부장관이 임명 또는 위촉하며 법조계 또는 학계의 전문가 · 사업자 및 소비자단체에서 추천하는 인사 등으로 구성되어 개인정보 분쟁해결의 전문성은 물론 독립성과 자율성을 보장하고 있다.

② 기능 및 권한

위원회는 개인정보와 관련한 분쟁조정을 고유 기능으로 하고 있다. 위원회는 필요한 경우 조정 절차를 진행하기 전에 당사자에게 합의를 권고할 수 있다. 또한 위원회는 분쟁조정을 위해 필요한 자료의 제공을 분쟁당사자에게 요청할 수 있으며, 분쟁당사자 또는 참고인으로 하여금 분쟁조정위원회에 출석하게 하여 의견을 들을 수 있다. 분쟁당사자는 정당한 사유가 없는 한 위원회의 자료제공 요청에 응해야 한다.

③ 분쟁조정의 범위

위원회는 개인정보, 즉 생존하는 개인에 관한 정보로서 성명 · 주민등록번호 등을 비롯하여 개인을 알아볼 수 있는 부호 · 문자 · 음향 및 영상 등의 정보 침해로 인한 분쟁이면 모두 조정 대상으로 하고 있다.

④ 조정신청 자격

개인정보와 관련하여 분쟁이 있는 이해관계인은 누구나 위원회에 분쟁의 조정을 신청할 수 있다. 여기에는 이용자뿐만 아니라 분쟁의 해결을 원하는 사업자도 포함된다. 다만 개인정보 침해자가 국가 · 지방자치단체 등 공공기관인 경우는 제외된다. 분쟁당사자는 변호사 기타 제3자를 대리인으로 선임할 수 있는데, 이 경우는 대리권의 범위를 명시한 위임장을 위원회에 제출하도록 하고 있다.

⑤ 처리기간

분쟁조정위원회는 제43조 제1항에 따른 분쟁조정 신청을 받은 날부터 60일 이내에 이를 심사하여 조정안을 작성하여야 한다.

⑥ 분쟁의 조정

1. 분쟁조정위원회는 다음 각 호의 어느 하나의 사항을 포함하여 조정안을 작성할 수 있다.

- 조사 대상 침해행위의 중지
- 원상회복, 손해배상, 그 밖에 필요한 구제조치
- 같거나 비슷한 침해의 재발을 방지하기 위하여 필요한 조치

2. 분쟁조정위원회는 제1항에 따라 조정안을 작성하면 지체 없이 각 당사자에게 제시하여야 한다.
3. 제1항에 따라 조정안을 제시받은 당사자가 제시받은 날부터 15일 이내에 수락 여부를 알리지 아니하면 조정을 거부한 것으로 본다.
4. 당사자가 조정내용을 수락한 경우 분쟁조정위원회는 조정서를 작성하고, 분쟁조정위원회의 위원장과 각 당사자가 기명날인하여야 한다.
5. 제4항에 따른 조정의 내용은 재판상 화해와 동일한 효력을 갖는다.

4) 개인정보보호법의 향후 과제

(1) 적용범위 확대에 따른 혼란

정부는 개인정보보호법을 제정하면서 210개의 개인정보처리법령을 일괄 정비하였으며, 개인정보보호를 위한 전담인력을 확충하고 관련 정보보호시스템을 도입하는 등의 정책을 추진하였다. 또한 개인정보보호법의 적용범위가 확대되면서 발생할 수 있는 혼란을 고려하여 6개월간의 계도기간을 두었으며, 지속적인 법집행에 앞선 컨설팅과 교육 및 홍보를 적극적으로 하였다.

구체적으로는 개인정보 암호화의 경우에는 고시 제정 3개월 이내에 암호화 계획을 수립하고 2012년 12월 31일까지 암호화를 적용하도록 하였으며, 개인정보 영향평가의 경우는 시행령에 기존 시스템은 5년 이내에, 개인정보보호법 시행 이후 개인정보 취급시스템을 구축하는 경우는 2012년 9월 30일까지 영향평가를 완료하도록 하여 제도적 파악 후에 정책집행이 이루어지도록 하였다.

따라서 개인정보보호법 제정에 의해 지금까지 개인정보 사각지대로 분류되던 소상공인까지 개인정보를 보호할 수 있어 개인정보의 안전성을 강화하였다고는 볼 수 있으나, 개인정보보호법의 범위 확대에 적절하게 대응하지 못할 경우 큰 사회적 혼란이 야기될 수 있다.

(2) 정보기술 발전에 대응 미흡

개인정보보호법은 법을 제정하기 위해 오랜 기간이 소요되었지만, 시시각각 발전하는 정보통신기술을 고려하여 규제하는 선제적 법규로 적용하기에는 한계가 있다. 더욱이 최근 이슈가 되고 있는 빅데이터와 클라우드 컴퓨팅 등이 개인정보 보호에 심각한 장애로 등장하고 있다. 우선 빅데이터의 활용은 정보주체의 동의를 얻고, 법령에 근거하여 개인정보를 수집 · 이용 · 제공 · 파기하였다 하더라도, 이 과정에서 정보주체가 동의한 개인정보처리자가 아닌 다른 제3자에 의해 개인정보가 통합 · 관리될 수 있다. 따라서 개인정보처리자의 범위를 확대할 수 있으며, 개인정보의 집적화로 인해 또 다른 정보로 가공하여 활용하거나 새로운 서비스를 창출할 수 있는 환경을 가져왔다.

더구나 이러한 과정에서 발생할 수 있는 개인정보의 침해우려가 클라우드 환경으로의 전환을 제약하는 요인으로 작용할 수 있다. 일례로 2012년 3월 국가정보원은 빅데이터와 클라우드기반으로 인해 개인정보의 침해우려가 있다며, 국가정보원 내부에서는 '클라우드 서비스 이용 금지령'을 내렸다. 이처럼 이제 개인정보는 새로운 기술에 의해 집적화됨으로써 침해사고가 발생할 경우 지금까지 유출되었던 침해사고로 인한 피해보다 국가적 위기를 가져올 수 있다. 따라서 스마크워크센터를 비롯한 클라우드 환경으로의 변화로 빅데이터가 이슈화될 수밖에 없는 상황에서 개인정보보호법이 개인정보의 집적 등에 관한 보호규정을 포함하여 개정될 필요가 있다.

3. 국민보호와 공공안전을 위한 테러방지법(약칭: 테러방지법)

1) 제정과정

국민보호와 공공안전을 위한 테러방지법(이하 테러방지법)이란 말 그대로 테러를 방지하기 위한 목적으로 준비된 법안으로, 미국의 9.11 테러 이후에 국회에서 여러 차례 발의되었지만 통과되지는 못하였다. 2000년대 초반부터 도입이 논의되었던 테러방지법안은 2001년 11월 국가정보원의 발의로 국회 정보위원회에 제출되었으나, '제2의 국가보안법으로 오 · 남용될 가능성이 높다'

는 국가인권위원회와 시민단체들의 반발과 유엔(UN)과 국제 인권단체의 우려 제기를 넘지 못하고 입법이 무산되었다.

이후 여러 차례의 수정을 거쳐 2003년 11월 수정안이 다시 국회 정보위에 제출되어 상정되었다가 시민단체의 강한 반발에 부딪히고 국가인권위에서 제재입장을 나타내어, 결국 임기만료로 폐기되었다. 이처럼 테러방지법(안)이 번번이 입법에 실패한 이유는 기본권 침해 가능성, 국가정보원에 과도한 권력 집중, 군병력 지원 규정 등이 문제로 제기되었기 때문이었다.

그러나 2015년 11월의 파리 테러를 계기로 다시 테러방지법의 제정 논의가 급물살을 타게 되었다. 2015년 12월 8일에 박근혜 대통령은 "우리나라가 테러를 방지하기 위해서 이런 기본적인 법 체계 조차 갖추지 못하고 있다는 것을 전 세계가 안다. IS도 알아버렸다"라고 주장하면서 테러방지법 제정을 촉구하였다.

이에 2016년 2월 23일 정의화 국회의장은 종전의 입장을 바꿔 테러방지법을 직권 상정하였다. 직권상정된 법안은 2015년 2월에 발의되어 논의되던 법안이었으나, 새누리당이 직권상정된 원안 대신에 새누리당 전원 명의의 수정안을 제시해서 수정안이 먼저 심의되었다. 이 심의의 과정에서 야당의 필리버스터(무제한 토론)가 진행되었다. 필리버스터의 정확한 명칭은 제340회 국회(임시회) 제7차 본회의에 대한 무제한 토론이며, 2016년 2월 23일 19시 5분부터 시작되어 동년 3월 2일 19시 32분에 종료되었다. 이어서 2016년 3월 2일 저녁 10시 30분경에 테러방지법안의 여당 수정안이 공식 가결됐다

2) 제정 내용

(1) 제정이유

2001년 9 · 11테러 이후 국제사회가 지속적으로 테러와의 전쟁을 치르고 있으며, 유엔은 9 · 11테러 이후 테러근절을 위해 국제공조를 결의하고 테러방지를 위한 국제협약 가입과 법령 제정 등을 권고해 OECD 34개 국가 대부분이 테러방지를 위한 법률을 제정하였음에도 불구하고 아직 우리나라에서

는 국가 대테러활동 수행에 기본이 되는 법적 근거조차 마련하지 못하고 있는 실정임. 이는 테러로부터 국민을 안전하게 보호하기 위해 모든 역량을 집중해야 하는 국가가 그 책임을 다하지 못하는 결과를 낳게 될 것이고, 국민은 테러의 위협으로부터 안전을 도모하기 어려운 상황을 맞이하게 될 것임.

이에 테러방지를 위한 국가 등의 책무와 필요한 사항을 명확히 규정하여 국가의 안보 및 공공의 안전은 물론 국민의 생명과 신체 및 재산을 보호하려는 것임.

(2) 주요 내용

1. 대테러활동의 개념을 테러의 예방 및 대응을 위하여 필요한 제반 활동으로 정의하고 테러의 개념을 국내 관련법에서 범죄로 규정한 행위를 중심으로 적시함(제2조).
2. 대테러활동에 관한 정책의 중요사항을 심의 · 의결하기 위하여 국무총리를 위원장으로 하여 국가테러대책위원회를 둠(제5조).
3. 대테러활동과 관련하여 임무분담 및 협조사항을 실무 조정하고, 테러경보를 발령하는 등의 업무를 수행하기 위하여 국무총리 소속으로 대테러센터를 둠(제6조).
4. 관계기관의 대테러활동으로 인한 국민의 기본권 침해 방지를 위해 대책위원회 소속으로 대테러 인권보호관 1명을 둠(제7조).
5. 국가정보원장은 테러위험인물에 대한 금융거래 정지 요청 및 통신이용 관련 정보를 수집할 수 있도록 함(제9조).
6. 관계기관의 장은 테러를 선전 · 선동하는 글 또는 그림, 상징적 표현이나 테러에 이용될 수 있는 폭발물 등 위험물 제조법이 인터넷 등을 통해 유포될 경우 해당기관의 장에 긴급 삭제 등 협조를 요청할 수 있도록 함(제12조).
7. 관계기관의 장은 외국인테러전투원으로 출국하려한다고 의심할만한 상당한 이유가 있는 내 · 외국인에 대하여 일시 출국금지를 법무부장관에게 요청할 수 있도록 함(제13조).
8. 테러 계획 또는 실행 사실을 신고하여 예방할 수 있게 한 자 등에 대해 국

가의 보호의무를 규정하고, 포상금을 지급할 수 있도록 하고, 피해를 입은 자에 대하여 국가 또는 지방자치단체는 치료 및 복구에 필요한 비용의 전부 또는 일부를 지원할 수 있도록 하는 한편 의료지원금, 특별위로금 등을 지급할 수 있도록 함(제14조부터 제16조까지).

9. 테러단체를 구성하거나 구성원으로 가입 등 테러관련 범죄를 처벌할 수 있도록 하고, 타인으로 하여금 형사처분을 받게 할 목적으로 이 법의 죄에 대하여 무고 또는 위증을 하거나 증거를 날조 · 인멸 · 은닉한 자는 가중처벌하며, 대한민국 영역 밖에서 이같은 죄를 범한 외국인에게도 국내법을 적용하도록 함(제17조부터 제19조까지).

(3) 법안의 논란 내용

테러방지법의 제정과 관련하여 논란이 되었던 내용들은 다음과 같다. 우선 테러방지법의 필요성 문제, 법안 통과 시 국정원이 갖는 과도한 권한 문제, 문구의 모호함 문제, 테러 행위와 테러위험 인물에 대한 자의성, 기본권 침해 문제, 과도한 부칙 문제 등이다.

테러방지법에 대한 여야나 국민들의 입장과는 별개로 법안 자체는 상당한 타당성과 장단점이 존재한다. 다만 앞으로 그 실행 과정에서 장단점을 세밀하게 검토하고 조정하여 테러 예방이라는 법안의 취지를 살리면서 국민의 자유와 권리 침해 가능성이나 국가보안법과 같이 악용될 여지를 최소화 시켜야 한다.

가장 논란이 된 부분은 테러방지법이 시행되면 테러 방지를 위해 벌이는 각종 첩보활동을 명분으로 한 인권침해와 국민 탄압이 문제가 될 것이라는 점이다. 앞서 큰 테러를 겪지 않은 우리나라와 다르게 당장 9.11 테러를 겪고 애국자법을 제정한 미국에서도 엄청난 논란과 사건사고 및 광범위한 인권침해가 있었다는 것만 봐도 예견된 논란이었다. 그 이후 애국자법은 개인의 기본권을 침해하는 문제로 제한을 둔 자유법으로 대체되었다.

또한 중요한 논란 거리는 국가정보원에게 대테러 관련 업무 총괄을 맡기는 것에 대한 것이었다. 그 이유는 바로 국가정보원에 대한 국민들의 신뢰가 추락했기 때문이다. 2002년 국정원 불법 도청 사건과 2012년 국가정보원 여론조작 사건, 2013년 서울시 공무원 간첩 조작 사건 그리고 2015년 국정원 해킹 프로그램 도입 논란으로 국정원의 정치적 중립성과 신뢰성이 문제시되는 상황에서 대테러 권한을 국정원에 부여하는 게 옳은지에 대한 논란이 불거졌다. 일반 시민들은 국정원이 이런 권한을 본래 목적에서 벗어나 지나치게 남용할 여지가 있다고 우려하게 되었다.

이러한 인권침해 가능성에 논란에 대응하여 국가정보원은 법 제정 직후인 2016년 3월 5일에 '테러방지법 제정 관련 입장'이라는 보도자료를 배포하였다. "국가정보원은 국회의 '국민보호와 공공안전을 위한 테러방지법' 제정을 심각한 테러 위험으로부터 국민의 생명과 재산을 보호하라는 국민의 명령으로 무겁게 받아들이고 있다"고 했다. 이어서 "무차별 개인정보 수집이나 민간인 사찰은 불가능하며 일반 국민들은 사생활 침해를 전혀 걱정할 필요가 없다"고 밝혔다.

이어서 국가정보원은 "그간 제기된 국민들의 우려를 깊이 유념하고 법 시행과정에서 입법 취지에 맞추어 한치의 오차도 없이 제반 규정과 절차를 철저히 엄수할 것을 다짐한다"면서 "앞으로 오직 국민의 생명과 안전을 지키는 소명 완수에 최선을 다해 입법과정에서 나온 우려가 기우에 불과했음을 국민들께 보여드리겠다"고 밝혔다.

이처럼 국정원이 특정 사안에 대해 보도자료를 내고 공식입장을 밝힌 것은 매우 이래적인 일이다. 국가정보원 홈페이지에 따르면 직전에 보도자료를 낸 것은 2015년 7월이었다. 당시 보도자료 제목은 '해킹 프로그램 논란 관련 입장'이었다. 국정원이 해외로부터 해킹 소프트웨어를 구입한 것에 대한 해명이었다.

미국 애국법(Patriot Act)의 폐기 사례

결국 애국법 연장 대신 자유법… 美정보기관 무제한 도·감청 금지

앞으로 국가안보국(NSA) 등 미국 정보기관이 2001년 9.11 테러 이후 미국 시민을 상대로 무제한적으로 벌여온 도·감청이 금지된다. 미국 상원은 2015년 6월 2일 법원의 허가 없는 NSA의 대량 통신기록 수집을 금지하는 내용의 '미국자유법'(USA Freedom Act)을 찬성 67표·반대 32표로 원안 처리했다. 일반 시민 통신기록의 대량 도·감청을 허용하는 애국법(Patriot Act) 효력이 이달 1일 0시에 만료됐으나, 그 대체 법안이라고 할 수 있는 자유법의 처리가 지연돼 정보기관의 대 테러감시 활동이 공백사태를 맞은 지 이틀 만이다.

미국자유법이 버락 오바마 대통령의 서명을 거쳐 시행되면, NSA의 대 테러 첩보활동은 큰 변화를 맞게 된다. 시민의 통신기록은 원칙적으로 통신회사만 보유하고, 정보기관은 집단이 아닌 개별 통신기록에 대해서만 법원 영장을 발부 받아 접근할 수 있게 된다. NSA는 9.11 테러 후 도입된 '애국법 215조'를 토대로 미국 시민 수백만 명의 통신기록을 한꺼번에 수집해 5년간 보관하는 권한을 행사할 수 있었다. 또 휴대폰을 자주 바꾸며 이동하는 테러 용의자도 법원에서 영장을 발급받지 않고 임의로 감청해오기도 했다.

미국자유법은 그러나 이동장비를 이용해 움직이는 테러 용의자를 추적·도청하거나, '외로운 늑대'로 불리는 자생적 테러 용의자에 대한 감시·추적을 허용하는 애국법 조항은 그대로 유지했다.

상원 표결 직후, 오바마 대통령은 트위터를 통해 "미국자유법이 미국 시민의 자유권과 국가 안보를 동시에 지켜줄 것"이라며 "법안에 바로 서명할 것"이라고 말했다. 그는 "인권을 위해 도·감청 범위를 엄격히 제한하는 자유법이 애국법을 대체하더라도 국가 안보의 허점을 용납하지 않겠다"고 강조했다.

미국자유법은 하원에서는 민주·공화당의 합의를 거쳐 일찌감치 통과됐으나 상원에서는 애국법 원안 연장을 고수한 공화당 지도부의 반대로 난항을 겪어왔다. 그러나 랜드 폴 상원의원의 예상치 못한 '필리버스터'(의사진행방해)로 애국법 215조 효력이 시한 종료로 정지되면서 상황이 반전했다. 정보 당국의 활동이 중단되면서 테러 위협에 대한 우려가 증폭되고, 하원 지도부가 미국자유법 원안 통과를 강력하게 요구함에 따라 상원 지도부도 이날 원안 그대로 표결 처리했다.

이날 법안 통과는 공화당이 장악한 의회에 미국자유법안의 처리를 압박해온 오바마 대통령으로서는 모처럼 귀중한 정치적 승리로 평가된다. 2013년 NSA 요원인 에드워드 스노든의 폭로로 이 기관의 무차별 도·감청 실태가 드러난 직후, 오바마 행정부가 민주당과 함께 주도적으로 자유법안을 마련했기 때문이다.

오바마 대통령에 맞서 미치 매코널(켄터키) 원내대표를 비롯한 공화당 상원 지도부는 자유법안이 NSA의 기능을 위축시켜 국가안보를 해친다며 애국법 연장을 추진한다는 입장이었다. 이 법이 없으면 공인된 외국 테러 조직과 연계돼 있지 않은 자생적 테러조직에 대한 감시능력이 약화될 것이라는 우려 때문이었다.

자료: (한국일보, 2015년 6월 3일자).

제3절
미래지향적 정책 방안들

제4차 산업혁명으로 촉발된 지능정보사회는 빛과 어둠을 모두 지니고 있다. 이제까지 우리는 장밋빛 유토피아만을 추구하여 왔지만 현실에서는 지능정보사회의 역기능 또한 다양하게 나타나고 있다. 따라서 스마트 전자감시사회의 확산 가능성에 대한 대응 방안이 선제적으로 마련되어야 한다. 이 절에서는 이러한 스마트 전자감시사회의 도래에 대응하기 위한 정책들로 정보인권 및 정보프라이버시권의 강화 방안들을 살펴보고자 한다.

1. 정보인권

오늘날 정보통신기술(ICT)의 혁명적 발전으로 인하여 우리의 삶은 보다 편리해지고 풍요로워졌다. 그러나 그 이면에는 개인정보의 오 · 남용과 개인에 대한 전자적 감시와 통제 및 정보격차 등 수 많은 역기능이 발생하고 있다. 여기에 최근에는 인공지능까지 가세하여 지능정보사회가 도래하였다. 따라서 이러한 지능정보사회에서 로봇과 경쟁해야 하는 인간들에게 "인간으로서의 존엄과 가치는 어떻게 유지되어야 하는가?"라는 과제가 주어졌다. 그러므로 이에 대한 해답으로 지능정보사회에서 인간의 존엄성을 확보하기 위한 방안으로 정보인권에 대하여 보다 자세하게 알아 볼 필요가 있다.

1) 지능정보사회에서 정보인권의 중요성

인권이란 인간의 존엄성이 존중되고 실현될 수 있도록 개인이 인간으로서 당연히 누리는 불가침 · 불가양의 기본적 권리를 말한다. 국가는 이러한 인권을 확인하고 보장할 의무를 헌법으로부터 부여받고 있다. 헌법 제10조는 "모든 국민은 인간으로서의 존엄과 가치를 가지며, 행복을 추구할 권리를 가진다. 국가는 개인이 가지는 불가침의 기본적 인권을 확인하고 이를 보장할 의무를 진다."고 선언하고 있다. 이러한 인권 중에서 정보의 유통에 관한 개인의 기본적 권리들을 묶어서 '정보인권'(Information and Communication Technology and Human Rights)이라고 통칭하고 있다(국가인권위원회, 2013).

우리나라는 농업사회에서 산업사회를 거쳐 정보사회로 빠르게 발전하였으며, 1990년대 초반부터 국가정보화 전략을 바탕으로 정보화 선진국으로 자리 잡았다. 그러나 초고속정보통신기반의 조기 구축 등 고도화된 인프라를 기반으로 한 다양한 사회적 변화에도 불구하고 정보화 관련 법률 및 제도 개선은 이를 뒷받침하지 못하였다. 현재 논의되고 있는 우리나라의 정보인권은 10여년 전에 헌법재판소가 기본권으로 제시한 개인정보자기결정권에 의하여 보다 구체화되었다.

2005년 5월 26일에 헌법재판소는 새로운 독자적 기본권으로서의 개인정보자기결정권을 헌법적으로 승인할 필요성이 대두되었다고 판시하였다. 구체적으로 개인정보자기결정권을 헌법적으로 승인할 필요성이 대두된 것은 다음과 같은 사회적 상황의 변동을 그 배경으로 하고 있다고 설명하였다(헌법재판소 2005.5.26. 선고 99헌마513).

인류사회는 20세기 후반에 접어들면서 컴퓨터와 통신기술의 비약적인 발전에 힘입어 종전의 산업사회에서 정보사회로 진입하게 되었고, 이에 따른 정보 환경의 급격한 변화로 인하여 개인정보의 수집 · 처리와 관련한 사생활 보호라는 새로운 차원의 헌법문제가 초미의 관심사로 제기되었다.

현대에 들어와 사회적 법치국가의 이념 하에 국가기능은 점차 확대되어 왔고, 이에 따라 국가의 급부에 대한 국민의 기대도 급격히 높아지고 있다. 국가가 국민의 기대에 부응하여 복리증진이라는 국가적 과제를 합리적이고 효과적으로 수행하기 위해서는 국가에 의한 개인정보의 수집 · 처리의 필요성이 증대된다. 오늘날 정보통신기술의 발달은 행정기관의 정보 수집 및 관리 역량을 획기적으로 향상시킴으로써 행정의 효율성과 공정성을 높이는 데 크게 기여하고 있다. 이와 같이 오늘날 국민이 급부행정의 영역에서 보다 안정적이고 공평한 대우를 받기 위해서는 정보기술의 뒷받침이 필연적이라고 할 수 있다.

한편, 현대 정보통신기술의 발달은 그 그림자도 짙게 드리우고 있다. 컴퓨터를 통한 개인정보의 데이터베이스화가 진행되면서 개인정보의 처리와 이용이 시공을 초월하여 간편하고 신속하게 이루어질 수 있게 되었고, 정보처리의 자동화와 정보파일의 결합을 통하여 여러 기관간의 정보교환이 쉬어짐에 따라 한 기관이 보유하고 있는 개인정보를 모든 기관이 동시에 활용할 수 있게 되면서, 국가와 정보통신기업이 개인을 감시하고 통제할 수 있는 시스템이 마련된 것이다. 다시 말하자면 오늘날 현대사회는 개인의 인적 사항이나 생활상의 각종 정보가 정보주체의 의사와는 전혀 무관하게 타인의 수중에서 무한대로 집적되고 이용 또는 공개될 수 있는 새로운 정보환경에 처하게 되었고, 개인정보의 수집 · 처리에 있어서의 국가적 역량의 강화로 국가의 개인에 대한 감시능력이 현격히 증대되어 국가가 개인의 일상사를 낱낱이 파악할 수 있게 되었다.

이와 같은 사회적 상황 하에서 개인정보자기결정권을 헌법상 기본권으로 승인하는 것은 현대의 정보통신기술의 발달에 내재된 위험성으로부터 개인정보를 보호함으로써 궁극적으로는 개인의 결정의 자유를 보호하고, 나아가 자유민주체제의 근간이 총체적으로 훼손될 가능성을 차단하기 위하여 필요한 최소한의 헌법적 보장 장치라고 할 수 있다.

2) 정보인권의 개념

'정보인권'이라는 용어는 헌법상의 기본권을 인터넷과 정보통신기술의 발달에 따라 정보사회에서 발생하는 정보관련 기본권(알권리, 프라이버시권, 정보접근, 표현의 자유 등)을 중심으로 개별적 접근이 이루어져 왔으나, 2001

년 정보관련 기본권을 정보기본권으로 명명하고, 이를 독자적 · 통합적 관점에서 정보기본권으로 개념화하기 시작하였다(김배원, 2001). 그 이후 학계를 중심으로 '정보화 시대의 인권', '정보기본권' 이라는 개념을 혼용하여 이에 관한 논의가 지속되었다.

이와는 별도로 시민사회단체는 전자주민카드, 교육행정정보시스템(NEIS)의 프라이버시 이슈를 중심으로 사회적 문제제기를 통해 '정보인권'이라는 용어를 국민들에게 인식되도록 노력하였고, 문헌상으로는 2003년 시민사회 활동가들이 기고한 문헌에서 정보인권이라는 용어가 등장하고 있다(오병일, 2003). 국가인권위원회는 2003년 "정보화 사회에서의 인권"이라는 주제로 학계, 법조계, 시민단체, 국회, 행정기관 등이 참여하는 토론회를 개최하고 보도자료를 통해 정보인권이라는 개념을 처음으로 사용하였다.

따라서 '정보인권'이라는 용어는 학계를 중심으로 사용되던 "정보기본권"의 개념이 시민단체를 중심으로 2002년 교육행정정보시스템(NEIS)을 둘러싼 논의를 시작으로 "정보인권"보호라는 캠페인적인 구호를 사용하면서 확산되기 시작하였고, 그 이후 학계 및 시민단체에서 "정보인권"이라는 용어를 보편적으로 사용하였다. 이 과정에서 정보인권의 개념은 학자들의 논의과정과 시민단체의 논의에 따라 사생활의 비밀과 자유, 정보통신의 비밀보장, 개인정보자기결정권과 관련된 프라이버시권뿐만 아니라 알권리의 정보접근권, 정보생산 및 제공권과 관련된 온라인에서의 표현의 자유 및 정보문화를 향유할 권리까지 확장되었다고 볼 수 있다.

이처럼 정보인권에 대한 개념은 학문적으로도 명확하게 정의되어 있지 않으며, 관련 학자들 마다 정보인권과 정보기본권 등 용어에서부터 서로 다르게 정의하고 있다. 따라서 정보인권의 개념은 한정적 개념이 아니라 발전적 개념이며, 정보통신기술의 발달과 정보사회의 진전에 따라 추후 발생할 수 있는 권리가 포함될 수 있도록 정의하는 것이 보다 적절할 것이다.

이에 국가인권위원회에서는 정보인권을 다음과 같이 정의하고 있다. "정보인권(Information and Communication Technologies(ICTs) and Human Rights)"이란 정보통신기술에 의하여 디지털화된 정보가 수집 · 가공 · 유통 · 활용되는 과정과 그 결과로 얻어진 정보가치에 따라 인간의 존엄성이 훼손되지 않고 자유롭고 차별 없이 이용할 수 있는 기본적 권리"라고 개념을 정의한다(국가인권위원회, 2013: 11).

2. 정보프라이버시권의 보호 강화

앞에서 살펴 본 정보인권에는 정보프라이버시권에서 시작하여 온라인에서의 표현의 자유, 정보접근권 및 정보문화향유권에 이르기까지 다양한 헌법상의 기본권이 포함될 수 있다. 그러나 여기에서는 전자적 감시와 가장 관련이 깊은 정보프라이버시권에 국한하여 설명하고자 한다.

1) 프라이버시권의 변화

근대 프라이버시권(right of privacy)의 기원은 미국에서 1880년에 Thomas Cooley 판사가 민사상의 손해배상(Tort)에 관한 저서에서 "홀로 있을 권리"(the right to be let alone)라는 의미로 프라이버시권을 제시하고, 1890년에 Warren과 Brandeis가 이를 보다 상세히 분석한 한 논문에서 '프라이버시권은 진보된 문명세계에서 살고 있는 개인에게 필수적인 것'이라고 주장한 것에서 유래한다. 하지만 프라이버시권은 컴퓨터와 디지털기술의 발전을 기점으로 해서 그 이전의 제1세대 프라이버시권과 그 이후의 제2세대 정보프라이버시권으로 나눌 수 있으며, 제2세대 정보프라이버시권으로 이야기되는 것이 이른바 개인정보자기결정권이다.

종래의 제1세대 프라이버시권은 '홀로 있을 권리'(the right to be let alone)로서 '사적인 사항이 공개되는 것을 원치 않는 이익'을 기본내용으로 한다. 즉, 물리적 영역을 중심으로 한 사생활의 비밀과 자유에 해당한다고 할 수 있다. 이에 비해 제2세대 프라이버시권인 개인정보자기결정권은 2005년의 헌법재판소 결정과 같이 정보사회에서 인터넷에 의하여 네트워크화 됨으로써 타인이 자신의 개인정보를 수집 · 이용 · 제공하는 경우 그 정보의 처리과정에 정보주체가 참여하는 권리이다. 그리하여 정보수집의 목적과 처리방법을 고지 받을 권리, 열람청구권, 정정청구권, 처리거부청구권 등의 권리를 구체적인 내용으로 한다.

이 새로운 프라이버시권은 디지털기술에 힘입어 디지털화된 개인정보가 정보주체도 인식하지 못한 채 정부나 기업에서 무한대로 축적 · 처리 · 가공 · 제공될 수 있는 새로운 정보환경에서 요구되는 것이다.

더 나아가 정보프라이버시권은 새로운 커뮤니케이션 환경이라고 할 수 있는 인터넷상에서 프라이버시 개념을 재고할 필요가 있다는 주장도 제기되었다. 기존의 프라이버시 개념에 기반을 둔 프라이버시 보호 제도들이 인터넷상에서 일어나고 있는 활동 및 상황과 잘 맞지 않는다는 점에서 자기정보통제권이 인터넷상의 프라이버시를 보호하기 힘들다는 것이다.

즉, 네트워크의 상호작용적 성격과 개인 이용자들의 정보활동 및 정보제공의 자발성, 그리고 사회구조적 차원에서 개인과 기관, 개인과 개인 간에 존재해온 권력 불균등의 문제로 인해 네트워크 환경에서 정보프라이버시의 개념에 의존하는 것은 비현실적이며, 특히 개인 이용자들과 정보이용기관들 간의 권력 불균형의 가장 중요한 기초가 식별가능성 여부에 있다는 점에 근거하여, 식별되지 않을 권리를 네트워크 프라이버시 개념의 중심에 두는 것이 바람직하다는 것이다(우지숙, 2005).

2) 정보프라이버시 보호의 필요성

프라이버시권(Privacy)은 그가 어느 나라에서 살든 신분의 귀천을 떠나 사람이면 누구나 누려야 할 기본권이자 민주주의 사회의 초석이다. 프라이버시권은 정치적 자유, 표현의 자유, 집회의 자유, 신체의 자유, 사유재산 보호 그 밖에 우리 사회가 개인의 자유 및 사적 자치에 부여하고 있는 모든 가치의 토대를 이루고 있다.

21세기 들어 정보통신기술(ICT)의 급격한 발달과 함께 개인정보를 수집 · 축적할 수 있는 능력이 상상을 초월할 만큼 확대되었다. 이와 함께 공공부문과 민간부문 모두 개인정보에 대한 수요가 급증함에 따라 프라이버시가 중대한 위기에 처해 있으며 정보프라이버시 보호는 전 세계적으로 가장 논쟁적인 정책이슈 중 하나가 되고 있다.

개인에 관한 정보가 유출 또는 오 · 남용됨으로써 개인이 겪게 되는 인격적 모욕, 경제적 피해, 차별적 취급은 정보통신기술의 발전이 개인의 자치, 사회적 관계, 민주주의에 미치는 영향에 대하여 심각한 의문을 제기하고 있다. 특히 미국의 9.11테러 이후 각국의 입법자들은 시민의 자유와 국가 안보를 어떻게 조화시킬 것인지 고민하고 있으며 프라이버시 보호가 중요한 사회적, 정치적 이슈로 남아 있다.

개인에 대한 감시 및 정보 수집은 국가나 기업이 원하는 유형이나 부류로 사람들의 집단을 나누고 분류하는 것을 가능케 함으로써 사회적 차별을 강화하게 된다. 또한 감시는 프라이버시권의 침해와 약화를 초래하여 표현의 자유, 집회의 자유, 거주이전의 자유와 같은 다른 기본권까지 움츠려 들게 한다. 따라서 정보기술사회에서도 프라이버시가 보호되고 존중받기 위해서는 정보주체가 자신에 관한 정보를 언제, 어떻게, 어느 정도로 다른 사람에게 제공 · 공개할 것인지를 스스로 결정할 수 있어야 한다.

정보 프라이버시(Information Privacy 또는 Data Privacy)란 이와 같이 프라이버시에 영향을 미칠 수 있는 자신에 관한 정보를 정보주체가 스스로 통제할 수 있는 권리를 말한다. 프라이버시 침해는 자신을 식별할 수 있는 정보 즉 개인정보의 수집, 이용, 제공, 유통 등을 통해 이루어지기 때문에 정보 프라이버시권의 문제는 궁극적으로 개인정보의 수집, 이용과 이에 대한 통제의 문제로 귀결된다. 그런 의미에서 정보 프라이버시는 개인의 사적 생활의 자유 즉 신체, 공간, 의사결정에 대한 간섭의 배제를 강조해온 전통적 의미의 프라이버시와 차별성을 갖는다고 할 수 있다.

정보프라이버시권의 핵심을 이루는 개인정보 자기 통제권의 내용은 크게 개인정보의 수집 · 이용에 대한 동의권, 동의 철회권, 정정 및 삭제 요구권, 개인정보의 처리 여부 확인 및 개인정보 처리내역에 대한 열람 · 확인 요구권 등으로 구성되어 있다. 그밖에 많은 나라의 입법례에서 개인정보 처리의 익명성이 강조되고 있다. 다만, 익명성은 대체로 권장사항으로 되어 있어 아직 정보주체의 권리로까지 발전하지는 못하였다.

이상과 같이 정보 프라이버시는 정보통신기술의 이용, 개인정보의 수집 · 이용과 유통, 프라이버시에 대한 국민의 기대, 그리고 이를 둘러싼 법률적 · 정치적 이슈 등 다양한 문제를 제기하고 있다.

3) 정보프라이버시권 보호 방안들

이러한 정보프라이버시권을 보호하기 위해서 다양한 방안들이 제시되고 있다. 이 가운데서 전자감시와 깊이 관련되는 정책 방안들을 정리해보면 다음과 같다.

(1) 개인정보보호 관련 법률의 통일

현재 「개인정보 보호법」과 「정보통신망 이용 촉진 및 정보보호 등에 관한 법률(정보통신망법)」에서는 개인정보의 개념을 규정하고 있으며, 「신용정보의 이용 및 보호에 관한 법률(신용정보법)」에서는 개인신용정보와 개인식별정보의 개념에 대해 규정하고 있다. 따라서 이처럼 개인정보 보호법, 정보통신망법, 신용정보법 등으로 다원화되어 있는 개인정보 관련 법률을 개인정보 보호법으로 일원화하여 중복규제와 이중감독을 피하고 일관성 있는 법 집행이 가능하도록 하여야 한다.

현재 개인정보보호법 제2조 제1호의 개인정보에 대한 정의는 다음과 같다.

"개인정보"란 살아 있는 개인에 관한 정보로서 성명, 주민등록번호 및 영상 등을 통하여 개인을 알아볼 수 있는 정보(해당 정보만으로는 특정 개인을 알아볼 수 없더라도 다른 정보와 쉽게 결합하여 알아볼 수 있는 것을 포함한다)를 말한다.

정보통신망 이용 촉진 및 정보보호 등에 관한 법률 제2조 제1항 제6호의 개인정보에 대한 정의는 다음과 같다.

"개인정보"란 생존하는 개인에 관한 정보로서 성명 · 주민등록번호 등에 의하여 특정한 개인을 알아볼 수 있는 부호 · 문자 · 음성 · 음향 및 영상 등의 정보(해당 정보만으로는 특정 개인을 알아볼 수 없어도 다른 정보와 쉽게 결합하여 알아볼 수 있는 경우에는 그 정보를 포함한다)를 말한다.

신용정보의 이용 및 보호에 관한 법률 제2조 제1호 및 제2호, 제34조 제1항의 신용정보와 개인신용정보 그리고 개인식별정보는 다음과 같다.

"신용정보"란 금융거래 등 상거래에 있어서 거래 상대방의 신용을 판단할 때 필요한 정보로서 다음 각 목의 정보를 말한다.

1. 특정 신용정보주체를 식별할 수 있는 정보
2. 신용정보주체의 거래내용을 판단할 수 있는 정보
3. 신용정보주체의 신용도를 판단할 수 있는 정보
4. 신용정보주체의 신용거래능력을 판단할 수 있는 정보
5. 그 밖에 가목부터 라목까지와 유사한 정보

"개인신용정보"란 신용정보 중 개인의 신용도와 신용거래능력 등을 판단할 때 필요한 정보를 말한다.

"개인식별정보"란 생존하는 개인의 성명, 주소 및 주민등록번호, 여권번호, 운전면허번호, 외국인등록번호, 국내거소신고번호 및 성별, 국적 등 개인을 식별할 수 있는 정보를 말한다.

(2) 개인정보보호 행정체계의 개편

현재 개인정보보호의 업무와 관련하여 담당하는 정부 부처가 너무 많아서 종합적인 정책이 수립될 수 없는 환경에 놓여있다. 따라서 개인정보보호위원회를 명실상부한 독립기구로 재편하고, 개인정보보호에 관한 업무를 개인정보보호위원회로 통합할 필요성이 있다.

2016년 6월에 발표된 개인정보 비식별 조치 가이드라인의 경우에는 개인정보보호위원회를 제외하고 국무조정실, 행정자치부, 방송통신위원회, 금융위원회, 미래창조과학부 및 보건복지부 등 6개 부처가 주관하였다(관계부처 합동, 2016a). 그러나 이들 부처들 보다는 실제적으로 산하기관인 한국인터넷진흥원(KISA)과 한국정보화진흥원(NIA) 등에서 업무를 담당하고 있다. 따라서 여러 부처와 기관들에 업무와 예산이 분산되어 있어 예산과 인력의 낭비가 심각한 실정이다. 또한 동일한 사안에 대하여 부처마다 해석이 다르고, 상호견제로 책임감 있는 정책이 추진되기 곤란한 상황이다.

현재 개인정보보호위원회의 경우에는 인사와 예산이 독립되어 있지 않으며, 심의 · 의결 기능만 존재하고 조사권도 결여되어 있어 독립적 개인정보보호기구로서의 역할이 미흡한 실정이다. 따라서 개인정보보호위원회가 개인정보 보호와 관련한 행정을 통합하여 집행하고, 통일된 관할권을 행사할 수 있도록 인사와 예산을 독립시킬 필요성이 있다.

3. 스마트 지능정보사회에 대응하는 정책 방향

이제 제4차 산업혁명과 이에 따른 지능정보사회의 도래로 우리 사회는 이제까지 접해보지 못한 새로운 세상에 진입하고 있다. 언론에서는 연일 인공지능과 로봇 때문에 수 백만개의 일자리가 없어질지도 모른다는 보도를 내보내고 있다. 그리고 전화도청이나 스마트폰의 위치 추적에서 시작된 전자감시가 이제는 일반 시민들의 홍채와 지문을 통한 생체인식 기반의 광범위한 활용으로 일상화된 세상에 접어들었다. 따라서 이러한 지능정보사회에 대응한 새로운 정보프라이버시를 확립할 수 있는 정책들이 마련되어야 한다.

그러나 사회의 지도층이라고 인식되는 다수의 정치인들과 고위공직자들이 도청과 감청의 두려움 때문에 제3자 명의로 개통된 일명 차명 휴대전화와 다른 사람의 명의로 불법적으로 개통한 휴대전화(일명 대포폰)을 쓰고 있는 것이 현실이다. 이러한 상황에서는 정부가 어떠한 정책을 추진한다고 해도 일반 국민들에게 효과를 거두기는 쉽지 않은 실정이다. 그 이유는 이제까지 정부와 국가의 권력기관들이 국민들을 상대로 제대로 진실을 규명하지 않고, 최신 기술이 등장할 때마다 도청과 감청이 불가능하다고 주장해왔기 때문이다.

따라서 국민들의 신뢰를 상실한 상태에서 정보인권을 신장시키고 정부에 대한 불신을 회복하기 위한 방안은 다음과 같이 기술적이고 제도적인 개선책을 시행하는 것이다.

1) 지능정보 기술 환경에서 정보인권의 강화

(1) 지능정보 기술에 대응

빅데이터 및 클라우드 컴퓨팅 환경에 맞게 개인정보보호 원칙을 현대화하고, 정보주체의 권리를 보장할 수 있는 실질적 보호 장치를 마련하여 정보인권을 강화해야 한다. 또한 인공지능과 알고리즘 개발 단계에서부터 개인정보 및 프라이버시에 보호에 대한 정책을 마련하여야 한다. 이를 위하여 정부는 지능정보기술의 오작동과 남용을 최소화하기 위한 지능정보기술의 윤리 헌장을 제정하기 위하여 준비하고 있다. 그러나 이러한 윤리 헌장만으로 지능정보사회의 다양한 개인정보 보호의 환경에 대응할 수는 없을 것이다. 따라서 보다 구체적인 정책 방안이 마련되어야 한다.

이러한 구체적인 정책 방안들에는 개인정보자기결정권의 강화 차원에서 정보주체가 언제든지 공개할 정보의 범위와 항목을 조정할 수 있는 권한을 부여하고, 정보주체가 언제든지 온라인 추적을 차단할 수 있는 추적차단기능(Do-Not-Track)의 제공을 의무화하여야 한다.

(2) 패킷감청 금지

더 나아가 국민들의 정부에 대한 신뢰를 회복하기 위해서는, 앞의 도 · 감청 부분에서 살펴보았던 인터넷 패킷감청(Deep Packet Inspection)을 제한하고, 기준과 절차 등을 마련하여야 한다. 이러한 인터넷 패킷감청의 무분별한 허가를 막고 패킷감청의 범위와 방법 등을 효과적으로 통제할 수 있는 적절한 제어수단이 마련되어야 전자감시에 대한 국민들의 불안감을 털어내고 정부 신뢰를 회복할 수 있다. 현재의 패킷감청은 포괄적으로 이루어지기 때문에 전자우편, 인터넷서핑, 전자상거래 등 개인의 인터넷 활동이 모두 감청 대상이 되고, 따라서 수사 대상 범죄와 관련이 없는 일상적인 인터넷활동까지 모두 감청의 대상이 되어 과도하게 사생활을 침해할 소지를 지니고 있다.

그러므로 정부 신뢰를 회복하기 위해서는 구체적으로 인터넷 패킷감청을 원칙적으로 금지하고, 패킷감청 대상범죄를 통신비밀보호법 상 감청대상보다 더욱 최소화시키면서 패킷감청의 요건, 절차, 범위, 방법, 기간 및 횟수 등을 법제화할 필요가 있다.

(3) 생체인식에 대응

특히 최근에 활성화되고 있는 생체정보의 수집과 처리에 대한 원칙이 마련되어야 하고 생체정보의 오 · 남용을 방지하기 위한 제도적 기반이 갖추어져야 한다. 홍채나 지문, 음성 등 생체정보를 활용한 개인 식별 시스템은 주민등록번호나 비밀번호와 달리 한번 유출되면 변경할 수 없다는 결정적인 차이점이 있다. 따라서 기존의 개인정보보호법과 별도의 보호조치가 필요하다는 지적이 제기되어 왔지만, 10여년 전에 준수 의무가 없는 가이드라인이 만들어진 후 사실상 방치되어 왔다.

지난 2005년 당시 정보통신부와 한국정보보호진흥원은 '정보통신망 이용촉진 및 정보보호 등에 관한 법률' 등 관계 법령의 개인정보보호 원칙을 토대로 '생체정보 보호 가이드라인'을 마련했다. 바이오인식 시스템 이용기관들이 생체정보를 처리할 때 자율적으로 해당 정보를 보호할 수 있는 기준을 제공하기 위해 만든 것이다.

이 가이드라인은 지문 · 얼굴 · 홍채 · 정맥 · 음성 · 서명 등 개인을 식별할 수 있는 신체적 또는 행동적 특징에 관한 정보를 '생체정보'로 규정하고 생체정보의 수집 · 이용 · 파기, 제공자 등의 권리 및 생체정보의 보호조치 등 준수 사항에 대한 내용을 담았다.

그러나 법률과 달리 적용대상인 생체정보 시스템 이용기관에게 준수의무를 강제하지 않기 때문에 정보보호 조치와 정보유출 시 책임에 대해 내부 규정을 마련하거나 유출 즉시 제공자에게 알리는 등 대응 방안을 나열하는 데 그치고 있다.

2) 주민등록 번호 체계 정비

현재 우리나라에서 문제가 되고 있는 개인정보관련 이슈들은 거의 대다수가 주민등록번호의 유출과 관련된 것이다. 우리나라에 있어서 주민등록번호는 공공기관 뿐만 아니라 민간부문에서도 광범위하게 사용되고 있는 개인식별번호[1]로서 표준통일식별번호의 기능을 하고 있다. 우리나라는 이러한 주민등록번호를 활용하여 금융실명제를 실시하였고, 행정정보의 공동활용을 통하여 전자정부 세계 일류국가로 발돋움할 수 있었다.

이처럼 주민등록번호가 우리의 실생활에 깊숙이 자리 잡고 있지만, 이제

1 개인식별번호(Personal Identification Number)는 개인에 관한 정보에 있어서 당해 정보의 객체를 식별하기 위해 쓰이는 일련번호를 의미한다. 개인을 식별할 수 있는 지표로 사용할 수 있는 것은 이름, 성별, 주소, 사진 기타의 신체적 특성 등이 있는데 이들은 중복의 가능성이 있다는 단점이 있다. 중복의 가능성이 없는 개인마다 고유한 유전자 지도, 지문 등도 개인을 식별할 수 있는 지표가 되지만 검색 비용과 시간상의 문제로 특수한 경우에만 사용되고 있다. 따라서 보통 개인식별자로서 사용되는 것은 인위적으로 부여한 개인식별번호가 된다(Garfinkel, 2000). 개인식별번호가 사회에서 공통적으로 이용될 경우에는 이를 표준통일식별번호(Universal Identification Number)라고 할 수 있고 우리나라의 주민등록번호나 미국의 사회보장번호(Social Security Number: SSN)가 그 예가 된다고 할 것이다.

이러한 행정의 효율성 추구 보다는 개인의 프라이버시 보호가 보다 중요한 시대가 되었기 때문에, 주민등록번호가 프라이버시를 침해하고 있다는 주장이 점차 확산되고 있는 실정이다. 따라서 프라이버시 침해의 방지와 정보 집중에 의한 폐해의 방지를 위해서 표준통일식별번호의 기능을 하고 있는 주민등록번호의 사용에 대하여 사용기관을 제한하거나, 주민등록번호를 통한 개인정보의 검색을 위해서는 특별한 허가를 받게 하는 등의 제한을 가해야한다는 주장이 대두되었다.

따라서 오늘날 우리 국민들의 정보인권 의식이 보다 성숙해지고 있음을 감안해 볼 때, 기존의 주민등록번호 제도는 다음과 같은 변화 과정을 거칠 것으로 전망된다.

(1) 주민등록번호 제도의 개선 방안

① 1단계 – 민간부문의 사용 금지

지금의 주민등록번호는 나이, 성별, 출신지역이 표시되고 있어서 프라이버시 침해의 소지가 있는 것이 사실이다. 따라서 민간부문에서의 주민등록번호의 사용은 원천적으로 금지시키는 방안이 강구되어야 한다. 현재에도 민간부문의 경우, 전자상거래 등에서 전자서명이 활용되고 있으므로 이를 활용하여 민간부문에서의 주민등록번호의 사용을 점진적으로 억제하는 정책이 필요하다. 또한 행정자치부가 마련 한 대체ID를 적극적으로 활용하는 것도 하나의 방법이 될 수 있을 것이다. 이에 따라서 우리 정부는 2013년 8월부터 온라인상에서 주민등록번호를 수집하여 이용하는 것을 금지하고 있다.

② 2단계 – 공공부문도 제한적 범위에서 사용

기존의 공공부문에서의 주민등록번호 활용 역시도 억제하는 전략이 요망된다. 구체적으로 공공분야에서 운전면허번호나 건강보험카드번호 등 세분화된 식별자를 활용하면서 주민등록번호는 제한된 범위 내에서만 활용하도록 하여야 한다. 또한 기존에 법령에 근거하지 않은 상태에서 주민등록번호의 기재를 요구하는 민원서식 등을 선별하여 이들 서식에서 주민등록번호의 기재란을 삭제하여야 한다. 이에 따라서 우리 정부는 2015년 2월부터 주민등록번호 수집을 전면 금지하고 있다.

③ 3단계 -지능정보사회에 대응(행정정보 공동활용)

제4차 산업혁명에 따르는 지능정보사회의 도래에 대비하여야 한다. 현재 가상 공간에서의 주민등록번호를 포함하는 전자적 민원행정서비스는 3단계로 나누어 볼 수 있다. 즉 종이문서의 활용을 수반하는 1단계 전자적 민원행정서비스는 민원인에게 종이문서를 제공한다. 민원인에게 직접적으로 전자적 민원행정서비스를 제공하여 집이나 직장에서 출력하거나 활용할 수 있게 하는 것은 2단계 전자정부이며 현재 많은 나라들의 수준이다.

이러한 전자정부가 민간과 공공부문이 결합되고 종이문서의 출력 없이 민원인의 요구사항이 전자정부를 통하여 민간기관에 전자적으로 연결될 경우, 전자정부하에서 주민등록번호의 활용이 필요 없는 3단계의 상황이 도래할 수 있다. 현재 우리나라의 전자정부 발전추세를 감안해 볼 때, 이러한 3단계 즉 통합된 전자적 민원행정서비스 제공은 2020년 정도에 구현될 것으로 전망된다. 따라서 공공부문의 경우, 2020년 경에는 민원행정의 업무처리 시에 더 이상 주민등록번호를 통한 본인확인이 필요 없게 될 것이다.

④ 4단계 - 주민등록번호의 대체

이러한 3단계의 진화 과정을 거치고 우리 국민들의 정보인권 의식이 신장될 경우, 주민등록번호는 새로운 번호로 대체될 수 있을 것이다. 개인정보의 보호 차원에서도 프라이버시 침해의 가능성을 지니고 있는 현재의 주민등록번호 제도는 다른 번호로 대체되어야 한다. 기존의 주민등록번호 구조는 인간의 수명이 100세를 넘지 않을 것을 가정하여 설계되었기 때문에 향후 50년 이내에 새로운 제도로 대체될 수밖에 없는 실정이다.

그러나 정부의 입장은 기존 주민번호제도를 그대로 유지한 상태에서 개선책을 모색하여 왔다. 행정자치부는 스마트카드를 통한 주민등록증의 개선을 추진하고 있으며, 가상공간에서 활용될 수 있는 대체ID 활용방안을 모색하여 왔다.

(2) 주민등록증의 개선

행정자치부는 주민등록번호가 사회전반의 기반 제도로 자리 잡고 있는 상황이므로 시대의 변화에 대응하되 시간을 가지고 점진적으로 개선책을 마련해

나간다는 입장을 고수하였다. 특히 주민등록번호 오, 남용 문제가 대두되게 된 것은 주민등록증이 온라인상에서 신분확인의 기능을 하지 못했기 때문이라고 인식하였다. 따라서 문제점들은 주민등록증 대신 주민등록번호가 사용되게 됨에 따른 것이라고 파악하여, 주민등록증을 온라인상에서도 활용 가능할 수 있는 매체로 바꾸어야 한다고 주장하였다.

이에 정부는 2005년부터 새로운 주민등록증 발전모델을 구상하여, 2010년에 IC칩이 내장된 차세대 주민등록증을 제안하였다. 이러한 차세대 주민등록증은 개인 프라이버시 보호 강화를 위한 조치로서, 증의 수록 · 노출정보를 최소화하고 프라이버시 측면에서 민감한 정보(주민등록번호, 지문 등)는 외부에 노출시키지 않고 IC칩 내부에 탑재하여 개인 정보가 최대한 보호될 수 있도록 하였으며, PIN(Personal Identification Number, 비밀번호) 등으로 타인의 불법사용을 방지하는 방안도 고려하였다.

구체적으로 정부는 주민등록증의 위 · 변조 방지 및 개인정보의 보호를 위하여 주민등록증에 수록되는 정보를 전자적으로 수록이 가능하도록 하는 내용을 골자로 하는 주민등록법 개정(안)을 마련하여 2010년 9월 20일 국회에 제출하였으나, 시민단체들의 반발로 18대 국회에서 개정되지 못하였다.

이러한 차세대 주민등록증의 기본 모형에 대하여 시민단체들을 중심으로 사생활 침해에 대한 다양한 비판이 전개되자 정부는 다음과 같이 대응하였다(행정안전부, 2010).

① 통합신분증이 아닌 단순 신분증

전자주민증에 혈액형, 운전면허증, 건강보험증, 공인인증서 등 다른 정보를 추가로 기재하여 통합신분증 역할을 하는 방안을 검토하고 있다는 비판이 제기되었다. 이에 대하여 정부는 이번에 추진하는 전자주민등록증에는 공인인증서, 운전면허증, 건강보험증 등의 다른 정보를 기재하지 않으며, 통합신분증 역할을 하는 방안도 전혀 검토하지 않고 있다고 밝혔다. 다만, 혈액형은 응급상황 발생 시 본인생명 보호를 위해 필요할 수 있으므로 본인이 원할 경우에 수록할 계획이다.

② 사생활 침해가 아닌 유출 방지

전자주민증에 개인정보가 통합 관리되어 사생활 침해가 우려되고, 개인정보 유출가능성이 크다는 비판에 대하여, 정부는 전자주민등록증은 개인정보가 통합 관리되는 것이 아니며, 주민등록증 본래 기능 정보만을 수록할 계획이므로 사생활침해 우려가 전혀 없다고 밝혔다. 또한 오히려 주민등록번호 등 민감한 개인정보를 전자칩에 숨겨 유출을 방지하고자 하는 것이 목적이라고 설명하였다.

③ 전자감시사회 우려 불식

전자주민증이 보급되면 본인의 모든 행적이 전자적으로 기록이 남게 되고, 감시사회가 된다는 우려에 대하여, 정부는 전자주민등록증은 필요 시 주민등록증에 수록된 내용을 리더기로 확인만 할 뿐 주민등록증 정보가 수집 · 저장되거나 다른 어떤 데이터베이스와 연계하여 기록을 남기는 것이 아니므로 감시사회가 될 것이라는 우려는 전혀 근거가 없다고 주장하였다. 또한 주민등록증은 개인 신상기록카드가 아니므로 장애인 여부나 개인 건강기록을 넣을 필요성도 계획도 없다고 밝혔다.

이처럼 정부는 시민단체의 반발을 고려하여 초기에 계획했던 인증서나 PIN 등의 부가서비스는 모두 삭제하고, 기존의 추진 방식을 바꾸어서 부동산 · 금융 · 공공 민원 등의 경우에 정확한 신분확인을 위하여 리더기를 통해 IC칩 내용을 읽어서 위 · 변조 및 개인정보 열람하도록 하는 방식으로 전환하겠다고 하였다.

(3) 주민번호 체계의 변화

이처럼 차세대 주민등록증으로의 전환이 무산된 사례는 그 만큼 한국 사회에서 과거와는 달리 프라이버시의 침해 가능성과 전자감시에 대한 우려가 일반 국민들에게 널리 확산되어 있음을 보여주는 것이다. 그러나 한 편으로는 지능정보사회에서 생체인식을 통한 본인 확인이 일반화되는 것 보다는, IC칩이 내장된 주민등록증이 활용되는 것이 프라이버시의 침해 가능성을 줄여 줄 수도 있을 것이다.

따라서 이러한 생체인식과 IC카드의 활용은 기술의 문제가 아니라, 그 사회가 얼마나 신뢰할 수 있는 인증기반 시스템을 구축하는가에 대한 것이다. 그리고 여기에서 정부의 역할이 중요해진다. 그러므로 정부가 나서서 정보인권의 중요성을 천명하면서 주민등록번호 체계를 개편하겠다고 선언하고, 국민적 동의를 얻는 상태에서 새로운 주민등록증 사업을 추진해야만 차세대 주민등록증이 활용될 수 있을 것이다. 이처럼 정보인권, 정보프라이버시와 관련하여 국민의 신뢰를 회복하는 방안은 기존의 주민등록체계를 개편하는 것이 선결 과제일 것이다.

3) 마무리

이제까지 우리는 제4차 산업혁명과 이에 따르는 지능정보사회에서 발생할 수 있는 역기능, 그 가운데 전자감시에 초점을 두고 논의를 진행하여 왔다. 이러한 전자감시의 문제점들은 이전의 산업사회에서도 존재하였지만, 이제 지능정보기술의 급속한 발전으로 인하여 그 양상을 달리하고 있다. 따라서 앞으로는 국가정보화관련 정책의 수립 시에 산업의 진흥에만 초점을 둘 것이 아니라; 이러한 역기능에 대응하는 방안에도 우선순위를 부여하여야 한다.

지능정보사회가 고도화할수록 생활의 많은 부분을 스마트폰과 정보통신기술에 의존하게 되는 만큼, 눈에 보이지 않아도 정부와 기업들의 정보 감시의 영향력은 점차 커지고 있다. 특히 통제되지 않는 정부의 감시 권력의 비대화는 수집된 정보를 권력의 토대로 국가 권력을 남용하고 사회적 차별과 불이익 등 인권침해로 이어질 가능성이 크다. 따라서 지능정보사회에서 발생할 수 있는 역기능들에 선제적으로 대응하기 위해서는 정보 인권을 보호하기 위한 시민사회의 문제의식을 더욱 고취시켜야 한다. 더 나아가 통신비밀보호법과 테러방지법 등 관련 법률을 법 제정 취지에 부합하게 개선 · 운영하여 합법적인 감청에 대한 사회적 감시의 사각지대나 불투명한 부분을 일소해야 할 것이다. 그리고 지능정보사회에 대응하는 정보인권과 정보프라이버시를 강화할 수 있는 세부 정책을 수립해서 시행하여야 국민의 신뢰를 회복할 수 있을 것이다.

OECD 개인정보보호 가이드라인 8원칙
(1980년 제정, 2013년 개정)

1. 정보수집 제한의 원칙(Collection Limitation Principle)

개인정보는 수집에 있어서 합법적이고 정당한 수단에 의하여, 그리고 정보 주체의 인지 및 동의에 의하여 수집되어야 한다.

2. 정보의 질의 원칙(Data Quality Principle)

개인정보는 사용하고자 하는 목적에 따라 정확하고 완전하며 최신의 것이어야 한다.

3. 목적 구체성의 원칙(Purpose Specification Principle)

개인정보를 수집할 때는 수집의 목적이 구체적으로 명시되어야 하며, 이후의 이용에 있어서도 처음의 목적과 일치되어야 한다.

4. 이용제한의 원칙(Use Limitation Principle)

개인정보는 정보주체의 동의에 의한 경우와 법률에 근거한 경우를 제외한 경우, 목적 외 공개 · 이용 · 사용되어서는 안된다.

5. 안전성 확보의 원칙(Security Safeguards Principle)

개인정보는 상실이나 부당한 접근 · 파괴 · 이용 · 수정, 그리고 공개와 같은 위험에 대처하여 적절한 안전성 장치가 확보되어야 한다.

6. 공개의 원칙(Openness Principle)

개인정보를 개발 · 이용하는 등의 정책은 공개되어야 하며, 이용 목적과 통제자, 그리고 권한의 소재가 알기 쉽게 되어야 한다.

7. 정보주체 참여의 원칙(Individual Participation Principle)

정보주체인 개인은 자신이 제공한 정보를 통제하는 이로부터 다음의 권리를 가진다.

- 개인정보의 보유 유무를 확인할 권리
- 원한다면 정해진 시간, 적은 비용 내에서, 이해하기 쉽게 조회할 수 있을 권리
- 위의 요구가 거절되었을 경우, 타당한 이유를 요구할 권리
- 개인정보의 내용에 대하여 이의를 신청하고, 데이터의 정정을 요구할 권리

8. 책임의 원칙(Accountability Principle)

개인정보 관리자는 앞서 언급한 원칙들이 실행될 수 있게 조치를 취할 책임이 있다.

개인정보보호에 대한 국제적 논의는 UNESCO가 1970년 국제사법재판소에 개인정보보호에 관한 보고서를 의뢰한 것으로 시작되었다. 이를 계기로 유럽과 북미지역을 중심으로 개인정보에 대한 보호 문제가 본격적으로 논의되기 시작하였다. 1980년 9월 OECD는 "프라이버시 보호와 개인정보의 국제유통에 대한 가이드라인에 관한 이사회 권고"를 발표하였으며, 이 가이드라인은 8개의 개인정보보호 기본원칙을 규정하고 있다.

OECD 프라이버시 가이드라인은 UN 가이드라인과 EU의 개인정보보호 지침, 그리고 전 세계 국가별 개인정보보호 정책과 법제에 큰 영향을 미쳤다. 이후 2013년 7월의 개정에서는 시대의 변화하는 환경을 반영하여 프라이버시 관리 프로그램, 개인정보 유출통지, 국가 프라이버시 전략, 글로벌 상호운용성 등 새로운 개념을 도입하였다.

개정안은 크게 두 가지 영역으로 분류되며, 첫 번째는 위험관리 기반 접근 방법에 따른 구체적인 프라이버시 보호 이행방안이고, 다른 하나는 글로벌 차원의 프라이버시 보호를 위한 상호운용성(interoperability)이다.

참고문헌

경향신문. (2014). "국정원, 카톡 대화 한달간 실시간 감청했다." 2014년 10월 7일.

경향신문. (2014). "텔레그램 가입자 200만명 돌파 · · · '카톡 탈퇴' 러시". 2014년 10 월 14일.

고성학. (2005).「한국의 민주화와 감시권력의 변화 - 민주화 이전 정부와 이후 정부의 비교」, 숭실대학교 대학원 정치외교학과 박사학위 논문. 2005년 12월.

관계부처 합동. (2016a).「개인정보 비식별 조치 가이드라인」, 2016년 6월 30일.

관계부처 합동. (2016b).「지능정보사회 중장기 종합대책」, 2016년 12월 27일.

국가인권위원회. (2004).「지문 등 생체정보이용. 무엇이 문제인가」, 2004년 11월. 23일.

국가인권위원회. (2013).「정보인권 보고서」, 2013년 1월.

권헌영. (2004). "전자정부시대의 개인정보보호법제의 쟁점."「정보화정책」. 11(3): 55-78. 한국전산원.

김동욱 외. (2012).「다가온 미래, 스마트 라이프」, 2012년 11월. 도서출판 삼인.

김문조. (2013).「융합문명론 분석의 시대에서 종합의 시대로-」, 서울: 나남.

김배원. (2001). "정보관련 기본권의 독자적, 통합적 보장을 위한 시론"「헌법학연구」. 제7권 제2호: 199-232. 한국헌법학회. 2001년 8월.

김상균. (2010). "민간부문 CCTV 설치 및 운영 실태조사".「국가인권위원회 연구 보고서」.

김성태. (2011).「스마트사회를 향한 대한민국 미래전략」. 2011년 7월. 서울: 법 문사.

김송옥. (2015). "잊혀질 권리에 대한 비판적 고찰"「언론과 법」. 제14권 제1호: 249-270. 한국언론법학회. 2015년.

김승현 · 진승헌. (2012) "사용자 동의 없는 개인정보 수집기술 동향".「주간기술동향」. 2012년 5월 2일. 정보통신산업진흥원

김재필 · 나현. (2016). "인공지능(A.I.), 완생이 되다".「디지에코보고서」. 2016년 3월 9일. KT경제경영연구소.

김환표. (2014). "에드워드 스노든: 나는 반역자도 영웅도 아니다. 나는 미국인이 다".「인물과 사상」, 2014년 8월호: 82-95.

뉴시스. (2015). "부산경찰청, 범인검거 등에 드론 시범운용". 2015년 8월 31일.

대학내일. (2015). "지켜보고 있다, 몰래카메라 대처법". 2015년 9월 8일.

로봇신문. (2015). "패롯, 비행시간 크게 늘린 '비밥2' 발표". 2015년 11월 18일.

문기영. (2005). "생체인식 기술현황 및 전망".「TTA Journal」. 98호: 38-47. 한국정보

통신기술협회.
문소영 · 김민정. (2016). "기사 삭제 청구권 신설의 타당성 검토: 잊힐 권리를 중심으로" 「한국언론정보학보」 통권 76호: 152-182. 한국언론정보학회.
문현찬. (2008). "지능형 CCTV 기술 및 시장 동향". 「주간기술동향」. 2008년 8 월 27일. 정보통신산업연구원.
매일경제신문. (2016). "회사가 나를 지켜본다…'GPS 족쇄'". 2016년 2월 6일.
매일경제신문. (2016). "악질 사이버선거사범 이제 빅데이터로 검거". 2016년 3월 14일.
미래창조과학부. (2014a) '사물인터넷 기본계획'. 2014년 5월. 미래창조과학부.
미래창조과학부. (2014b) '사물인터넷 정보보호 로드맵'. 2014년 10월 31일. 미래 창조과학부.
미래창조과학부. (2015). "사물인터넷(IoT) 정보보호 로드맵 3개년 시행계획". 2015년 6월. 미래창조과학부.
박성훈. (2014). "21세기 빅 브라더: 홀딱 벗겨지는 사생활, 언제 어디서나 업무 처 리 가능한 환경…퇴근 후 활동까지 얼마든 체크", 「주간동아」. 926호: 18-19. 2014년 2월 24일.
박세환. (2013). "지능형 CCTV 시스템 기술 이슈 및 산업동향". 「전자부품연구원 연구보고서」.
박소영 외. (2005). "인터넷 전화 감청 규제 및 표준화 동향". 「정보통신산업진흥 원 연구보고서」.
박완규. (2012). "클라우드 컴퓨팅 환경에서의 개인정보의 미국 이전에 따른 문제점 및 대응방안 연구: 미국 정부기관에 의한 개인정보 누출 위험을 중심으로", 「법학논고,」 제38집: 455-478. 경북대학교 법학연구원.
박정훈. 김행문. (2008). "생체정보 프라이버시의 쟁점 및 정책 시사점" 전자여권 사례를 중심으로-. 「정보화정책」. 15(3): 83-99. 한국전산원.
박정훈. (2013). "잊혀질 권리와 표현의 자유, 그리고 정보프라이버시" 「공법학연 구,」 제14권 제2호: 569-602. 한국공법학회.
박훤일 · 윤덕찬. (2012). "스마트그리드 사업과 개인정보보호 - 스마트그리드 거버넌스의 제안" 「기업법연구」 제26권 제2호,: 257-281. 한국기업법학회. 방송통신위원회. (2012). "방통위 인터넷전화[VoIP] 정보보호 강화대책 마련. 인터 넷전화 서비스의 안정성과 신뢰성 개선 추진". 「방송통신위원회 보도자 료」. 2012년 11월 22일.

배상균. (2016.). “도촬행위 현상과 규제에 관한 비교법적 검토: 성폭력처벌법 제14조를 중심으로”.「형사정책연구」. 27(1): 199-227. 한국형사정책연구원.

백봉삼. (2014). “왜 그들을 ‘21세기 빅브라더’라고 하는가: IT 帝國時代, 코리아는 어떻게 해야 하나(2)“, ZDNet Korea. 2014년 7월 28일.

보안뉴스. (2014). “카카오톡 사태, 말 한마디로 풀어본 ‘사건일지’”. 2014sus 10월 22일.

서울신문. (2014). “당신, 찍혔어 CCTV 500만대 시대...서울시민 5.5초에 한번 씩 노출”. 2014년 8월 25일.

성낙환. (2010). “디지털 프라이버시의 미래”「LG Business Insight」. LG경제연 구소. 2010년 9 월 1일.

소프트웨어정책연구소. (2015). “이슈 및 쟁점, 생물학과 ICT의 융합: 생체인식 시장 및 기술”. 2015년 6월 22일.

시큐리티월드. (2015). “국감, CCTV를 말하다”. 통권 226호. 2015년 11월호.

심우민. (2016). “스마트 시대의 생체정보 보호를 위한 입법과제”,「이슈와 논 점」, 제 1129호. 국회입법조사처. 2016년 3월 3일.

심우민. (2017). “지능정보사회 중장기 종합대책”,「이슈와 논 점」, 제 1249호. 국 회입법조사처. 2017년 1월 26.

연합뉴스. (2005). “서울대생들 ‘생체인식 출입문’ 인권위 진정” 2005년 8월 7일.

연합뉴스. (2013). “軍, 군사용 정찰위성 전력화 추진”. 2013년 2월 16일.

오마이뉴스. (2015). “카카오톡 감청 응하겠다... 1년 만에 ‘백기’”. 2015년 10월 6 일.

오병일. (2003). “정보사회 세계정상회의를 계기로 본 정보인권”.「문화과학」. 통 권 제35호. 문화과학사. 2003년 가을호.

오세욱 · 김수아(2016),「디지털 저널리즘 투명성 제고를 위한 기술적 제안」, 2016년 10월 31일. 2006-02 연구서. 한국언론진흥재단.

오정연 · 정명선. (2010). “가치중심의 지능사회 구현을 위한 8대 新기술 트랜드”,「IT & Future Strategy」, 제12호. 2010년 12월 10일. 한국정보화진흥원.

우지숙. (2005). “정보통제권에서 식별되지 않을 권리로 -네트워크 프라이버시의 새로운 개념화를 위한 연구”.「언론과 사회」. 제13권 제4호. 110-145. 성곡언론문화재단.

윤상오. (2013). “빅데이터의 두 얼굴: 기대와 위험”.「빅데이터와 위험정보사회」. 커뮤니케이션북스.

윤주현 · 박수현. (2014). “위치기반서비스 활성화를 위한 위치정보법의 개선방향”.

「INTERNET & SECURITY FOCUS」. 1월호: 60-80. 한국인터넷진흥원.
이경전 · 전정호. (2012). "고도정보 연계사회의 구축을 위한 SPB(Seamlessness Privacy Benefit) 패러다임". 「한국IT서비스학회지」. 11(2): 131-146. 한국IT서비스학회.
이광석. (2015). "포스트-판옵티콘 시대 감시 연구, 새로운 지형". 「스마트 시대의 위험과 대응방안」. 나남신서 1850. 나남출판.
이원태. (2016). "EU의 알고리즘 규제 이슈와 정책적 시사점". 「KISDI Premium Report」. 16-12. 정보통신정책연구원. 2016년 12월 26일.
이은우. (2003). "정보의 수집과 유통을 통제하기 위한 독립감독기구의 구성", 2003년 6월 27일. 「전자정부 정보인권 토론회 자료집」.
장여경 · 김지성. (2009). "한국의 이동통신 도감청과 통신비밀보호법". 「정보운동 ActOn」. 통권 제5호. 진보네트워크센터.
장철준. (2014). "잊힐 권리와 프라이버시 - 유럽사법재판소의 잊힐 권리 판결과 미국의 대응을 중심으로 -". 「정보법학」. 제18권 제3호. 23-45. 한국정보법학회.
전용준. (2014). "위치정보법의 규제 및 개선방안에 관한 연구". 「정보법학」. 18권 1호: 203-242. 한국정보법학회.
전자신문. (2016). "정부기관 운영 사이트에 새로운 인증수단 대거 도입" 2016년 12월 26일.
정구민 · 최완식. (2010). "스마트폰 위치기반 서비스(LBS)기술 동향". 「TTA Journal」. 130호: 75-81. 한국정보통신기술협회.
정보통신부. (2007). "CCTV 개인영상정보보호 가이드라인 해설서".
정연덕. (2004). "생체인식(Biometrics)의 효과적 활용과 문제점". 「지식재산21」. 2004년 7월호: 1-16. 특허청.
정용찬. (2012). "빅데이터 혁명과 미디어 정책 이슈", 「KISDI Premium Report」 2012년 2월. 정보통신정책연구원.
정준화 · 김동욱. (2013). "스마트사회 개인정보 위험의 대상과 방식 연구". 「한국지역정보화학회지」. 16(3): 113-136. 한국지역정보화학회.
정충식. (2015). 「2015 전자정부론」. 개정4판, 2015년 6월. 서울경제경영.
조돈문. (1996). "정보화와 노동과정의 변화: 자본의 전략적 선택과 딜레마, 「 산업노동연구」, 2권 2호: 51-88. 한국산업노동학회.
주간경향. (2016). "[포커스] 회사는 내가 인터넷에서 뭘 하는지 알고 있다?". 2016년 10월 18일자.

주용환 · 이승재. (2013). “지능형 CCTV 동향 및 성능 향상 방안”. 「주간기술동 향」. 2013년 6월 26일. 정보통신산업진흥원.

중앙선데이. (2016). “심부름 로봇, 오해로 행인 폭행하면 누구 책임인가”, 2016년 12월 18일.

진보네트워크센터. (2009). “한국의 이동통신 도감청과 통신비밀보호법”. 통권 제5호.

최계영. (2016). “알파고의 충격 : 인공지능의 가능성과 한계”. 「KISDI Premium Report」. 16-02. 정보통신정책연구원. 2016년 6월 20일.

최수진. (2016). “뉴스 알고리즘: 기계의 영역에서 공공의 영역으로”, 「디지털시대 뉴스 유통과 알고리즘 세미나 발표 자료집」. 2016년 12월 13일. 한국언론 진흥재단.

최영철. (2014). “21세기 빅 브라더: 농땡이? 숨소리까지 꼼짝 마! 빅 브라더’ 일부 기업 스마트 시스템으로 근로자 인권 짓밟아”, 「주간동아」. 926호: 14-17. 2014년 2월 24일.

한국노동사회연구소. (2008). 「작업장 감시장치에 관한 해외 입법 경향과 시사점」. 노동부 연구보고서.

한국법제연구원. (2013). 「정보통신기기에 의한 노동인권 침해 실태조사」. 국가 인권위원회 인권상황 실태조사 연구용역보고서.

한국인터넷진흥원. (2016). 「2015 인터넷이슈기획조사」. 2016년 2월 11일.

한국일보. (2015). “결국 애국법 연장 대신 자유법… 美정보기관 무제한 도 · 감청금지”. 2015년 6월 3일)

한겨레. (2015). “당신이 궁금했던 ‘국정원 해킹사건’ 핵심만 추렸습니다”. 2015년 7월 16일.

한상기. (2015). “인공지능의 현재와 미래: 산업계를 중심으로”. 「KISA Report Power Review」. 2015년 9월 4일. 한국인터넷진흥원.

허핑턴 포스트. (2015). “경찰이 드론 개발에 착수한다”. 2015년 5월 27일.

현대경제연구원. (2014). “인공지능(AI) 관련 유망산업 동향 및 시사점”. 「지속가능 성장을 위한 VIP 리포트」. 통권 584호. 2014년 9월 15일.

황종성 · 오정연. (2010). “모바일 시대를 넘어 AI시대로”. IT & Future Strategy, 제7호. 2010년 8월 25일. 한국정보화진흥원.

행정안전부. (2010). “전자주민등록증 도입과 관련한 행정안전부 입장” 2010년 9월 15일.

Australian Government. (2015). “SURVEILLANCE DEVICES ACT 2004”. 「Attorney-General's Department」 Annual Report 2014.

BBC (2015. 6. 25). List of BBC Web Pages Which Have Been Removed from Google's Search Results.

http://www.bbc.co.uk/blogs/internet/entries/1d765aa8-600b-4f32-b110-d02fbf7fd379

Executive Office of the President(2016.5), “Big Data: A Report on Algorithmic Systems, Opportunity, and Civil Rights”,

https://www.whitehouse.gov/sites/default/files/microsites/ostp/2016_0 504_data_discrimination.pdf

FTC(2016.1), “Big Data, A Tool for Inclusion or Exclusion?”

https://www.ftc.gov/system/files/documents/reports/big-data-tool-inc lusion-or-exclusion-understanding-issues/160106big-data-rpt.pdf

Guardian (2015. 7. 14). Google Accidentally Reveals Data On ‘Right to Be Forgotten’ Requests.

http://www.theguardian.com/technology/2015/jul/14/google-accidentally-reveals-right-to-be-forgotten-requests

Garfinkel, Simon. (2000). Database Nation: The Death of Privacy in the 21st Century, O'Reilly & Associates, Inc.

Lyon, David. (1994). The Electronic Eye -The Rise of Surveillance Society. Basil Blackwell Ltd.

Telegraph (2015. 9. 3). Telegraph Stories Affected By EU ‘Right To Be Forgotten’.

http://www.telegraph.co.uk/technology/google/11036257/Telegraph-stories-affected-by-EU-right-to-be-forgotten.html

UNDOC. (2009). Current Practices in Electronic Surveillance

Woolf, Nicky(2016). “How to solve Facebook's fake news problem: experts pitch their ideas“, The Guardian (2016. 11.29),

https://www.theguardian.com/technology/2016/nov/29/facebook-fake-news-problem-experts-pitch-ideas-algorithms

찾아보기

한글 찾아보기

ㄱ

ㄴ

ㄷ

ㄹ

ㅁ

ㅂ

ㅅ

ㅇ

ㅈ

ㅊ

ㅋ

ㅌ

ㅍ

영어 찾아보기

A

B

C

D

E

지능정보시대의 전자감시사회론

2017년 5월 8일 | 1쇄 인쇄
2017년 5월 12일 | 1쇄 발행

지은이 | 정충식 · 김동욱
발행인 | 김은중
발행처 | 서울경제경영출판사
북디자인 | (주)우일미디어디지텍

주 소 | 03767 서울시 서대문구 신촌로 205, 506호
전 화 | 02)313-2682
팩 스 | 02)313-8860
등 록 | 1998년 1월 22일 제5-63호

ISBN 978-89-97937-60-8 • 93350 • 정가 18,000원

※ 잘못된 책은 바꾸어 드립니다.

※ 이 책은 2014년 정부(교육부)의 재원으로 한국연구재단의 지원을 받아 수행된 연구임(NRF-2014S1A3A2044645)